서울시민의 자부심을 디자인하다

'시스템 디자이너' 오세훈의 멈추지 않는 도전

서울시민의 자부심을 디자인하다

'시스템 디자이너' 오세훈의 멈추지 않는 도전

초판 1쇄 인쇄 ㅣ 2026년 02월 05일
초판 1쇄 발행 ㅣ 2026년 02월 13일

지은이 ㅣ 오세훈
펴낸이 ㅣ 최화숙
편집인 ㅣ 유창언
펴낸곳 ㅣ **아마존북스**

등록번호 ㅣ 제1994-000059호
출판등록 ㅣ 1994. 06. 09

주소 ㅣ 서울시 성미산로2길 33(서교동), 202호
전화 ㅣ 02)335-7353~4
팩스 ㅣ 02)325-4305
이메일 ㅣ pub95@hanmail.net ㅣ pub95@naver.com

ⓒ 오세훈 2026
ISBN 978-89-5775-344-6 03340
값 19,000원

서울시민의 자부심을 디자인하다

'시스템 디자이너' 오세훈의 멈추지 않는 도전

오세훈 지음

아마존북스

프롤로그

서울시민의
자부심을 디자인하며

하루의 시작, 나는 어김없이 남산을 걸으며 시작한다. 눈이 오나 비가 오나 멈추지 않는다. 이 시간은 오롯이 일을 설계하고 미래를 디자인하는 소중한 시간이다. 인구 1,000만 거대 도시 서울을 구상할 때, 이렇듯 온전히 나 자신과 마주하는 시간은 너무도 소중하다. 일단 일과가 시작되면 빡빡한 일정 속에서 조용히 몰입하는 시간을 가지는 것이 어렵기 때문이다.

남산은 내게 너무도 특별하다. 아무런 방해 없이 나와 마주할 수 있는 유일한 시공간! 복잡하고 어려운 일일수록 걷고 달리며 풀고 결정한다. 나뿐만 아니라 서울시민에게도 남산은 특별하다. 도심 한복판에 이토록 고즈넉한 산이 있다는 것 자체가 서울의 큰 축복이다. 높지는 않지만 서울 전체를 조망할 수 있는 산. 북쪽으로는 북악산과 북한산·수락산이, 남쪽으로는 청계산과 관악산이 보이고, 그 사이로 한강이 유유히 흐른다.

매일 아침 이 풍경을 보며 스스로 같은 질문을 반복한다. '서울은 지금 더 나은 내일로 나아가고 있는가?', '내가 미처 살피지 못한 것은 무엇인가?' 머릿속에 펼쳐둔 '정책 디자인 책상'은 걸음을 옮길수록 선명하게 정돈된다. 그 책상 위에서 매일 설계하는 것은 정책을 넘어 서울시민의 자부심이며, 소중하게 다듬어 가는 서울의 미래이다.

주말에도 내 머릿속은 쉬지 않는다. 아니 잠시도 쉴 수 없다. 나의 한 시간은 천만 시간과 같기 때문이다. 스스로를 닦달하며 매봉산과 한강은 물론, 새로 떠오르는 상권 등 어디든 가보고 걷고 생각한다. 회의실에서 듣는 보고와 현장에서 직접 보는 것은 확연히 다르기 때문이다.

개선하고 보완할 것이 무엇인지 꼼꼼히 살피다 보면 해야 할 일들이 정리된다. 어떤 산동네는 계단이 너무 가파르고, 어느 공원은 노약자가 다니기 힘들게 되어 있다. 한강에서 달리는 러너들에게는 샤워할 곳이 마땅치 않다. 영화 명소 앞에서 사진을 찍는 외국인들은 과연 어떤 스토리를 담으려 하는가? 그 관찰 속에서 시민의 간절함을 해소하는 과정을 설계하고, 세계인이 바라볼 서울의 모습을 만들어 간다.

　나는 서울 토박이다. 부친과 조부는 물론이고 조상들이 내 위로 13대째 명륜동 등지에서 살아왔다. 본적은 성동구 뚝섬이다. 어린 시절은 한강변에서 자랐고 청년기 내내 남산을 바라보며 성장했다. 국회의원 시절에도 일주일에 한 번은 한강변을 따라 자전거로 출퇴근했다. 서울은 내 삶과 정신세계 그 자체다.

　그러나 서울시장이라는 책임으로 매일 서울을 바라보고 설계하는 것은 또 다른 차원의 일이다. 서울은 조선왕조 이래 630년 이상 우리의 수도였고, 한성백제까지 올라가면 이미 2,000년 이상 우리 정신의 중심지였다. 동시에 근대화, 산업화, 정보화를 지나 생명·환경·행복의 가치가 융합된 문명 전환의 시대를 열어갈 번영의 터전이다.

　서울이 누구에게나 공정한 기회와 성장을 약속하는 도시가 되려면, 치밀한 계획과 치열한 실천이 맞물려 돌아가야 한다. 그렇기에 시장은 세상의 변화와 미래의 흐름에 늘 칼날 위에 서 있는 심정으로 깨어 있어야 한다.

　도시는 시민의 삶을 지탱하는 세 가지 기둥인 '직·주·락(職·住·樂)'을 보장해야 하며, 시민은 이를 온전히 누릴 권리가 있다. 그러나 현실에는 여전히 양지와 음지가 공존한다. 급증하는 1인

가구의 고립과 심신 위협은 새로운 난제로 부상했다. 시장의 고뇌와 몰입은 결국 이상과 현실, 결핍과 충족 사이의 이 깊은 간극을 어떻게 메울 것인가에 대한 끊임없는 탐구의 과정이다.

2013년 12월, 나는 페루 리마로 가기 위해 인천국제공항을 떠났다. 코이카(KOICA) 중장기 자문단에 지원하여 2006년부터 수행했던 시장으로서의 정책 경험을 전수하기 위해서였다. 6개월 간의 페루 활동을 마치고 돌아온 나는 곧바로 아프리카 르완다로 6개월간 지원 활동을 떠났다. 페루에서 돌아와 아프리카로 떠날 때, 나는 어머니께 '멀리 가지 않는다'며 난생 처음 거짓말을 했다.

우리보다 경제 상황이 어렵고 시민의 삶이 고단한 곳에 서울의 경험을 심고, 인류가 함께 짊어져야 할 보편적 가치를 실현하고 싶었다. 르완다 키갈리 아이들은 신발 한 켤레가 없어 맨발로 다녔고, 피부를 파고들어 알을 낳는 모래벼룩 때문에 발가락을 절단해야 하는 고통 속에 방치됐다. 그 모습을 차마 외면할 수 없어 동료들과 월급을 모아 신발을 보급하는 '봉사 속의 봉사'를 실천했다. 가르치겠다고 갔다가 오히려 배워온 것이 많은 수양의 기간이었다.

내재된 가치를 더 충전할 필요가 있을 때 정치인은 끊임없이 체험하고 사색해야 한다. 나는 시민의 목소리를 마음 깊이 들어가 들으려 한다. 그러기 위해서는 늘 시민의 입장에서 생각하는 습관을 가져야 한다. 회의와 보고시간에 이루어지는 나의 제안은 거의 모두 시민 입장의 생각과 의견이다. 서울 전역에 설치된 공공 실내 놀이터인 '서울형 키즈카페', 주요 산마다 설치된 '둘레길', 지하철 15분 무료 재승차 제도 등은 모두 시민의 현실에서 비롯된 정책들이다. 이들은 모이고 모여서 서울시민의 자부심이 되었다.

서울시는 시민의 생생한 목소리를 시정의 최우선 가치로 삼는다. 5만 공직자의 역량을 집중해 시민의 삶에 실질적인 변화를 일으키겠다는 의지를 담아 '약자 동행, 매력 특별시'라는 비전을 수립했다. 이 목표는 소외된 곳을 살피고 도시의 경쟁력을 키우겠다는 서울의 다짐이다.

물론 서울의 미래를 디자인하는 과정에는 늘 높은 벽이 존재한다. 실무적 어려움보다는 가치 판단의 충돌, 때로는 이념과 정치적 이해관계가 발목을 잡기도 한다. 그러나 아무리 복잡한 난제라도 해법은 결국 '시민' 안에 있다. 시민의 입장에서 깊이 사색할 때, 흐릿했던 길은 비로소 정돈되고 명확해진다.

평소엔 풀밭이다가 비 오면 잠기던 고수부지를 시민의 안식처인 한강공원으로, 낡은 노점상이 가득하던 동대문 운동장을 세계적 랜드마크 동대문디자인플라자(DDP)로 재탄생시킨 힘은 행정의 관성을 깨고, 시민의 잠재된 욕구를 읽어낸 데서 나왔다. 알랭드 보통이 말했듯 공간의 품격은 곧 그곳에 사는 사람의 자부심이 되기 때문이다.

주거 정책 또한 다르지 않다. 지난 10년 '보존'이라는 도그마에 묶여 있던 공급의 혈관을 '신속통합기획'으로 뚫어낸 것은, 내 집 마련이라는 시민의 권리를 지체 없이 돌려주기 위한 결단이었다. 결국 시장의 책무란 거창한 구호가 아니라, 변화하는 민심을 읽고 그들이 바라는 삶의 모습을 제때 빚어내는 일이다.

내가 서울시민이 자부심을 디지인하기 위해 걷고 뛰는 이유는 하나다. 각자의 사정이 있는 시민의 처지를 생각하고 듣기 위해서다. 나의 책임감이 시민의 마음 가운데에 닿았다고 느껴질 때가 있다. 애절한 순간에는 눈물을, 즐거운 순간에는 환희를 함께 느낀다. 시민은 크게 목소리를 내지 않을 뿐, 주거나 교통 등 삶의 모든 위치에서 행복한 도시생활을 요구할 권리를 가지고 있다. 이 절박한 요구를 읽어낼 책임의 순간이 쉼 없이 내게 다가온다.

시민들이 느끼는 자부심을 지키기 위해서는 서울의 위상을 세계적 수준으로 끌어올리는 객관적인 성과가 필수적이다. 나는 늘 외국인들이 서울에 대해 환상을 가지고 방문했다가 실망하지는 않을까 노심초사하며, 서울의 안팎을 단단히 다지는 데 주력했다. 세계적인 컨설팅 기관들이 주거, 교통, 복지, 문화 등을 촘촘하게 평가한 도시 성적표는 시민의 자부심을 뒷받침하는 중요한 근거가 되기 때문이다. 이 객관적인 지표가 상승할 때, 시민들의 어깨도 함께 올라간다고 믿는다.

일본 모리기념재단의 '도시종합경쟁력지수(GPCI)'에서 서울은 재작년 아시아의 라이벌 싱가포르에 크게 뒤진 6위였지만, 작년에는 불과 5점 차이로 턱밑까지 추격했다. 커니(Kearney)는 '글로벌 도시지수(GCI)'에서 서울을 12위로 평가했지만, 미래 잠재력을 평가하는 '글로벌 도시 전망(GCO)'에서는 서울을 세계 2위에 올려놓았다. 세계에서 가장 빠른 속도로 변화하는 도시라는 공인이다. 영국의 '삶의 질 연구소' 평가에서도 서울은 도쿄와 베이징을 제치고 '세계에서 가장 행복한 도시 6위'에 이름을 올렸다. 'Global Top 5' 진입을 목전에 둔 서울의 위상은 곧 우리 시민들이 마땅히 누려야 할 자부심이다.

이러한 자부심의 토대 위에, 나는 '건강도시'라는 새로운 철학을 더하고 있다. 시민이 행복하기 위한 제1조건은 무엇보다 건강이다. 시민이 건강해야 도시에 활력이 돌고 행복지수가 높아진다. 그 긍정의 에너지가 넘칠 때 외국인도, 외국 자본도 매력을 느끼고 찾아오게 된다. 즉, 세계에서 가장 행복한 도시가 되면 자부심과 경제력은 저절로 따라오는 법이다. 이렇듯 도시 번영의 원리는 어렵지도, 멀리 있지도 않다.

건강은 개인의 문제이기도 하지만, 이제 도시 전체가 함께 돌봐야 할 공공의 영역이 되었다. 그래서 서울시는 시민의 건강한 삶을 시정의 핵심 과제로 삼고 도시 전체에 건강 인프라를 구축하기 위해 강력한 드라이브를 걸고 있다.

변화는 이미 일상 깊숙이 파고들었다. 260만 시민이 '손목닥터 9988'과 함께 걷고, '기후동행카드'로 탄소 중립을 실천한다. 2006년 시작한 경유 버스의 천연가스 교체 작업이 맑은 하늘을 열었다면, 이제는 저당 식단과 통곡물을 찾는 건강한 식습관이 내면의 변화를 이끌고 있다. 체력인증센터에서 몸을 점검하고, 외없서(외로움 없는 서울)와 국제정원박람회에서 마음을 치유하는 삶. 바야흐로 서울은 심신의 건강과 행복이 선순환하는 도시로 진화하고 있다.

도시의 번영은 시민의 자부심에서 시작되어, 다시 그 자부심으로 완성된다. 이 책은 시민의 갈증과 간절한 요구가 어떻게 서울시의 정책으로 피어났는지, 그 결실이 서울의 미래를 어떻게 밝히고 있는지를 기록한 살아있는 보고서다. 시민의 목소리로 쓰고 서울시의 응답으로 엮은 이 기록이, 서울의 내일을 여는 든든한 이정표가 되기를 소망한다.

2026년 1월

차 례

Chapter 7 집념과 예술

Chapter

1

도시의 격을
디자인하다

01

지도에도 없던 도시,
세계의 중심에 서다

2008년의 어느 아침, 늘 익숙하게 보아 오던 CNN 일기예보 시간의 동아시아 지도 위. 그날도 서울은 없었다. 도쿄·베이징·상하이는 있는데, 서울은 없었다. 그날따라 왜 그게 그렇게 생소하게 다가왔는지 모르겠다.

"세계인이 보는 방송인데, 사람들이 서울을 어떻게 생각하겠습니까? 서둘러 CNN과 협의를 시작해 주세요."

그런데 CNN은 서울을 지도에 넣어주는 대신 대가를 요구했다. '이것이 서울의 위상이구나.' 뼈아프지만 인정할 수밖에 없었다. 참담했다. 우리가 자부하던 '한강의 기적', 올림픽과 월드컵의 붉은 함성도 세계인의 눈엔 그저 도쿄와 베이징 사이에 낀 무시해도 좋은 도시에 불과했다.

도시의 평가절하는 곧 그 나라 제품과 서비스에 대한 평가절하다. 걱정했던 '코리아 디스카운트'의 실체였다. 이후 나는 행정가를 넘어 독한 세일즈맨이 되기로 결심했다. 주먹을 꽉 쥐고 다짐했다.

"기어이 서울을 저 지도 위에 올려놓겠다. 구걸해서 넣는 것이 아니라, 세계가 서울을 주목하지 않고는 배길 수 없도록, 가장 매력적이고 빛나는 '감각도시'로 만들어놓겠다!"

그 무렵, 드라마와 영화를 필두로 한류가 아시아를 넘어 조금씩 꿈틀대고 있었다. 2003년 드라마 〈겨울연가〉가 욘사마 열풍을 일으키며 문을 열었고, 2008년 무렵에는 소녀시대와 카라 같은 아이돌 그룹이 일본 오리콘 차트를 점령하며 K-팝의 태동을 알렸다. 사람들은 "이제 한국이 아시아 문화를 주도한다"며 샴페인을 터뜨렸다.

하지만 모두가 환호할 때, 내 등골은 알 수 없는 서늘함을 느꼈다. 문화 현상은 도시의 뒷받침이 필요하다는 것을 잘 알기 때문이다. 홍콩의 몰락을 떠올리지 않을 수 없었다. 한때 아시아를 넘어 세계를 호령했지만 영화의 쇠락과 함께 위축된 홍콩의 사례가 자꾸만 떠올랐다. 홍콩이라는 도시가 가졌던 매혹적인 아우라도 거짓말처럼 함께 저물지 않았던가. 밤잠을 설칠 정도로 고민이 깊어졌다.

드라마와 노래로 저마다 쌓은 환상의 탑이, 막상 서울이라는 진원지에 와서 와르르 무너져버리면 어쩔 것인가? 화면 속 세련된 영상미와 달리, 실제 마주한 서울이 회색 콘크리트와 무질서한 간판들로 가득 찬 무개성 도시라면? 그 환상이 깨지는 순간, 어렵게 지핀 한류의 불씨도 꺼져 버리는 건 아닐까?

미디어가 심어준 환상이 초라한 현실을 마주하는 순간 실망으로 바뀌는 것, 나는 그것이 가장 두려웠다. 서울이 먹고사는 문제만 해결하는 '기능도시'에 머물러서는 안 된다. 콘텐츠 속 환상에 걸맞은 매력을 실제로 갖춘 '감각도시'로 만드는 일은, 전쟁과도 같은 필수 과제였다. 나에게 DDP를 짓고, 한강을 다듬고, 도시의 디자인을 혁신하는 일은 시민의 자부심을 위한 절체절명의 과제였다. 눈에 보이지 않는 도시의 격(格)을 높이는 일, 이것을 전문가들은 소프트파워라 한다.

도시의 이름값이 곧 국가의 가격표다

수도(首都)의 브랜드는 곧 국가의 브랜드다. 외국인이 대한민국을 떠올릴 때 가장 먼저 마주하는 이미지는 무엇인가? 바로 서울이다. 서울이 칙칙하면 그 나라에서 만든 자동차, 휴대폰, 화장품도 딱 그 정도 수준의 대접을 받는다. 반대로 서울이 세련되고 혁신적인 고품격 도시로 기억될 수 있다면 어떨까. 그 순간부터 'Made in Korea'에는 눈에 보이지 않는 프리미엄이 붙는다. 이것이 내가 생각하는 도시 경쟁력의 본질이다.

나는 기회가 될 때마다 이 점을 강조했다.

"우리가 만드는 DDP가, 우리가 만드는 한강의 랜드마크가 그저 관광객을 위한 것이라고 생각하지 맙시다. 이것은 우리 기업들이 해외에 나가서 물건을 1달러라도 더 비싸게 팔 수 있게 만드는 배경이 될 거예요."

프랑스의 향수가, 이탈리아의 가방이 비싼 이유는 제품의 기능 때문만이 아니다. 파리와 밀라노라는 도시가 주는 압도적인 브랜드 이미지가 그 가격표를 정당화해 주기 때문이다. 랜드마크가 뿜어내는 아우라는 수출 경쟁력의 최전선에 있는 전략 무기다. 그렇기에 '디자인 서울'은 돈을 낭비하는 정책이 아니었다. 대한민국이라는 상품의 포장지를 최고급으로 바꿔 국격을 높이고 국민의 부(富)를 늘리는 가장 적극적인 투자였다. 결국 그것은 서울시민들의 자부심을 디자인하는 일이기도 했다.

우리는 점잖은 홍보로는 승산이 없다고 판단했다. 세계의 눈길을 단번에 사로잡을 '충격 요법'이 필요했다. 서울시는 해외 홍보 예산을 10배로 늘리기로 했다. 당시 39억 원 수준이던 예산을 대폭 늘리겠다고 하니, 당장 "말도 안 된다"는 비명이 터져 나왔다. 홍보 책임자는 사색이 되어 반대했다. 시의회 통과가 어렵고 효과도 불명확하다는 이유였다. 하지만 물러서지 않았다.

"설령 100억 정도로만 온건하게 늘린다 해도 반대는 똑같을 겁니다. 올릴 때 확실히 올려서 일을 제대로 할 수 있는 환경을 만드는 게 중요합니다."

예상대로 파장은 컸다. '시민 복지보다 겉치장에 돈을 쓴다', '오세훈이 이미지 정치만 한다'는 비난이 빗발쳤다. 그러나 도시 브랜드가 장기적으로 투자와 일자리, 삶의 질로 이어진다는 본질을 간과한 주장들이라고 생각했다.

그 돈으로 도발을 감행했다. 2007년 당시 30억 인구가 지켜보는 잉글랜드 맨체스터 유나이티드의 홈경기장 광고판에 'Hi SEOUL'을 띄웠고, 겨울의 광화문광장에는 아예 거대한 스키 점프대를 세워버렸다. 역사적인 궁궐과 이순신 장군, 세종대왕 동상 앞에서 국제스키연맹(FIS) 스노보드 월드컵을 개최하자 '세종대왕 앞에서 무슨 짓이냐'는 호통이 날아들었다.

하지만 나는 전 세계 170개국에 생중계된 그 '미친 에너지'가 서울을 '노잼 도시'에서 살아있는 '감각의 도시'로 뒤바꿀 유의미한 길이라 믿었다. 우리는 그렇게 악착같이 서울을 세계 무대에 들이밀었다.

서울의 통쾌한 복수

그리고 'CNN의 충격'으로부터 17년이 지난 2025년. 서울은 전 세계인들에게 복수하고 있다. 지극히 우아하고, 아주 통쾌한 방식으로 말이다.

2025년 넷플릭스를 강타한 애니메이션 〈케이팝 데몬 헌터스(이하 케데헌)〉를 보며 나는 2008년의 그날을 떠올렸다. 소니 픽처스가 제작하고 넷플릭스가 배급한 이 글로벌 대작의 배경은 뉴욕도, 도쿄도 아닌 바로 서울이었다. 주인공들이 악귀를 물리치며 뛰어다니는 곳은 낙산공원 성곽길이었고, 결투가 벌어지는 무대는 남산이었다. 북촌 한옥마을의 기와지붕 위를 날아다니는 장면에서 전 세계 시청자들은 열광했다.

과거 힐리우드 영화 속 서울이 전쟁의 폐허나 회색빛 아파트 숲으로 그려졌다면, '케데헌' 속 서울은 달랐다. 전통과 첨단이 공존하는 가장 힙한 도시, 영감을 주는 매력적인 공간으로 그려졌다. 20년 전, 낡고 허물어져 가던 성곽을 복원하고 조명을 설치할 때 '세금 낭비'의 결과물 따위로 취급되던 그곳이, 이제는 세계 1위

오랜 시간 서울을 지켜온 든든한 울타리가 이제는 시민들의 몸과 마음을 지키는 힐링의 공간이 되었다. 허물어져 가던 성곽을 복원했을 때, 그곳이 훗날 전 세계인이 주목하는 이야기의 무대가 될 줄 누가 알았을까. 문화유산이 멀리 있지 않고 시민의 발길 닿는 곳에 살아 숨 쉴 때, 그 가치는 더욱 빛난다. 한양도성 순성길은 서울시민이 누릴 수 있는 최고의 특권이다 . 출처: 서울시

콘텐츠의 핵심 매력이 되어 전 세계 2억 6천만 명이 열광하는 이야기의 무대가 되어 있었다. 해외 제작사와 자본이 서울을 무대로 선택했다는 사실 자체가, 서울의 도시 이미지가 이제 세계 시장에서 '먹히는 자산'임을 입증했다. 가슴이 뭉클했다.

　해외 팬들이 화면 속 서울을 보며 "저기가 어디냐"고 열광하고, 빌보드를 점령한 OST에 맞춰 서울 여행을 계획한다. 브랜드

파이낸스(Brand Finance)가 발표한 순위에서 한국의 문화 경쟁력이 세계 9위로 치솟은 지금, 더 이상 지도에서 서울을 찾지 못하는 사람은 없다. 서울의 브랜드가 곧 삼성과 현대, 그리고 미래 우리 아이들이 만드는 콘텐츠의 가격표를 높여주는 가장 든든한 뒷배가 되었다.

'감각도시'는 하루아침에 만들어지지 않는다. 그것은 누군가의 결단과 긴 시간 이어져온 투자가 만든 결과물이다. 2009년부터 광화문에 스키 점프대를 세우는 무모함에 가까운 도전들이 계속되지 않았다면, 2025년 〈케데헌〉 속의 아름다운 서울은 없었을지도 모른다.

'도시 브랜드가 밥 먹여주냐'고 묻는 이들에게, 나는 이제 자신 있게 대답한다. 그렇다. 서울의 매력이, 우리가 깨운 서울의 감각이 우리를 먹여 살린다. 서울의 이름값은 곧 대한민국의 가격이다. 그리고 그것은 결국 서울시민 한 분 한 분의 자부심이 된다.

02

도시를 춤추게 하는 일,
도시를 멈추게 하는 일

아주 특별한 착공식

'착공식'은 무언가 새로 짓기 시작한 것을 기념하는 행사다. 도로나 철도, 웅장한 건물을 새로 짓거나 개발의 첫 삽을 뜰 때 하는, 희망과 설렘이 가득한 행사 아닌가. 하지만 때로는 무언가를 짓는 일뿐 아니라 무언가를 부수는 일을 기념하는 것도 필요하다.

2022년 3월 28일, 서울시가 연 '철거 착공식'이 그랬다. '철거'와 '착공'이라니. 나란히 붙어 있기엔 퍽 생경한 단어 조합이었지만, 이곳만큼은 그럴 자격이 있었다. 지난 44년간 주민들의 가슴을 짓눌러온 소음과 미세먼지, 교통 체증의 고통을 끝내는 해묵은 숙원의 마침표이자, 지난 10년 동안 이념과 규제의 부침 속에 꽉 막혀버린 서울의 혈관을 다시 뚫는 상징적인 세레모니였기 때문이다. 바로 성수동 삼표레미콘 공장 이야기다.

이 회색 거인을 역사 속으로 보내는 데 왜 그토록 긴 시간을 기다려야 했을까? 아니, 더 뼈아픈 질문은 이것이다. 왜 우리는 지난 10년이라는 금쪽같은 시간을 허망하게 흘려보내야만 했을까? 사실 이 공장은 2011년에 이미 사라질 수 있었다. 현대차가 이곳에 110층 높이의 글로벌비즈니스센터(GBC)를 짓기로 하고, 2조 원을 투자해 일자리를 만들겠다는 원대한 계획이 순조롭게 진행됐기 때문이다. 만약 그때 계획이 실현되었다면, 지금 우리는 성수동에서 대한민국의 경제 지도가 바뀌는 모습을 목격하고 있었을 것이다.

하지만 2011년 시장이 바뀌고 '초고층 불가'라는 새로운 규제의 벽이 세워지면서 모든 것은 물거품이 됐다. 기다리다 지친 기업은 떠났고, 공장은 남았다. 성수동의 시계는 멈췄다. 철거 착공식의 팡파르가 울리던 그 순간, 폐부를 깊게 찌르는 듯한 한 문장이 나에게 다가왔다. 규제는 도시의 심장을 멈추게 하지만, 유연성은 도시를 다시 춤추게 한다는 사실을. 성수동의 지난 20여 년이 이를 증명한다.

많은 이들이 묻는다. 성수동은 어떻게 서울에서 가장 뜨거운

2022년 3월 28일 열린 삼표레미콘 성수공장 철거 착공식 현장. 소음과 분진으로 주민들에게 고통을 주던 레미콘 공장이 44년 만에 철거 절차에 들어갔다. 지역의 가장 큰 숙원을 해결하게 되어 무척이나 감회가 새로웠다. 출처:서울시

'핫플레이스'가 되었는가? 나는 그 답을 '서울숲 + 산업 + 소비'라는 3각 결합에서 찾는다. 20여 년 전부터 차곡차곡 쌓아 올린 치밀한 설계도와 그 설계를 멈춰 세웠던 규제의 시간, 그리고 다시 그 규제를 걷어내고 미래를 향해 질주하는 서울의 거대한 드라마. 성수동 대개조의 숨겨진 설계도를 펼쳐 보이려고 한다.

성수동의 탄생

2002년 7월 이명박 시장이 취임했을 때, 이곳은 서울의 변방이었다. 서울시청 신청사 건립 부지를 검토할 때 용산과 함께 마

지막까지 경합을 벌였을 정도로 무한한 잠재력을 가진 전략적 요충지였지만, 낡은 공장들이 내뿜는 매연과 소음이 뒤섞인 곳이었다. 이 가운데 현재 서울숲 자리에 '뚝섬 경마장' 부지가 있었다. 서울시 실무진들은 이 땅의 일부를 상업용지로 매각하는 방안을 검토했다. 무려 5조 원이라는 천문학적인 수익을 올릴 수 있었기에 뿌리치기 힘든 달콤한 유혹이었다. 그 돈이면 지하철을 몇 개 더 놓을 수 있고, 낙후된 인프라를 한꺼번에 개선할 수 있었다.

하지만 이명박 시장은 다른 결정을 내렸다. 이 땅에 숲을 만들어 뉴욕의 센트럴파크와 같은 휴식공간을 시민들에게 선사하기로 했다. 이명박 시장은 훗날 자서전에서 "10년 후 숲이 시민에게 줄 행복이 현재의 금전적 가치보다 훨씬 클 것이라 믿었다"라고 썼다.

2003년 1월 서울숲 조성 방침이 수립됐고, 분당선 성수역(현 서울숲역) 역세권 개발계획이 발표됐다. 숲 옆에 상업과 문화가 어우러질 수 있는 밑그림이었다. 정적인 휴식 공간인 숲 옆에, 사람을 모으고 돈이 도는 동적인 상업 기능을 붙이는 기획이었다. 2년 반의 작업 끝에 2005년 6월 35만 평 규모의 서울숲이 시민 앞에 모습을 드러냈다.

이는 성수동 변화의 첫 단추이자, 가장 강력한 '압도적 외부 유입 장치'의 탄생이었다. 숲이 생기자 주말이면 가족 단위의 나들이객이 모여들었고, 연인들이 찾아오기 시작했다. 텅 비어 있던 주말의 공장 지대에 사람이 흐르기 시작했다. 이것이 훗날 성수동을 완성하는 첫 번째 기반, '사람'이었다.

뚝섬 특별계획구역, 스카이라인의 밑그림을 그리다

서울숲이라는 거대한 하드웨어와 더불어, 서울시는 2004년 서울숲 남쪽·동쪽 인접지역을 '뚝섬 특별계획구역'으로 지정하고 도시계획의 판을 새로 짰다. 1구역부터 4구역까지 서울숲 수변 땅의 용도를 전략적으로 변경하는 작업이었다. 당시 서울숲 북측 일대는 낡은 상가와 저층 주거지가 혼재된 지역이었다. 자연녹지지역을 일반상업지역으로 바꿨고, 초고층 주거와 상업 복합 개발을 허용했다. 서울숲이라는 압도적인 환경 가치와 어우러질 수 있는 주거·상업·문화 복합 단지를 유도하기 위해서다.

2006년, 바통을 이어받아 서울시장이 된 나는 이 거대한 숲의 에너지가 도시 전체로 퍼져나가야 한다고 생각했다. 2007년 서울시는 뚝섬 특별계획구역에 대한 세부 개발계획을 결정했다. 오늘날 성수동을 상징하는 갤러리아포레(1구역), 아크로서울포레스트(3구역) 등 랜드마크들이 이때 정해졌다. 서울숲을 중심으로 도시 공간 전체를 재설계해서 환경과 주거, 산업과 문화가 어우러지는 복합 도시 공간을 만들고, 도시의 활력이 다시 숲으로 흘러들어오는 유기적인 연결고리가 체결되기 시작했다.

그 첫 번째 결실이 2008년 1구역에 착공한 갤러리아포레다. 그때까지만 해도 '누가 강남을 두고 공장 지대인 성수동에 와서 살겠느냐'는 인식이 팽배했다. 하지만 갤러리아포레는 보란 듯이 성공했다. 성수동이 더 이상 변방의 공장지대가 아니라 서울의 새로운 주거 트렌드로 진입했음을 알리는 신호탄이었다.

서울시는 2008년 6월 '서남권 르네상스' 계획으로 변화에 박차를 가했다. 구로, 금천 등 기존 준공업지역을 지식·창조·문화산업의 신경제 거점으로 육성하는 프로그램이었다. 핵심은 준공업지역 공동주택 관련 조례 개정. 서남권뿐 아니라 준공업지역이었던 성수동도 겨냥한 이 조례 개정은, 일정 비율 이상 산업시설을 확보하면 준공업지역에도 아파트도 짓고 카페, 문화시설도 지을 수 있다는 내용이었다.

이 간단한 규제 혁신으로 인해 낡은 공장들은 변신을 꾀할 수 있었다. 공장 옆에 집을 짓고, 그 옆에 카페를 지을 수 있는 길이 열렸다. 꽉 막혀 있던 용도의 혈관이 뚫리자, 민간 자본이 성수동의 가능성을 보고 쏟아져 들어오기 시작했다. 직주락, 즉 일하고 살고 즐기는 공간이 복합된 도시를 만드는 대전환이었다.

그러나 조례 개정만으로는 부족했다. 성수동에 활력을 공급하기 위해선 진짜 일자리를 만들어야 했다. 성수동은 IT기업들이 밀집한 강남 테헤란로와 멀지 않다. 이 지리적 이점을 활용해야 했다.

2009년 10월 서울시는 준공업지역 종합발전계획을 수립했다. 성수동을 우선정비대상구역으로 지정하고, 이곳을 IT와 R&D 산업의 새로운 거점으로 만들기로 했다. 그리고 2010년 1월, '성수 IT산업개발진흥지구'라는 한 방을 터뜨렸다. IT와 R&D 권장 업종을 확보한 경우 용적률과 높이 제한이 20% 완화됐고, 경영안정자금과 시설자금이 지원됐다. 또한 권장업종에 사용하기 위해 취득하는 부동산에 대해서는 지방세 감면도 추진했다. 준공업지역이었지만 사실상 업무지구 수준의 개발이 가능해졌다.

이때부터 성수동 빅뱅이 시작됐다. 낡은 운영체제(규제)를 최신 버전(규제 완화)으로 바꾸자, 민간 자본이 폭발적으로 유입되기 시작한 것이다. 2026년 1월 기준, 성동구에는 총 75개의 지식산업센터가 있는데 이미 2010년대 초반에 절반 가까이가 기획되었거나, 착공에 들어갔거나, 사용 승인을 마쳤다. 특히 서울시가 이 지역 규제혁파에 드라이브를 걸었던 2009년부터 2011년 사이 용적률 인센티브를 받아 지어진 건물이 '서울숲 코오롱 디지털타워', '서울숲 IT 캐슬' 등 18개소에 이르렀다. 서울시가 추진한 규제 완화 효과였다.

　일자리가 몰려오자 성수동 거리를 거니는 사람의 구성이 바뀌었다. 성수동 IT산업개발진흥지구 결정고시 직전인 2009년 이 구역에 위치한 정보통신업체 수는 80개에 불과했고 종사자 수는 1,276명이었다. 그러나 IT산업개발진흥지구 지정으로 제대로 드라이브가 걸리기 시작하자 정보통신업체 수와 종사자 수 모두 폭발하기 시작했다. 이때부터 꾸준히 늘어 2023년 기준 정보통신업체 수는 751개로, 종사자 수는 9,317명으로 폭증했다. 고소득 전문직인 '전문과학기술업' 업체도 2009년 167개소에서 2023년 1,078개로, 이 부문 종사자수는 2,847명에서 9,360명으로 늘었다.

　이 수치가 의미하는 바는 무엇일까. 성수동에 기존에 없던 사무, 기획, 디자인, IT 인력들이 대거 유입되었다는 이야기다. 이들은 점심과 퇴근 후 소비를 주도하고, 취향과 문화 수요가 분명하다는 특성을 가진 집단이다. 즉, 성수는 먼저 '일하러 오는 동네'가 되면서 평일 낮 시간의 탄탄한 상주인구를 확보했다. 유동인구가 아니라, '충분히 소비 가능한 유동인구'가 들어온 것이다.

1년 365일 꺼지지 않는 엔진

그러자 세 번째 축인 '소비'가 폭발했다. 2011년 대림창고가 문을 열었다. 1970년대 정미소를 개조한 복합문화공간이었다. 2012년 금속공장을 개조한 베란다 인더스트리얼이 생겼고, 2013년에는 러스티드 아이언 인 덤보가 '한국의 브루클린'이라는 별명과 함께 젊은이들의 성지가 됐다.

사람들은 흔히 이 힙힌 가페들이 지금의 성수동을 만들었다고 생각한다. 하지만 순서가 반대다. 먼저 일자리가 왔다. 아침에 출근해서 저녁까지 일하는 2만 명이 넘는 직장인이 성수동에 정착했다. 그들의 구매력이 카페를 불렀다. 점심을 먹을 곳이 필요했고, 커피를 마실 공간이 필요했으며, 퇴근 후 맥주 한잔할 장소가 필요했다.

성수동의 부흥 비결은 바로 이 지점이다. 평일에는 IT 산업에 종사하는 직장인들이 출근해서 점심을 먹고, 커피를 마시고, 퇴근 후 동료들과 식사를 하며 한잔을 한다. 주말에는 서울숲을 찾아온 가족, 연인, 친구들이 브런치를 즐기고, 카페를 순례하고, 쇼핑을 한다.

아침부터 저녁까지, 평일부터 주말까지. 1년 365일 소비를 만들어내는 인구가 끊이지 않는 지역. 이게 성수동이 폭발적으로 성장할 수 있었던 비밀이다.

서울숲이라는 압도적 외부 유입 장치가 주말과 야간까지 유입 시간대를 확장시켰고, IT 산업이 평일 낮 시간의 상주인구를 만들었으며, 규제 완화가 민간의 창의적 소비 공간을 가능하게 했다.

여기서 제일 중요한 건 '개입하지 않는 행정'이다. 서울시는 규제를 풀고 판을 깔아주었을 뿐이고, 이때 그 위에서 낡은 공장을 문화공간으로 재탄생시킨 것은 민간의 역동성이었다. '서울숲 + 산업 + 소비'의 3각 결합. 이것이 성수동 성공의 엔진이다.

이것을 시작으로 서울시는 성수동 전체를 아우르는 더 큰 그림을 그리기 시작했다. 바로 2009년 발표한 '한강공공성회복선언'이었다. 한강을 중심으로 도시의 구조를 재편하겠다는 구상이었다. 한강은 서울의 중심을 가로지르는 거대한 자산인데, 그동안 우리는 이 자산을 제대로 활용하지 못했다. 홍수 대비용 고수부지로만 방치했다. 이제 한강을 시민의 권리로 재설계할 때였다.

그 일환으로 성수전략정비구역을 지정했다. 한강변을 따라 약 53만㎡ 규모였다. 서울숲에서 시작된 변화를 한강변까지 확장하는 작업이었다. 8,247세대를 공급하는 대규모 계획이었고, 용도지역도 제2종일반주거에서 제3종일반주거로 상향됐다.

규제가 풀리자 성수동 동서남북에서 도시 번영의 싹이 무럭무럭 자랐고, 지역의 가치가 상승하기 시작했다.

GBC 잔혹사

하지만 이 거대한 흐름 속에서도 뼈아픈 좌절의 역사가 있다. 바로 현대차 글로벌비즈니스센터(GBC) 이야기다.

시계를 2006년으로 돌려보자. 당시 현대차그룹은 성수 삼표레미콘 부지에 2조 원을 투자해 지상 110층, 높이 540m의 초고층 랜드마크를 짓겠다는 원대한 꿈을 꾸고 있었다. 전 세계에 흩어진 R&D 인력을 한곳에 모으는 '자동차 산업의 메카'를 만들겠다는 구상이었고, 이를 위해선 흩어져 있는 계열사를 한군데 모은 통합 본사 건물이 필요한 상황이었다. 예상되는 이전 인력만 3만 명에 달했다.

당시 서울시는 이 제안을 적극적으로 검토했다. 성수동의 오랜 골칫거리였던 레미콘 공장 민원을 해결하고, 강북에 강남 코엑스에 버금가는 경제 거점을 만들 수 있는 절호의 기회였기 때문이다.

문제는 특혜 시비였다. 용도 상향에 따른 막대한 개발이익을 어떻게 공정하게 환원할 것인가. 과거엔 용적률 증가에 따른 기여

기준이 모호해 건별로 달랐고, 그렇다 보니 협상도 대부분 난항을 겪었다. 공무원들은 특혜 의혹이 두려워 결정을 미뤘고, 기업은 불확실성 때문에 투자를 망설였다.

이 지점에서 우리는 깊은 고민에 빠졌다. 규제냐 개발이냐, 보존이냐 철거냐 하는 이분법에 갇혀 정작 중요한 문제 해결을 외면하는 것은 비겁한 일이다. 문제를 해결해서 시민에게 이득으로 돌려줄 방법을 치열하게 고민하지 않고, '묻지 마 규제'를 하는 것은 이념을 넘어 '사유의 태만'이라고 생각한다.

공공의 이익과 민간의 창의성이 공존할 수 있는 제3의 길을 찾기 위해 밤낮으로 고민했다. 그 치열한 고민 과정에서 서울시가 2009년 '사전협상제'를 마련했다. 기업이 원하는 방향으로 용도를 변경하는 대신 늘어나는 용적률 60%에 해당하는 토지면적 가치를 사회에 환원하는 원칙을 세웠다. (단순해 보이는 이 제도가 왜 '행정의 예술'인지 뒤에서 자세히 이야기하겠다.)

밀실 행정이 아니라, 투명한 테이블 위에서 공공과 민간이 머리를 맞대고 '기브 앤 테이크'를 결정하는 시스템이었다. 기업과 주변지역이 동시에 발전할 수 있는 제안이었다. 2009년 삼표부지는 사전협상 대상지로 선정되었고, 성수동의 천지개벽이 눈앞에 다가온 듯했다.

이념이 멈춰 세운 10년의 시계

그러나 2011년 10월, 서울시장이 바뀌면서 상황은 급변했다. 새로 들어선 시장은 다시 이분법에 머물렀다. 개발에 반대한다며 보존을, 고층보다는 저층을 택했다. 다양한 이해관계자들의 요구를 절충해 시민에게 이익으로 돌려줄 고민이 부족했다.

2013년 4월, 서울시는 '50층 이상 초고층 빌딩은 도심과 부도심에만 지을 수 있다'는 가이드라인을 발표했다. 성수동은 도심도 부도심도 아니었다. 이어 2014년에는 '한강변 아파트 최고 35층'이라는, 소위 '35층 룰'이 확정되었다.

현대차의 GBC 계획을 사실상 진행하지 말라는 선언이었다. 서울시를 설득하다 지친 현대차는 강남 한전부지 매입 입찰에 뛰어들었다. 2014년 9월, 현대차는 결국 10조 원이 넘는 돈을 토지 매입비로 지출하며 강남으로 떠났다.

GBC만 떠난 것이 아니었다. IT 중심의 신산업지구를 떠받칠 배후 주거지, 성수전략정비구역마저 35층 규제에 묶여 멈춰 섰다. 한강변을 수놓을 스카이라인의 꿈은 그렇게 10년 동안 동면(冬眠)에 들어갔다. 2017년 3월에는 뚝섬주변지역 지구단위계획 중 특별계획구역 3, 4, 5구역이 해제됐다. 개발 대신 보존에 초점을 맞춘 공공 주도의 도시재생 체계로 정책 방향을 전환한다는 것이었다.

같은 해 10월, 서울시와 성동구, 현대제철, 삼표산업이 4자 협약을 맺었다. 공장을 철거하고 공원을 만들기로 했다. 하지만 가장 중요한 보상 문제는 빠졌다. 땅 주인은 민간인데 사실상 부지를 그냥 가져오겠다는 수준의, 진전 가능성이 없는 일처리였다. 이는 문제를 그냥 '방치'하겠다는 선언이나 다름없었다. 당연히 후속 협상은 진전을 보지 못했다. '임기 내에 삼표레미콘 공장 문제를 해결하겠다'는 전임 시장의 약속은 지켜지지 않았다. GBC는 떠났고, 삼표레미콘은 그대로 있었으며, 성수전략정비구역은 멈췄다. 규제가 도시를 멈춰 세운 대표 사례다.

사전협상제, 시스템이 40년 난제를 풀다

2021년 4월, 보궐선거로 다시 시청에 돌아왔을 때, 내 책상 위에는 10년 전 멈춰버린 성수동의 파일들이 먼지를 뒤집어쓴 채 놓여 있었다. 서울시는 다시 팔을 걷어붙였다. 이번에는 반드시 해결하겠다고. 44년간 성동구민의 숙원사업이었고, 10년간 방치된 문제였다.

2021년 7월부터 서울시는 삼표산업과 현대제철과 다시 협상을 시작했다. 기존 방식은 모두 버렸다. 서울숲 주차장을 매각해

부지를 사들이겠다는 계획도 폐기했다. 서울숲을 이용하는 시민들에게 주차장은 공원의 필수 시설이었다. 무엇보다 한쪽의 일방적 희생을 강요하는 시스템은 실현 가능성이 없다.

서울시는 2009년 마련한 사전협상제를 다시 적용해 문제 해결의 물꼬를 텄다. 개발 기회가 다시 생기자 기업들이 스스로 협의를 했다. 현대는 삼표에 토지를 팔고, 삼표는 이를 매입해 개발 기회를 마련하기로 했다. 이 힘으로 2022년 2월 4자 협의가 타결됐다. 그리고 2022년 3월, 드디어 철거 착공식이 열렸다. 내가 서울시로 돌아온 지 약 1년 만에 벌어진 일이다.

그 뒤 1년간 구체적인 개발 방향을 위한 사전협상이 계속됐다. 개발 규모를 정하고, 공공기여 내용을 조율하고, 도시계획 변경 절차를 진행했다. 2025년 2월 19일, 협상이 완료됐다. 프로젝트 계획은 최고 77층에서 79층 사이의 업무, 주거, 상업 복합 랜드마크였다. 공공기여는 약 6천억 원 규모였다. 특혜시비도 없었다. 투명했고, 예측 가능했고, 공정했다. 서울시가 만든 시스템의 승리였다.

삼표 문제는 해결했지만 성수전략정비구역은 여전히 멈춰 있었다. 35층 규제 때문이었다. 2011년에 50층으로 계획했던 구역이 35층으로 묶여 있으니 사업성이 나올 리 없었다. 10년을 기다린 주민들은 지쳐 있었다.

2023년 2월, 우리는 2040 서울플랜을 발표하며 35층이니 하는 인위적 제한을 없앴다. 대신 도시와 건축 창의혁신 디자인 가이드라인에 따라 심의 중심으로 높이를 결정하기로 했다. "왜 한강변 아파트는 35층이어야 하는가?"라는 질문에 아무도 논리적인 대답을 내놓지 못했던 그 낡은 도그마를 걷어냈다. 안전과 경관은 지키되, 획일적 규제는 풀겠다는 것이었다.

이어 2025년 3월, 성수전략정비구역은 고층 개발이 가능한 '특별건축구역'이 추가로 적용됐다. 이제 1구역부터 4구역까지 각 구역이 단계적으로 개별 사업 추진이 가능해졌다. 한강변을 따라 초고층 스카이라인이 다시 조성될 이곳에는 임대주택 2,004세대 포함 약 9,428세대가 공급될 계획이다. 규제가 풀리자 성수동의 비전이 되살아났다. 2011년부터 10년간 멈춰 있던 성수전략정비구역이 다시 숨을 쉬기 시작했다.

도시를 움직이는 힘은 무엇일까? 많은 사람들이 자본이라고 말하고, 어떤 이들은 기술이라고 답하며, 또 다른 이들은 문화라고 주장한다. 모두 틀린 말은 아니다. 하지만 나는 시장으로서 20년 가까이 서울을 지켜보며 다른 답을 찾았다. 도시를 움직이는 진짜 힘은 규제의 방향이다.

역사는 이를 명징하게 증명한다. 규제를 풀고 판을 깔아주었을 때(2006~2010), 성수동은 비상했다. 반대로 규제로 옥죄고 이념을 앞세웠을 때(2011~2020), 성수동은 멈췄고 기회를 잃었다. 그리고 다시 원칙으로 돌아와 시스템을 가동했을 때(2021~현재), 40년 난제가 풀리고 도시는 다시 미래를 향해 뛰기 시작했다.

시장의 역할은 시스템을 설계해 그 시스템이 문제를 풀게 하는 것이다. 나머지는 시민들의 꿈이, 민간이 고민 끝에 결정한 투자가 만든다.

2022년 3월 28일 삼표레미콘 철거 착공식장에서 우리는 다짐했다. 다시는 이념 때문에 도시를 멈춰 세우는 일이 벌어지면 안 되겠다고. 시민의 권리를 보장하는 것이 시 정부의 책임이고, 그 권리를 실현할 시스템을 설계하는 것이 서울시의 임무라고.

규제는 도시를 멈추게 하고, 치열한 고민은 도시를 춤추게 한다. 성수동이 증명했다. 강북의 균형 발전도, 주택 공급도, 경제 활성화도, 모두 같은 원리다. 규제를 풀고, 시스템을 설계하고, 시민에게 기회를 주는 것. 그것이 시스템 디자이너로서 내가 서울에 바치는 사랑이다.

03

생명보다 중요한 건
세상에 없다

'결국, 오세훈이 서둘러 설치한 탓 아니겠습니까.'

2016년 6월 25일 밤. SBS 〈그것이 알고 싶다〉의 내용은 평소보다 훨씬 무겁고 서늘했다. 화면에 뜬 제목은 '지하철 2호선 괴담—멈추지 않는 잔혹 열차'였다. 구의역에서 발생한 안타까운 사고. 스크린도어 정비업체 직원, 이른바 '구의역 김군' 사고를 조명하고 있었다.

무겁게 화면을 응시하던 나는 순간 귀를 의심했다. 화면 속 인물은 사고의 '원흉'으로 다름 아닌 나의 이름을 호명했다. 방송은

'공공교통네트워크'라는 단체 간부의 입을 빌려 이렇게 말했다.

"원래는 2년 동안 걸쳐서 시공하는 계획을 갖고 있다가 갑작스럽게 오세훈 시장의 주문에 의해서 공사기간이 1년으로 축소, 단축됩니다. 그러다 보니 4달 만에 5달 만에 아주 졸속적인 공사가 진행되죠."

19세 청년의 죽음은 누구보다 가슴 아팠다. 하지만 사고의 본질은 관리 시스템의 부실에 있었다. 사고의 원인을 물으려면 정비 작업 시 2인 1조 수칙이 지켜졌는지, 열차 진입을 알리는 센서는 제대로 작동했는지, 그리고 무엇보다 내가 서울시장직을 떠난 2011년 이후 5년이라는 시간 동안 유지보수 시스템이 어떻게 변질되었는지를 따져 묻는 것이 상식이었다. 비극의 책임을 5년 전 야인이 된 전임 시장에게 돌리는 그 기묘한 책임 회피. 나는 아연실색했다. 그러나 그 화살들을 마주하며 역설적인 진실 하나가 선명해졌다. 나의 임기 때 지하철 스크린도어 전면설치가 완수되었다는 사실. 그것은 사회가 내린 일종의 '인정'이기도 했다.

스크린도어가 이제는 우리 시민의 생명을 지키기 위해 없어서는 안 될 '필수 시설'이 됐다는 증거이기도 했다. 만약 그때 서두르지 않았다면? 만약 그 공사 기간을 2년, 3년 느긋하게 잡았더라면? 그 지체된 시간 동안 얼마나 더 많은 시민이 차가운 선로 위에서 목숨을 잃었을 것인가. 그들이 비난하는 '조급함'과 '추진력'

덕분에, 서울 지하철 역들은 스크린도어라는 보호막을 갖추게 되었고, 수많은 투신과 실족 사고를 막아낼 수 있었다. 그들은 비난의 형식을 빌려, 결국 시민의 생명을 지키기 위해선 그때 누군가가 그토록 서둘러야만 했다는 사실을 인정하고 있었던 셈이다.

일상적 재난의 현장, '죽음의 지하철'을 멈춰라

지금은 다들 잊었겠지만, 2000년대만 해도 지하철은 일상적 재난의 현장이었다. 한국철도공사와 서울메트로·서울도시철도공사 등에 따르면 2006년 한 해에만 수도권 지하철에서 169건의 선로 사고가 발생해 그중 92명이 목숨을 잃었다. 일주일에 두 명꼴로 누군가의 가족이 승강장 아래에서 생을 마감했다. 투신, 실족, 밀침 사고… 출퇴근길의 혼잡함 속에서 우리는 누구나 예비 피해자였다.

물론 지하철 운영 주체도 노력은 했다. 승강장 바닥에 노란 안전선을 긋고, 역사에 클래식 음악을 틀어 투신 충동을 줄이려 노력해 보기도 했다. 순찰을 강화하고 안전요원을 배치했다. 하지만 현실을 반전시킬 수는 없었다. 언론은 지하철을 '죽음의 지하철'이라 불렀다. 누군가에게는 지하철이 편리한 이동 수단이었지만, 시장인 나에게는 언제 터질지 모르는 시한폭탄과 같았다. 이 잔인한

스크린도어 없는 승강장, 그 아슬아슬했던 일상 난간 하나 없이 선로가 개방되어 있던 과거의 지하철역 모습. 당시에는 너무나 익숙한 출근길 풍경이었지만, 지금 되돌아보면 아찔하기만 하다. '전 역사 스크린도어 설치' 프로젝트는 이 불안한 공간을 시민이 안심하고 머물 수 있는 쾌적한 공간으로 탈바꿈시켰다. 출처: 서울시

행진을 끝내기 위해서라면 사업을 서둘러 진행해야 했다. 시민의 생명과 안전을 지키는 일에 타협이 있을 순 없었다.

2004년부터 시작된 스크린도어 사업은 민자 유치 방식이었다. 기업이 돈을 대는 대신 광고권을 가져가는 구조였다. 지하철 역사는 265개(서울메트로 117곳, 도시철도공사 148곳). 스크린도어 설치에 역당 25억~30억원이 소요되지만 정부 예산 지원은 없었다. 정부는 "승객의 안전은 운영자 스스로 확보해야 한다"라며 거리

를 두었다.

민자 방식 아래에서는 광고 효과와 수익성이 최우선일 수밖에 없었다. 설치 대상은 강남역·삼성역처럼 수송 인원이 많은, 이른바 '돈 되는 역'에 집중됐다. 반면 하루 이용객이 적어 광고 가치가 낮은 강북의 노후 역사들, 그리고 사망 사고가 빈번했던 4호선 동작역 같은 곳은 철저히 배제됐다. 자본의 논리 속에서 생명의 가치가 저울질됐다. 서울메트로의 한 직원은 "이 추세라면 2010년대 중반이 돼도 전 역사 설치는 불가능할 것"이라며 한숨을 내쉬었다.

스크린도어를 전면 설치하겠다는 약속은 2006년 8월, 서울시의 '맑은서울추진본부' 프로젝트를 통해 처음 공식화됐다. 선로와 승강장 사이를 문으로 차단해 대기오염을 줄이고 승객 안전을 확보하겠다는 계획이었다. 그러나 당시 265개 역사 중 스크린도어가 설치된 곳은 고작 18곳에 불과했다. 서울시는 환승역처럼 혼잡도가 높고 안전사고 위험이 크며, 미세먼지 기준 초과 이력이 있는 역부터 우선 설치하되, 2010년까지 전 역사 설치를 완료하겠다는 목표를 내세웠다. 환경 개선과 안전 확보, 두 마리 토끼를 동시에 잡겠다는 계획으로 차근차근 추진해나갔다.

그러나 현실은 차근차근 추진을 기다려주지 않았다. 언론에서는 계속해서 비극적인 지하철 사고 소식이 날아들었다. 아침 뉴스에 나오는 투신 사고, 승강장에서의 실족 사고… 시민의 발이 되어야 할 지하철이 '공포의 공간'으로 불리는 현실을 목격하며 나는 뼈저리게 느꼈다.

'지금 사람이 죽어 나가는데, 예산 타령하며 느긋하게 2년, 3년 기다릴 처지가 아니다.'

생명 앞에서는 효율성이나 순차적인 계획보다 '즉각적이고 확실한 조치'가 먼저여야 했다.

결국 우리는 배수진을 쳤다. 모든 계획을 앞당겨 2009년 안에 서울시내 265개 모든 역사에 설치를 끝내겠다고 선언했다.

반발은 상상을 초월했다. 예산 부서는 7,000억 원이라는 천문학적 비용에 난색을 표했다. 중앙 정부조차 "서울시가 알아서 하라"며 팔짱을 꼈다. 기술적 도전과제들도 만만치 않았다. 1호선은 1974년, 2호선은 1980년, 3호선은 1985년. 각 노선마다 건설 시기가 다르고 구조도 제각각이었다. 승강장 높이, 폭, 천장 구조가 모두 달랐다. 지하 깊은 곳에 있는 역사들, 지상에 있는 고가 구간들, 곡선 승강장과 직선 승강장. 모든 조건이 달랐다.

역마다 다른 설계를 해야 한다는 의미였다. 표준화된 설계로는 불가능한 상황, 265개 역사에 265가지 설계가 필요할 수도 있었다. 그때까지만 해도 국내에는 스크린도어 기술이 거의 없어 부품

대부분을 수입해야 하고, 유지보수도 해외 업체에 의존할 가능성이 컸다. 담당자들은 '현실적이지 않다'며 연신 고개를 저었다.

하지만 나는 물러서지 않았다. 만약 265개 역 중 200개만 설치했다면 어땠을까? 자살을 생각하는 사람이나 실족 사고는, 스크린도어가 없는 나머지 65개 역으로 몰렸을지도 모른다. 적어도 이 문제에 있어서만큼은 99%의 설치는 0%와 같았다. 구멍 뚫린 방패는 방패가 아니다. 시민의 생명을 담보로 하는 인프라는 완전성을 갖출 때 비로소 그 기능을 한다. 이것이 내가 '단 한 곳도 빠짐없이, 올해 안에 끝낸다'고 고집을 부린 철학적 근거였다.

우리는 전선을 넓혔다. 265개 역을 순차적으로 하나씩 완료하는 방식으로는 1년 안에 끝낼 수 없었다. 서울메트로(1~4호선)와 도시철도공사(5~8호선)가 동시에 착공에 들어갔다. 기간 단축을 위해 더 많은 인력과 장비가 투입되어야 했고, 그만큼 비용도 늘어났다. 2008년 서울시는 151억 원의 시비를 지하철 운영기관에 지원했고, 2009년에는 316억 원을 추가로 지원하기로 했다.

사고다발 지역 우선 원칙도 더욱 확고히 했다. 민간투자로 빠진 동작역, 일원역, 신용산역, 구의역 같은 곳들을 최우선 순위로 올렸다. 광고 수익이 나지 않아도 진짜 필요한 곳부터 해야 한다는 게 명확한 방침이었다.

2007년까지 32개 역에 불과했던 스크린도어가 2008년 말에는

89개 역으로 늘어났다. 2009년 상반기에만 42개 역이 추가로 완료됐다. 2호선 신대방, 당산, 신답, 용답. 4호선 미아, 혜화, 신용산, 동작. 5호선 명일, 올림픽공원, 길동, 방이, 둔촌, 마장, 장한평, 답십리. 6호선과 7호선에서도 대량으로 설치가 이뤄졌다. 8월 24역, 9월 30역, 10월 19역, 11월 10역, 12월 51역… 하반기에는 총 134개 역을 완공 목표로 박차를 가했다. 전국의 스크린도어 시공 능력을 총동원한, 가히 기적적이라고 할 수 있는 속도였다.

마침내 2009년 12월 31일이 됐다. 서울 지하철 1~8호선 265개 전 역사에 스크린도어 설치 공사가 마무리되는 날이었다. 당초 계획보다 앞당겨 시민의 생명을 지키겠다는 약속이 지켜지는 날이었다.

그날 회현역 승강장에는, 6년 전 그곳에서 아내를 잃은 한 남성이 서 있었다. 그는 아내의 사고 이후 소송과 탄원, 기고를 이어가며 스크린도어 설치를 요구해온 인물이었다. 이제는 스크린도어가 설치돼 문이 열리고 닫히는 모습을 한참 바라본 그는, "그저 헛된 죽음은 아니었다"며 비로소 아내에게 편히 쉬라 말할 수 있었다.

서울의 지하철은 세계에서 가장 안전한 대중교통으로 거듭났다. '죽음의 지하철'은 이제 완전히 과거의 일이 됐다. 연평균 37명에 달하던 사망자 수는 설치 직후 0.4명으로 급감했다. 무려

99%의 감소율. 사실상 제로가 됐다. 특히 2012년 이후로는 스크린도어 관련 사망 사고가 아예 0건을 기록하기 시작했다.

환경 개선 효과도 기대 이상이었다. 사당역에서 실시한 설치 전후 공기질 분석 결과, 승강장 미세먼지가 35.3% 감소했고, 대합실도 26.9% 개선됐다. 환경부가 다중이용시설 미세먼지 기준으로 정한 100㎍/㎥도 넘지 않게 됐다. 소음도 크게 줄어들었다. 승강장 소음이 78.3dB에서 72.1dB로 떨어져 7.9%나 개선됐다. 열차가 들어올 때마다 귀를 찌르던 소음이 확연히 줄어든 것을 시민들이 체감했다. 과거에는 열차풍에 의해 터널까지 분산되던 에너지를 스크린도어가 차단해주다 보니 냉난방 효율도 몰라보게 좋아졌다. 여름철 기준으로 연간 167억 원의 전기요금을 절감하는 경제적 효과까지 얻었다.

스크린도어가 지하철 풍경을 바꿔놓고, 우리는 그 공간을 색다르게 이용하기 시작했다. 바로 '시 읽는 지하철' 프로젝트였다. 스크린도어 유리면을 활용해 시민들이 지하철을 기다리는 동안 시를 읽을 수 있도록 한 문화 사업이었다. 예전에는 열차가 들어올 때까지의 2~3분이 그저 무료한 기다림의 시간이었다. 그런데 스크린도어에 시가 붙으면서 달라졌다. 이제는 여유 있게 문학을 감상할 수 있는 공간이 됐다. 압도적인 인프라가 깔리자, 비로소 시민들의 일상이 평온해졌다. 이것이 바로 행정이 만들어낼 수 있는 최고의 사회적 임팩트다.

2025년 초, 충격적인 사진 한 장이 외신을 탔다. 뉴욕 지하철 승강장에서 승객들이 벽에 매미처럼 딱 붙어 있는 모습이었다. 일명 '서브웨이 푸싱(묻지 마 밀치기)' 공포 때문이었다. 세계 최고의 도시라는 뉴욕이, 지하철 안전 하나를 해결하지 못해 시민을 공포에 떨게 만들었다. 해외 네티즌들은 반응했다.

"서울 지하철의 가장 놀라운 점 중 하나는 2009년부터 모든 역에 플랫폼 스크린 도어를 설치해 왔다는 것입니다. 다른 대부분의 지하철 시스템에서는 이 같은 시설이 고급 옵션으로 분류되어 신규 역 중 일부에만 설치되지만, 대부분의 도시에서는 신규 노선조차 플랫폼 도어가 전혀 설치되지 않은 경우가 많습니다."

트립어드바이저 같은 여행 플랫폼에는 "서울 지하철은 세계에서 가장 안전하다"는 리뷰가 줄을 이었다. 한때 해외 기술을 수입하던 우리가 이제 말레이시아, 브라질, 프랑스에 스크린도어 기술을 수출하는 나라가 되었다.

뉴욕은 왜 실패하고 서울은 성공했는가? 돈이 없어서도, 기술이 부족해서도 아니다. 철학의 차이 때문이다. 뉴욕이 비용과 효율을 따지며 부분적 도입을 논의할 때, 서울은 '시민의 생명과 안전만큼 중요한 것은 세상에 없다'는 원칙으로 '전면설치'를 실현해

버렸기 때문이다. 여기에는 좌우(左右)가 있을 수 없다. '가능할까, 불가능할까'를 고민하는 시간에 '어떻게 하면 가능하게 할까?'를 고민했다. 다른 도시들이 현실적 제약 앞에서 계속 미루는 동안.

행정이 과감한 결단과 압도적 실행을 할 수 있을 때, 비로소 시민의 삶을 구조적으로 바꿀 수 있다고 믿는다. 우리는 흔히 안전사고를 인재(人災)라고 부르며 안타까워한다. 하지만 반대로, 완벽한 예방 시스템을 구축해 수천, 수만의 목숨을 구하는 것 또한 사람이 하는 일, 즉 인치(人治)의 영역이다.

좋은 의도를 가진 정책은 많다. 하지만 세상을 진짜 바꾸는 건 의도가 아니라 규모와 속도다. 2009년, 그 치열했던 속도전이 없었다면 오늘의 안전한 출근길은 없었을 것이다. 어렵더라도 해야 할 일은 압도적으로 해내는 것, 그것이 진정 시민을 위하는 길이다.

04

경쟁력을 키우고 싶은가?
경쟁상대를 설정하라!

"시장님, 순위가 뭐가 중요합니까? 대체 해외 기관이 매기는 점수에 왜 그렇게 집착한단 말입니까?"

내가 서울시 모든 부서에 '글로벌 도시 경쟁력지수(GP-CI-Global Power City Index)를 끌어올리자'고 특명을 내렸을 때, 겉으로 말은 안 해도 일부 직원들의 눈빛은 그렇게 묻고 있었다. 언론의 따가운 분위기도 읽혔다. 시장의 치적 쌓기용 숫자 놀음 아니냐는 비아냥이 들려오곤 했다.

나는 그런 의구심을 마주할 때마다, 행정가가 아닌 '시스템 디자이너'의 관점에서 스스로에게 되묻곤 한다.

"당신이 만약 10조 원을 굴리는 글로벌 투자자라면, 혹은 세계적인 혁신 기업의 CEO라면 아시아의 어느 도시에 둥지를 틀겠습니까?"

자본은 냉정하다. 그리고 겁이 많다. 때로는 소름 끼칠 정도로 철두철미하다. 그들은 절대 감으로 투자하지 않는다. 치안은 안전한지, 교통은 편리한지, 글로벌 언어가 통하는지, 문화적 매력은 충분한지, 세금 제도는 투명한지… 그 도시를 움직이는 보이지 않는 시스템을 현미경으로 들여다보고 점수를 매긴 뒤에야 비로소 지갑을 연다. 그때 그들이 가장 먼저 펼쳐보는 참고서가 바로 모리기념재단의 GPCI나 글로벌 컨설팅사 커니(Kearney)의 보고서 같은 도시 지표다.

개인에게 신용등급이 있듯이 도시에는 경쟁력 순위가 있다. 신용등급이 낮으면 은행 대출이 어려워지듯, 경쟁력 순위가 떨어지면 글로벌 자본과 기업은 그 도시를 외면한다. 기업이 오지 않으면? 양질의 일자리가 사라진다. 우리 청년들이 꿈을 펼칠 무대가 좁아진다는 뜻이다.

그러니 '순위에 그렇게 집착해야 하냐'는 질문에 대한 나의 대답은 '그렇다'이다. 이 냉혹한 성적표를 그저 숫자 놀음으로, 치적 쌓기로 생각한다면 큰 오판이다. 우리가 설계하고 있는 서울이라는 거대한 시스템이 글로벌 스탠다드에 맞춰 제대로 작동하고 있는지 확인하는 가장 냉혹한 건강검진표이자, 시민의 삶을 지탱하는 '경제적 생명줄'이다. 보이지 않고 만져지지 않는 영역을 정교하게 설계해서, 결국에는 시민의 자부심과 이익이라는 결과를 만들어내는 것. 그것이 내가 정의하는 시장의 역할, 바로 '시스템 디자이너'의 역할이다.

2021년 4월, 10년 만에 다시 돌아온 서울시청에서 마주한 현실은 뼈아팠다. 한때 세계 도시들과 어깨를 나란히 하며 정상을 향해 달리던 서울의 역동성은 사라졌다. 서울은 모리재단 GPCI에서 2011년 7위, 2012년 6위까지 오르며 '글로벌 TOP 5' 진입을 목전에 두고 있었다. 그러나 내가 서울시를 떠나 있던 10년 동안 8위(2020년, 2021년)로 주저앉았다. 런던, 뉴욕, 도쿄, 파리, 싱가포르라는 'Big 5'의 벽은 넘을 수 없을 만큼 높아 보였고, 뒤에서는 홍콩, 상하이 등이 맹렬한 기세로 추격해오는 중이었다.

경쟁 도시들이 스마트 시티 전략과 파격적인 규제 혁신으로 시스템을 업그레이드하며 날아오를 때, 서울은 '이 정도면 훌륭하다', '하던 대로 하자'는 근거 없는 낙관론과 매너리즘에 빠져 있었다. 시스템은 노후화되었고, 목표 의식은 희미해져 있었다. 마치 끓는 물 속의 개구리처럼 서서히 경쟁력을 잃어가고 있었다.

이 잠든 거인을 다시 깨워야 했다. 몸에 좋은 약은 쓰다. 명확한 라이벌과 정확한 수치가 조직을 움직인다. 우리는 막연하게 "열심히 하자"는 말은 하지 않았다. 대신 시스템의 목표 좌표를 다시 설정했다.

"잃어버린 순위를 되찾고, 아시아의 라이벌 싱가포르를 제낍시다. 그리고 세계 5대 도시(Global Top 5)에 진입하도록 노력합시다."

조직은 목표가 모호하면 움직이지 않지만, 구체적인 '마일스톤 (Milestone)'과 측정 가능한 수치를 들이대면 무서운 집중력을 발휘한다. 세계적인 평가 기관 중 가장 정교한 평가 시스템으로 유명한 모리재단은 주거, 복지, 문화, 행정 등 도시의 모든 면면을 6개 분야, 70개 지표로 나눠 아주 촘촘하게 평가한다. '도시 경쟁력 지수'라는 굵직한 마일스톤이 설정되자, 서울시 직원들은 이 지표들을 하나하나 뜯어보며 핀셋 전략을 구상했다. 점수가 낮은 항목을 실제 우리 시민들이 일상에서 불편을 겪고 있는 '환부(患部)'로 여기고 개선하기 위한 아이디어를 쏟아냈다.

환경 점수가 낮은가? 그렇다면 도심을 숲으로 만들자. 서울시는 빽빽한 빌딩 숲 사이에 공원을 심는 '녹지생태도심' 전략에 드라이브를 걸었다. 기후위기 대응 정책도 강력하게 추진해 '기후 행동에 대한 헌신(Commitment to Climate Action)' 지표의 개선을 이뤄냈다.

시민들이 불안해하는가? 골목마다 스마트 보안등을 깔고, 안심귀가 스카우트를 확대했다. 주거 안정을 위해 신속통합기획으로 공급에 숨통을 틔웠고, 약자와의 동행 정책으로 복지 사각지대를 메웠다. 경직된 규제를 풀어 민간의 활력을 깨우고, 칙칙한 회색 도시에 녹색 쉼터를 심고, 복잡한 행정 절차를 투명하게 만드는 것. 이 모든 과정이 곧 도시경쟁력을 높이는 길이자, 시민의 삶의 질을 높이는 길임을 직원들 스스로 깨달았다.

물론 노력은 배신하지 않았다. 시스템을 재설계하고 4년여가 지난 지금, 데이터는 서울의 부활을 증명하고 있다. 2025년 12월 발표된 모리기념재단의 '도시종합경쟁력지수(GPCI)' 결과가 그렇다. 서울은 암스테르담을 넘고 2년 연속 종합 6위에 올라섰는데, 무엇보다 놀라운 것은 5위와의 점수 차다. 직전 연도까지만 해도 우리는 아시아의 라이벌 싱가포르(5위)에 100점 가까이 뒤져 있었다. 넘을 수 없는 벽처럼 보였다. 하지만 2025년 발표에서는 그 격차를 무려 5점 차로 좁히며 턱밑까지 추격했고 암스테르담(7위)과의 격차는 크게 벌렸다. 2,700점 만점의 평가에서 5점 차라는 것은 사실상 동등한 수준에 도달했다는 뜻이다. 서울은 2026년 발표에서 '글로벌 TOP 5' 진입을 달성할 수 있을 것이다.

글로벌 컨설팅사 커니(Kearney)의 평가를 보면, 서울시가 공들여 설계한 시스템의 힘이 더욱 명확히 드러난다. 커니는 도시의 현재를 보여주는 '글로벌 도시지수(GCI-Global Cities Index)'와 미래를 보여주는 '글로벌 도시전망(GCO-Global Cities Outlook)'을 함께 발표한다. 2025년 발표된 GCI 성적표에서 서울은 세계 12위를 기록하며 뉴욕, 런던, 파리 등 전통의 강호들과 어깨를 나란히 하는 견고한 상위권을 유지하고 있다.

하지만 내 가슴을 뛰게 하는 것은 바로 미래의 잠재력을 평가하는 GCO 순위다. 2020년 서울은 이 미래 전망 평가에서 42위라는 참담한 성적표를 받았었다. 미래가 불투명한 도시라는 뼈아픈 낙인이었다. 그러나 서울시가 시스템을 재정비하고 혁신의 엔진을 다시 켠 결과, 2024년 5위로 수직 상승하더니 2025년에는 독일 뮌헨에 이어 세계 2위를 차지했다. 현재(GCI)도 준수하지만, 서울은 전 세계에서 '지금보다 내일이 더 기대되는 도시', '가장 역동적으로 성장하는 도시'로 공인받았다는 뜻이다.

이외에도 서울은 2025년 ▲글로벌 MZ가 가장 사랑하는 도시 4년 연속 1위(트래지트래블) ▲혼자 여행하기 좋은 도시 1위(트립어드바이저) ▲레저라이프스타일 어워즈 1위(레저라이프스타일 어워즈) ▲대학생을 위한 최고의 도시 1위 (대학평가기관 QS) 등 4관왕을 달성하며 인기가 식을 줄을 모르고 있다.

나는 자주 '서울시민의 행복이 곧 서울의 경쟁력'이라고 말한다. 시민이 일상에서 편안함과 안정감을 느낄 때 그 긍정적인 에너지가 도시의 매력이 되고, 그 매력에 이끌려 전 세계의 인재와 자본이 서울로 모여들기 때문이다. 이제 서울시민들은 어디에 가서나 당당하게 말할 수 있다. 서울은 더 이상 변방의 도시가 아니다. 세계가 인정하고, 세계가 주목하고, 세계가 살고 싶어 하는 도시다. 이 객관적인 위상은 곧 서울시민들이 마땅히 누려야 할 자부심의 근거다. 도시경쟁력 상승을 위해 함께 노력해준 직원들에게 고맙다는 말을 전하고 싶다.

물론 서울시와 시민들은 여기서 멈추지 않을 것이다. 서울시민들의 마음속에 '내가 서울에 산다'는 사실 하나만으로도 어깨가 으쓱해지는 자부심을 갖게 되는 그날까지. 우리는 매일 아침 차가운 데이터를 읽으며 시민들의 뜨거운 마음을 살필 생각이다. 어렵게 다시 만든 이 '우상향 곡선'을 절대로 꺾이게 두지 않을 계획이다. 서울의 시스템은 이제야 비로소 제대로 작동하기 시작했다.

Chapter

2

공간을 살리는
마법

01

'전시행정' 끝판왕, 서울의 얼굴이 되다!

2014년, 서울 동대문에 거대한 은빛 물체가 내려앉았다. 곡면과 타공 전부 다른 4만 5천여 장의 패널로 뒤덮인, 직선과 격자로 이루어진 서울의 도심 한복판에 전에 없던 유선형 덩어리.

건축계의 노벨상이라 불리는 프리츠커상 수상자, 자하 하디드(Zaha Hadid)의 설계안 '환유의 풍경'이 공개됐을 때부터, 그리고 공사가 진행되는 내내 동대문디자인플라자(DDP)는 반대 진영으로부터 저주에 가까운 비난을 받았다.

"자기 돈이면 이렇게 쓰겠냐?"

"주변 경관과 전혀 어울리지 않는 흉물이다."

"오세훈이 또 세금으로 '전시행정'을 한다."

반대하는 사람들은 서울시의 모든 정책에 '전시행정'이라는 딱지를 붙여 공격했다. 먹고사는 문제가 아니면, 눈에 보이는 모든 변화를 겉치레나 쇼라고 낙인찍던 시절이었다. 그 가운데서도 그들에게 DDP는 유독 '전시행정의 끝판왕'이었다. 80년 넘은 동대문운동장을 허물고 그 자리에 이토록 이질적인 건물을 세우는 것이 과연 온당한가? 그 거센 논란의 한가운데서 밤잠을 설치며 자문해야 했다. '과연 우리가 틀린 것인가? 아니면 서울시민들이 자랑스러워할 랜드마크를 만들고 있는 것인가?'

시계를 앞으로 돌려보자. 2006년, 서울시장에 처음 취임할 무렵 대한민국은 '샌드위치 위기'에 놓여 있었다. 1인당 GDP는 2만 달러를 갓 넘겼지만, '한강의 기적'을 이끈 제조업 중심의 성장 모델은 수명을 다해 갔다. 뒤에서는 중국이 거대 자본과 기술력으로 무섭게 추격해오고, 앞서가는 선진국들은 저만큼 멀어져 갔다.

국가 전체로 보면 2005년 제조업 비중은 46.3%, 서비스업 비중은 40.0%였다. 서울은 서비스업 비중이 79.0%였고, 제조업은 10.0%에 불과했다. 더 이상 싸게, 많이, 빨리 만들어서는 승산이 없다고 확신했다. 이제 서울은 무엇으로 먹고살 것인가? 이에 대

동대문디자인플라자(DDP)의 야경. 회색빛 콘크리트와 낡은 운동장이 있던 자리에 혁신의 곡선을 그려 넣었다. 수많은 반대와 우려 속에서도 포기하지 않았던 '디자인 서울'의 꿈은, 이제 연간 1천만 명이 찾는 세계적인 명소이자 서울의 자부심으로 완성되었다. 출처: 서울시

한 나의 해법은 명확했다.

"21세기는 '모든 것이 디자인'인 시대입니다. 오늘 이 순간부터 우리는 모두 '세상에 하나뿐인 서울'을 만드는 디자이너들입니다. 창의적 상상력이 우리를 변화시키고, 그 변화가 서울을 바꿔나갈 것입니다."

서울시장 첫 임기 취임사에서 내가 꺼낸 말이다. 그 자리에서 나는 "서울을 명실상부한 세계의 문화수도로 만들겠다"는 도전적

인 비전도 함께 제시했다. 당시 이 말의 본뜻을 온전히 읽어낸 사람이 얼마나 될까. 지금도 종합행정을 하는 정치인이 '디자인'이나 '문화'를 말하면 한가한 소리라 치부하는 이들이 많다. 하지만 나에게 디자인 서울과 문화 서울은 압축성장의 한계에 부딪힌 대한민국이 '만드는 도시'에서 '매혹하는 도시'로, 물건을 싸게 파는 나라에서 '브랜드 가치'를 비싸게 파는 나라로 넘어가기 위한, 가장 처절하고 절박한 생존 투쟁이었다. 그리고 그 생존을 가능하게 하는 유일한 무기가 바로 디자인과 문화였다.

취임 직후, 서울시는 미친 듯이 가속페달을 밟았다. 취임한 지 겨우 보름이 지난 2006년 7월 19일 '서울특별시 도시디자인 조례'를 통과시켜 기본계획을 수립했다. 이어 디자인 서울총괄본부를 출범시키고, 권영걸 당시 서울대학교 미술대학장을 부시장급으로 파격 영입했다. 강력한 추진 시그널이었다. 본부는 가이드라인 수립, 공공시설물 표준디자인, 야간경관, 디자인올림픽, 서울서체, 서울상징(해치) 개발 등 80여 개 프로젝트를 추진했다. 도시의 비효율을 걷어내고, 무엇보다 서울시민들의 자부심을 세우는 일이었다.

가장 널리 알려진 디자인 서울 프로젝트는 간판정비다. 당시 서울의 간판은 업소마다 제각각 '나 좀 봐주세요' 하는 과잉 표출로 인해 도시 미관을 심각하게 해치고, 시민들의 안전을 위협했다. 서울시가 좋은 간판을 선정하고, 간판이 아름다운 거리를 조성하겠다고 발표했지만, 저항이 만만치 않았다. 업주들은 교체 비용 부담과 홍보효과 저하를 우려했다. 과거의 무분별한 간판이 '매운맛'이라면 디자인 서울에서 권하는 간판은 '순한 맛'처럼 느껴졌으리라.

서울시는 시범거리 10곳을 선정해 먼저 바꾸는 '백문이 불여일견' 전략을 택했다. 반응은 폭발적이었다. 일반 시민, 공무원은 물론 전문가들까지 호평을 쏟아냈다. 이후 자치구·정부부처로 확산되며 선순환이 일었고, 행정안전부는 2012년부터 '간판개선사업'을 전국 단위로 이어오고 있다.

아무래도 가장 기억에 남는 프로젝트는 환경공무관(당시 환경미화원)의 근무복 디자인 변경 프로젝트다. 당시의 주황색 근무복은 눈에는 잘 띄었지만, 누군가는 '죄수복 같다'고 할 만큼 투박했다. 일을 개선하기 위해 실무를 담당하는 직원과 머리를 맞댔다.

"기능성은 기본이고, 그분들의 '자부심'을 디자인해 주십시오. 서울을 가꾸는 제복(制服)다운 옷이어야 합니다."

눈에 잘 띄고 거친 작업에도 손상되지 않는 튼튼한 기능에 자부심을 더하는 작업은 쉽지 않았다. 여러 차례 전면 재작업 끝에 지금의 형광색 근무복과 새 청소차 디자인이 나왔다. 그리고 이듬해인 2009년 봄, 한 통의 편지를 받았다. 30년 넘게 환경공무관으로 일해오신 분이었다.

"유니폼을 입고 있으면 마치 경찰공무원 복장과 비슷한 느낌까지 듭니다. 환경파수꾼으로서 우리의 위상을 높여주는 것 같아서 기분이 매우 좋습니다. 환경미화원의 복장까지도 세계 일류도시에 견주어 돋보이도록 디자인하신 세심한 배려에 새삼 가슴이 뭉클해져 옵니다."

눈에 보이지 않지만 사람의 마음속에 자부심을 새기는 것. 그것이 내가 꿈꾼 디자인 서울이 만들어낸 변화였다.

서울시가 디자인 깃발을 들자, 놀라운 일이 벌어졌다. 대한민국 전역에 '나비효과'가 일어난 것이다. 서울시 조례를 벤치마킹해 광주, 부산, 경기, 제주까지 전국 150여 개 지자체가 디자인 조례를 만들기 시작했다. 서울이 던진 돌멩이 하나가 전국을 '디자인 행정'의 물결로 뒤덮은 셈이다. 서울이 대한민국 행정의 표준을 높였다는 사실에 큰 보람을 느꼈다.

그 결실을 의외의 곳에서 확인한 적이 있다. 2023년 5월 '정원도시 서울' 비전 발표 전, 더 많은 아이디어를 얻기 위해 순천만국제정원박람회를 찾았을 때다. 정원박람회의 총책임자가 현직 순천시 공무원이라는 것부터가 신선한 충격이었다. 이게 왜 의외냐하면 최근 공직사회에서는 전문성 강화라는 명분으로 대형 행사

책임을 외부 전문가에게 맡기는 경우가 대부분이기 때문이다. 중앙부처나 서울시처럼 규모가 큰 기관일수록 더욱 그렇다. 그런데 박람회 책임자를 만나서 대화해 보니 정원과 관련한 기술뿐 아니라 역사, 철학과 같은 인문학적 배경지식까지 꿰고 있었다. 정원에 관해 고수의 반열에 올랐다고 해도 좋을 만한 내공이었다. 순천만국제정원박람회를 기획하고 직접 실행한 노관규 순천시장이 '노관규 작가'로 불릴 정도로 전문성을 갖추고 있는 것으로 유명한데, 책임자인 직원 또한 그 못지않았다. 노관규 시장은 책임자에게 인사권을 포함해 정원박람회와 관련한 전권을 주었다고 한다.

가장 놀라운 순간은 박람회 책임자인 순천시 공무원이 "제가 디자인 서울 자료를 보고 우리 시 디자인 조례를 만들고 업그레이드했다"고 말했을 때였다. 서울의 디자인 정책이 순천으로 흘러가 거대한 정원이 되었고, 세월이 흘러 이번에는 서울이 순천을 배우러 온 것이다. 청출어람(靑出於藍)! 이것이야말로 건강한 선순환이 아니겠는가. 격한 감동과 뿌듯함이 밀려왔다.

디자인 서울을 처음 외쳤을 때, 저항은 거셌다. 반포대교에 '달빛 무지개분수'를 만들었을 때, 정치권 일부에서는 "그 돈으로 초등학교에 2억씩 나눠주면 방과 후 수업을 할 수 있다"며 나를 '이미지 정치인'으로 몰아세웠다. 하지만 15년이 지난 2023년, 세계적인 명품 브랜드 루이비통은 바로 그 잠수교 위에서 패션쇼를 열었다. 물안개와 무지개가 어우러진 그곳은 전 세계가 주목하는 런웨이가 되었다. 세금 낭비라던 비난은 서울이 세계 패션과 문화의 중심에 설 수 있다는 가능성으로 반전되지 않았는가.

디자인 서울의 정점, DDP 역시 마찬가지다. '세금 먹는 하마'가 될 것이라던 반대파들의 저주는 10년이 지난 지금, 어떻게 되었을까? 결과는 통쾌한 반전이다.

개관 10년 만에 누적 방문객이 1억 명을 돌파했다. 서울시민 모두가 열 번 이상씩 다녀간 꼴이다. 매년 수백억 적자가 날 것이라던 호언장담과 달리, 자체 수익만 누적 1,683억을 올리며. 재정 자립도 100%를 훌쩍 넘겼다.

돈 낭비라던 그 유선형의 곡선은 이제 전 세계 브랜드들이 가장 사랑하는 런웨이가 되었다. 구글(2016), 애플(2017), 구찌(2022), 페라리(2023) 등 세계적인 기업들의 글로벌 마케팅 무대로 빛났고, 앤디 워홀(2015), 달리(2021), 팀 버튼(2022) 등 작가들의 전시 개최도 줄을 이었다. 2024년 기준 시설 가동률은 79.9%로, 준비기간까지 고려하면 사실상 연중무휴로 다양한 행사를 개최하고 있다. 뉴욕타임스 등 해외 주요 외신들도 '꼭 가봐야 할 랜드마크'로 앞다퉈 소개한 이곳, DDP는 명실상부한 서울의 아이콘이다.

디자인이 도시의 그릇을 빚는 일이라면, 그 안을 채우는 것은 문화다. 문화는 소비를 만들고, 소비는 일자리와 산업을 낳으며, 그렇게 경제로 전환된다. 사람들은 이것을 '컬처노믹스(Culture-nomics)'라고 부른다. 문화(Culture)와 경제(Economics)를 합친 말이다.

문화가 밥 먹여주냐고 묻는 사람들에게 나는 데이터를 들이대곤 한다. 문화산업은 고용과 생산을 유발하는 효과가 제조업은 물론 서비스업보다 높다. 문화산업(예술·스포츠·여가)의 취업유발계수(재화 10억 원을 생산하기 위해 발생하는 직·간접 고용자수)는 14.6으로 제조업(6.3)의 2.3배이고, 서비스업(12.5)보다도 높다. 20세기가 석유를 차지하기 위한 전쟁이었다면, 21세기는 사람의 마음을 훔치는 문화와 데이터를 누가 차지하느냐의 전쟁이다. 문화야말로 고갈되지 않는 21세기의 '희토류'다.

우리는 과감하게 투자했다. 대중문화에 편승하는 것에 그칠 것이 아니라, 기초 예술의 체력을 키워 서울만의 콘텐츠를 만드는 데 집중했다. 그 결실 중 하나가 서울시무용단의 '일무(佾舞)'다.

종묘제례악이라는 가장 정적인 전통 의식을 현대적 감각의 칼군무로 재해석했다. '전통문화는 지루하다'는 편견을 깨고, 2023년 7월 뉴욕 링컨센터 전석 매진이라는 기적을 썼다. VIP석은 190달러, 암표는 400달러까지 치솟았다. 현지 예술가들은 "숨이 멎는 줄 알았다"고 극찬했다.

클래식도 마찬가지다. 서울시립교향악단에 뉴욕 필하모닉을 이끌던 세계적 지휘자 얍 판 츠베덴을 영입했고, 컨템퍼러리 발레를 지향하는 '서울시발레단'도 창단했다. 서울을 '일류 문화 도시'로 만들어, 전 세계 인재와 자본이 서울로 와서 살고 싶게 만드는 고도의 경제 전략이다.

미래 세대가 살아갈 서울에 필요한 가치는 '매력'이다. 하버드대 정치학 교수인 조지프 나이(Joseph Nye)의 소프트파워 이론에 따르면, 21세기의 부가가치는 창의·문화·상상력이 어우러진 감성가치에서 나온다. 2011년 4월, 하버드대 특강에서 '소프트파워' 개념의 창시자인 조지프 나이(Joseph Nye) 교수를 만났다. 그는 내게 "서울이 가진 매력(Soft Power)이 21세기 도시경쟁력을 좌우할 것"이라며, 서울의 디자인·문화 정책이 하드파워(경제·군사)와 결합해 '스마트 파워(Smart Power)'를 만들어내고 있다고 평가했다.

그의 말대로다. 방탄소년단(BTS)이 빌보드를 석권하고, 〈오징어 게임〉이 세계를 휩쓰는 지금, 서울의 디자인과 문화는 대한민국 경제를 끌고 가는 가장 강력한 엔진이 되었다. 외국인들은 DDP의 야경을 보기 위해 비행기 표를 끊고, 광화문광장에서 열리는 책 축제를 보기 위해 서울을 찾는다.

DDP라는 시각적 랜드마크와 문화 콘텐츠라는 내용물이 채워졌다면, 마지막으로 필요한 것은 도시의 정체성을 한마디로 정의하는 '이름표', 바로 슬로건이다.

슬로건은 도시가 세계를 향해 건네는 첫인사다. 뉴욕의 'I ♥ NY'나 암스테르담의 'I amsterdam'처럼, 잘 만든 슬로건 하나는 수십 년간 도시의 가치를 지탱한다. 안타깝게도 서울은 지난 20년간 이 첫인사를 두 번이나 바꿨다. 2002년의 'Hi Seoul'은 친근했지만 임팩트가 약했고, 2015년의 'I·SEOUL·U'는 문법적 난해함 때문에 해외 현장에서 늘 부연 설명이 필요했다.

그래서 우리는 2023년, 시민과 외국인의 압도적 지지를 바탕으로 'Seoul, My Soul(서울, 마이 소울)'을 새로운 브랜드로 확정했다. '영혼'이라는 단어가 주는 울림, 그리고 서울과 소울의 라임(Rhyme)이 주는 직관성은 해외에서 더 큰 호응을 얻고 있다. 내국인의 편안함에 안주하지 않고, 철저히 글로벌 시장에서의 소구력을 최우선에 둔 결단이었다.

슬로건은 소모품이 아니다. 한번 정하면 정권이 바뀌어도 흔들리지 않고 수십 년을 가야 한다. 그래야 브랜드라는 이름의 신뢰가 쌓인다. 제품에 브랜드가 붙으면 가격이 10배가 되듯, 'Seoul, My Soul'이라는 이름표는 우리 기업과 시민들이 만든 가치에 프리미엄을 붙여줄 것이다.

2023년 8월 '서울 마이 소울' 브랜드 선포식에서 시민 참여단과 함께 'SEOUL MY SOUL'을 외치며 환호하고 있다. 85만 명이 넘는 시민들의 참여와 염원이 모여 탄생했기에 더욱 뜻깊은 순간이었다. 사진 속 우리의 환한 미소처럼, 이 이름이 서울을 사랑하는 모든 이들에게 자부심으로 기억되기를 소망한다. 출처: 서울시

디자인으로 그릇을 빚고, 문화로 채우고, 매력적인 슬로건으로 포장하는 일. 이것이 내가 비판을 감수하면서도 포기하지 않았던 '서울 세일즈'의 본질이다. 서울시민들이 자신의 도시를 자랑스러워하고, 세계인들이 서울을 선망하게 만드는 적극적인 도전이었다. 이제 서울은 더 이상 지도에 없는 회색 도시가 아니다. 세계인이 사랑하고, 그들의 영혼(Soul)을 울리는 가장 힙한 도시다.

행정도
밀리언셀러가 될 수 있다

처음 서울시장에 취임했을 때 서울광장을 바라볼 때마다 늘 아쉬움을 느꼈다. 넓게 트인 잔디밭, 서울의 심장부라는 상징성. 그곳은 늘 거대한 담론이나 뜨거운 열기로 가득 찼다. 민주주의의 성지로서 그 역동성은 서울의 자랑이었지만, 언제부턴가 시민들의 불편은 무시되기 일쑤였고, 보통의 가족과 연인들은 그저 피해 다니는 공간일 뿐이었다. 과연 치열하게 하루를 살아낸 평범한 시민들이, 아무런 목적 없이 그저 마음 편히 머물 수 있는 시간은 언제인가?

도시는 거대한 집이다. 그리고 광장은 그 집의 '거실'이어야 한다고 생각했다. 누군가의 주장이 아니라, 아이들의 웃음소리가 채우는 곳. 긴장된 어깨를 풀고 무방비하게 하늘을 올려다볼 수 있는 곳. 가장 바쁘고 시끄러운 도심 한복판에 가장 고요하고 평화로운 쉼표를 찍어주는 것. 그것이 시민들이 갖고 싶어하는 진짜 서울 풍경이었다.

서울시 신청사를 짓던 당시, 문화재 당국과의 치열한 논의 끝에 구청사의 파사드(정면)와 일부만 남기는, 어떤 시선에서는 다소 기형적이고 '언밸런스'한 형태의 보존이 결정됐다. 담당자들은 그 남겨진 공간을 역사관이나 사무실 정도로 쓰자는 합리적인 검토안을 가져왔다. 나는 그 보고서들을 밀어놓으며 '시민 도서관'을 구상했다. 시민들이 가장 귀하게 쓸 수 있는 공간이어야 한다고 생각했다. 그렇게 탄생한 것이 지금의 '서울도서관'이다. 하지만 옛 건물을 살려 쓰다 보니 공간이 턱없이 부족해 마음 한 구석엔 늘 아쉬움이 머물렀다.

민선 4기 시절, 우리는 광장을 활성화하고 문화도시를 만들기 위해 서울광장에서 수많은 행사를 열었다. 음악회를 하고, 장터를 열고, 이벤트를 벌였다. 하지만 행사가 끝나면 광장은 다시 시위대의 고성으로 채워졌다. 진정한 문화도시란, 문화가 이벤트가 아

서울시청 앞 광장에 조성된 개방형 도서관 전경. 시민들이 빈백에 자유롭게 앉아 독서를 즐기고 있다. 도심 속 문화 명소로 자리 잡은 '책 읽는 서울광장'은 시민들에게 문화 향유의 기회와 온전한 휴식을 제공하는 서울의 대표적인 힐링 공간이다.

출처: 서울시

닌 일상이 되는 곳이라는 생각이 커져갔다.

"도서관 앞 광장을 도서관의 '개가실(열람실)'로 써보면 어떨까요?"

그 질문이 시작이었다. 서울광장을, 그리고 광화문광장을 벽없는 도서관으로 만드는 것. 엄숙한 도서관의 문턱을 없애고, 가장 시끄러운 도심 한복판에 가장 고요한 책의 숲을 만드는 역발상. '책 읽는 서울광장'은 그렇게 '문화도시'에 대한 해답으로 탄생했다.

아무것도 하지 않을 자유를 드립니다

서울시의 정책 중 처음 '밀리언셀러'가 됐다는 소식이 들려온 건 '책 읽는 서울광장'이었다. 넓게 트인 광장에서 빈백에 편안히 몸을 맡기고 온전히 나에게 집중하는 시간, 시청과 덕수궁이 보이는 서울 한복판 도시와 독서라는 두 개의 감성이 만난 자리에서 휴식을 만끽하는 경험. 이것은 오로지 서울에서만 느낄 수 있는 특별한 일상이다. '책 읽는 서울광장'의 흥행은 예견된 것이었다.

따스한 햇살 아래 광장 한편에 놓인 빈백에 앉아 아이에게 책을 읽어주는 부모, 퇴근길에 잠시 발걸음을 멈추고 책 한 페이지를 넘기던 직장인, 혼자 조용히 앉아 오래된 소설을 읽던 어르신의 모습은 어느 순간부터 서울광장이 '사람이 머무는 일상'이 되었다는 것을 보여줬다. 서울광장은 이제 누군가에게는 소풍 같은 하루를, 누군가에게는 자신과 대화하는 시간을 주는 공간이 되었다.

'책 읽는 서울광장'은 시민들의 뜨거운 호응 속에 광화문광장과 청계천으로 확장됐다. 나아가 자치구 전반으로 퍼지며 많은 시민들의 사랑을 받았다. 이 '서울 야외도서관'들은 누적 방문객 800만 명을 돌파하며 서울의 새로운 문화 명소로 자리 잡았다.

책을 매개로 한 공공정책이 '밀리언셀러'가 된 것은 단순한 숫자의 성과가 아니다. 이 안에는 서울시민의 욕구가 고스란히 담겨 있다. 빠르게만 달려온 도시에서 잠시 멈춰서고 싶었던 마음, 경쟁이 일상인 공간에서 혼자만의 사유를 갖고 싶었던 갈망. 시민들은 목말라 있었고, 행정은 그 가능성을 살짝 열어주었을 뿐이었다.

서울도서관장이 눈물 맺힌 채 얘기했다.

"시장님, 어제는 한 아이가 책을 읽다가 고개를 들더니, '아빠 이런 게 행복이야?'라고 물었다고 하더라구요. 너무 감동적이지 않나요."

그 말을 듣는 순간 나 또한 같은 감동을 느꼈다. 정책이 가장 잘 작동하는 순간은, 그 존재를 아무도 정책이라 부르지 않을 때라는 사실을 다시 깨달았기 때문이다.

시민들은 이제 "야외 도서관 언제까지 해요?"라고 묻지 않는 대신, "이번 주도 열리죠?"라고 묻는다. 이 경험은 나에게 다시 한 번 분명한 확신을 주었다. 어떤 특정한 하나의 사업이 대박을 치는 것이 흥행이 아니다. 시민이 스스로 선택한 정책이 반복해서 사랑받고 생활의 일부가 되는 '일상의 축적'이 밀리언을 넘어 텐밀리언을 만든다는 사실이다. 서울광장의 책장이 상쾌한 바람과 함께 조용히 넘어가는 소리 속에서 서울은 오늘도 다음 이야기를 준비하고 있다. 요란하지 않게, 그러나 분명하게 '밀리언셀러 도시'는 계속될 것이다.

새로운 정책을 하다 보면 이런 질문을 자주 받는다.

"큰 방향은 알겠습니다. 그런데 꼭 그렇게까지 해야 합니까?"

하지만 나는 그럴 때마다 디테일은 선택이 아니라 필수라고 얘기한다. '책 읽는 서울광장'을 준비하면서 서울도서관 직원들이 가장 많이 고려한 것은 책 그 자체보다 책을 읽는 시민들의 생각이다.

광장에 책을 놓는다는 발상 자체도 신선했지만, 의자의 모양, 책을 담는 방식, 동선의 간격까지 논의했다. '책 읽는 서울광장'은 처음부터 '이벤트'가 아니라 '머무는 경험'이어야 했다.

그래서 우리는 책을 어떻게 쌓을지가 아니라, 사람이 어떻게 앉을지부터 고민했다. 딱딱한 의자는 오래 머물 수 없고, 너무 가벼운 의자는 광장의 바람을 견디지 못한다. 등받이 각도, 햇볕을 받는 방향, 혼자 앉을 수 있는 자리와 둘이 나란히 앉을 수 있는 자리의 비율까지, 이 모든 것이 고민의 결과다.

서울도서관장은 "책 읽는 서울광장을 '읽어야 하는 공간'이 아니라 '앉고 싶어서 머무르다 보니 책을 집게 되는 공간'으로 만들고 싶다"고 말했다. 그 말이 이 정책의 본질을 정확히 보여준다.

야외도서관을 광화문광장과 청계천으로 공간을 넓혀갈 때도 마찬가지였다. 장소에 맞게 빈백의 모양도 배치도 달라졌다. 책을 담는 방식도 그중 하나였다. 딱딱한 책장이 아니라, 누구나 이름만 들어도 웃음이 나는 '책봐~구니'를 곳곳에 두었다. 아이들은 책을 고른다기보다, 소풍 가방에서 간식을 꺼내듯 책을 집어 들었다.

이 작은 설정 하나가 공간의 공기를 바꿨다. 아이들에게 책은 더 이상 눈치 보며 '조심히 다뤄야 할 대상'이 아니라 마음껏 뛰어놀다가도 털썩 앉아 빠져드는 하나의 놀잇감이 되었다.

'책 읽는 광장'은 점점 넓어졌지만, 그 안의 디테일은 결코 느슨해지지 않았다.

책의 장르 구성, 계절별 추천 도서, 조명 밝기, 주말과 평일의 공간 밀도, 그리고 조용히 흐르는 음악까지 보이지 않는 배려가 쌓였다. '책 읽는 서울광장'이 연간 100만 명을 넘고, 누적 800만 명을 기록한 이유는 홍보나 트렌드에 있지 않다. 그 성과는 결국 디테일의 힘이었다.

시민들은 정책을 '이해'가 아니라 '경험'으로 받아들인다. 디테일은 잔잔한 감동을 만들고, 감동은 정책의 진정성을 느끼게 한다. 서울시 공무원들은 이제 거창한 메시지보다 사소해 보이는 디테일을 끝까지 놓치지 않으려 한다.

"순천 가서 배워옵시다."

또 하나의 밀리언셀러, '정원도시 프로젝트'는 발바닥의 물집에서 시작됐다. 일상 곳곳에 정원을 만들자는 취지에는 공감하나

정원박람회까지?

"시장님, 서울에는 박람회를 열 땅도 마땅치 않아요"라고 말하는 듯한 눈빛이었다.

"많이 걸을 거니까 운동화 신고 오세요"라는 말로 나의 의지를 한번 더 확인해줬다.

노관규 순천시장을 과외선생님으로 모시고 푸른도시여가국 등 실무진 여러 명과 함께 3만보 가까이 걸었다. 박람회장을 걷고, 정원을 건너고, 사람들 사이를 비집고 다니며 서울에서 무엇을 할 수 있을지 머릿속으로 계속 그려나갔다. 정원을 즐기는 수많은 인파 속에서 우리가 발견한 건 누구 하나 할 것 없이 모두가 행복한 표정이었다는 점이다.

우리가 고민했던 문제의 해답은 정원을 즐기던 사람들의 얼굴 속에 있었다. 아이부터 어르신까지, 연인도 가족도, 혼자 온 사람까지 누구 하나 예외 없이 모두가 편안했고, 또 행복해 보였다.

눈으로 확인한 순천만국제정원박람회 현장은 나에게도, 함께 간 공무원들에게도 분명한 발상의 전환점이 되었다. 그날 이후 담당 부서는 마치 정원에 중독된 사람처럼 변했다는 우스갯소리까지 나왔다. 과장이든 주무관이든 만나기만 하면 정원 이야기뿐이었다. 그 열정이 모여 탄생한 것이 '정원도시 프로젝트'였다. 그리고 정확히 1년 뒤, 뚝섬한강공원에서 서울국제정원박람회가 첫선을 보였다.

제1회 박람회가 열린 뚝섬한강공원을 찾았을 때, 나는 일부러 안내도를 보며 걷지 않았다. 그저 시민들이 많이 가는 발걸음을 따라 걸었다. 시민들이 어디에서 멈추고, 어디에서 사진을 찍고, 어디에서 가장 오래 머무는지 보고 싶었다. 누군가는 자전거를 끌고 정원 사이를 지나가다 자연스럽게 속도를 늦췄고, 누군가는 벤치에 앉아 커피를 마시며 정원을 바라보고 있었다. "박람회를 보러 왔다"기보다는, 원래 이곳에 오려다 조금 더 오래 머무는 모습에 가까웠다.

나는 순천에서도 같은 장면을 보았다. 그리고 그때 느꼈던 감정을 서울에서 다시 확인했다. 정원은 설명이 필요 없는 공간이었고, 누구나 이해하고, 누구나 자기 방식으로 즐기며 행복을 만끽하는 곳이었다. 뚝섬한강공원의 경우, 도심 한복판을 가로지르는 강 위에 정원이 놓였고, 시민들은 그 조합을 일종의 '전시'라고 받아들이기보다는 그저 서울이 원래 이렇게 좋았다는 사실을 새삼 발견했다.

결과는 많은 말을 필요로 하지 않았다. 누적 방문객 780만 명, 하루 평균 5만 명이 넘는 시민이 박람회를 찾았다. 첫 박람회가 채 끝나기도 전에 담당 국장은 확신에 찬 얼굴로 말했다.

"시장님, 내년에는 천만입니다."

서울시에서 수십 년을 일한 공무원들은 이미 알고 있다. 흥행은 숫자보다 시민들의 표정에서 먼저 시작된다는 것을. 서울국제정원박람회 기간은 끝나도 정원은 사라지지 않는다. 정원은 그대로 남고, 시민들은 행복했던 시간을 떠올리며 다음 계절에 다시 그 길을 걷고, 또 다른 정원을 궁금해할 것이다.

사람들은 왜 정책에 참여하고 호응할까. 아무리 취지가 좋아도 참여하기 번거롭거나, 나의 에너지와 시간을 투입할 의미를 찾지 못하면 정책 참여도는 낮아질 수밖에 없다. 그래서 서울시가 '건강 정책'을 기획할 때 특히 조심스러웠던 것 같다. 건강의 중요성은 늘 강조되고 있지만, 동기 부여가 없으면 자칫 내일로 미뤄지는 영역이기 때문이다. 운동의 필요성을 설명하는 정책은 이미 많았다. 하지만 우리는 질문을 조금 바꿨다. 어떻게 하면 시민이 스스로 걷고 싶어질까.

답은 의외로 단순한 곳에 있었다. 나의 건강 노력을 칭찬하고, 보상해주는 구조를 만들어보자는 것이었다. "자기 몸 자기가 챙기는데 꼭 보상까지 해야 하나요?"라는 의문이 자연스럽게 제기되었다.

하지만 건강정책은 사람의 본능적인 욕구에서부터 시작되어야 한다는 믿음으로 손목닥터9988은 만들어졌다. "건강해지고 싶다", "하지만 자꾸 운동하다 말게 되는 나에게 누가 좀 의지를 불어넣어줘"라는 목소리를 놓치지 않았다.

손목닥터9988은 걷는 순간 바로 보상이 느껴지는 구조다. 거창한 운동 결심을 요구하지도 않는다. 그저 손목에 전용 시계를 차거나 스마트폰 앱을 깔고, 평소처럼 걷기만 하면 된다. 엘리베이터 대신 계단을 선택한 하루, 한 정거장 먼저 내려 걸어본 저녁, 그 모든 일상이 기록되고, 포인트로 쌓인다.

한 시민이 인터뷰에서 밝힌 "운동하겠다는 생각은 못 했는데, 포인트가 쌓인다는 걸 아니까 괜히 다시 나가 더 걷게 되더라고요"라는 말 속에 손목닥터9988의 흥행 비밀이 담겨 있다. 이 정책은 시민에게 건강해지라고 말하지 않는다. 대신 이렇게 속삭인다.

"이미 잘하고 계십니다. 한 걸음만 더 가보시죠. 그만큼 보상이 생깁니다."

포인트는 단순한 보상이 아니다. 오늘 내가 움직였다는 사실을 숫자로 보여주고, 그 숫자가 다시 내일의 행동을 부른다.

서울시 내부 보고 자리에서 한 공무원이 이런 말을 한 적이 있다.

"시장님, 시민들이 포인트가 조금 모자라서 한 바퀴 더 걷는 경우가 많습니다."

정책이 사람을 '관리'하는 것이 아니라, 사람의 작은 심리를 잘 활용하고 있다는 증거였다.

한 중장년 참여자는 이렇게 말했다.

"예전에는 하루에 얼마나 걸었는지 관심도 없었는데, 요즘은 자기 전에 8천보 넘겼는지 꼭 보게 되요."

정책이 시민의 하루 끝에 작은 만족감을 남길 수 있다면, 그 정책은 이미 절반은 성공한 셈이다. 손목닥터9988의 진짜 힘은 건강과 포인트를 동시에 얻는 데 있다기보다 '내가 나를 챙겼다'는 효능감을 매일 제공한다는 점이다. 그래서 이 정책은 특정 연령층에만 머물지 않는다. 출퇴근길 직장인도, 동네를 도는 어르신도, 유모차를 밀며 걷는 부모도 각자의 방식으로 참여한다. 정책 성공의 핵심은 사람을 움직이게 하는 데 있다. 지금 바로 손목닥터9988을 켜자, 한 걸음 내딛는 순간, 여러분의 하루는 가벼워지고, 계속 걸을 수밖에 없다.

책 읽는 서울광장, 정원박람회, 손목닥터9988. 이 정책들의 공통점은 무엇일까? 바로 시민이 자발적으로 선택하고 즐겼다는 점이다. 억지로 동원하거나 의무를 부과한 것이 아니다. 매력적이라서, 재미있어서, 나에게 이득이 되어서 시민들이 스스로 줄을 섰다.

나는 공무원들에게 늘 강조한다.

"행정도 베스트셀러가 될 수 있습니다. 단, 책상머리에 앉아 공급자 마인드로 기획하면 악성 재고가 될 뿐입니다. 디테일에 목숨을 걸고, 시민의 마음을 훔치는 '기획자'가 되십시오."

800만, 1,000만이라는 숫자가 중요한 것이 아니다. 더 중요한 것은, 서울시 행정이 시민의 삶 속에 깊숙이, 그리고 사랑받으며 스며들게 하겠다는 마음가짐이다.

03

재미가
밥 먹여주는 도시 이야기

인간은 본래 '놀이하는 존재(Homo Ludens)'다. 네덜란드 역사학자 요한 하위징아(Johan Huizinga)는 놀이를 문명을 움직이는 근원적인 힘으로 보고 인간을 '호모 루덴스'라 정의했다. 인간은 먹고살기 위해 일만 하는 존재가 아니다. 놀이를 통해 문명을 만들고, 삶의 의미를 찾고, 창조의 에너지를 얻는 존재다.

이 철학은 '도시'에 그대로 적용된다. 재미없는 도시는 죽은 도시다. 아무리 인프라가 훌륭하고 일자리가 많아도, 즐길 거리가 없는 도시에는 사람이 머물지 않는다. 반대로 도시가 재미있으면 사람들의 발길이 모이고, 그 발길을 따라 돈이 돌고 창의성이 폭발한다.

"우리끼리 먼저 재미가 있고 신명이 나야 합니다. 그래야 밖에서 보는 사람도 '도대체 저 안에서 무슨 일이 일어나고 있는 거지?'라며 호기심을 갖고 찾아오지 않겠습니까."

2006년, 내가 처음 서울시장에 취임했을 때 서울은 철저히 '일하는 인간'의 도시였다. 효율적이고 근면했지만, 지독히도 지루하고 엄숙했다. 새벽부터 밤까지 공장과 사무실의 불은 꺼지지 않았지만, 거리에는 웃음과 낭만이 부족했다. 광화문 앞은 광장은커녕 은행나무 가로수만 차지했었고, 퇴근 시간 이후에는 깜깜한 텅빈 거리로 변했다. 외국인들은 "서울은 비즈니스하러 오는 곳이지 놀러 오는 곳은 아니다"라고 했다. 이 '노잼(No Fun) 도시'라는 꼬리표는 서울의 매력을 갉아먹는 치명적인 약점이었다.

"서울은 무엇으로 먹고살 것인가?"

시장으로서, 그리고 행정가로서 단 한순간도 머릿속을 떠나지 않는 가장 무겁고 근원적인 화두다. 과거 서울의 성장을 견인했던 '한강의 기적'은 명쾌했다. 공단의 굴뚝, 미싱 소리, 밤새 돌아가는 공장들이 만든 제조업, 그리고 그 속에서 밤잠 줄여가며 일하던 시민들의 성실함이 더해진 승리였다. 우리는 싸게, 빨리, 많이 만들어서 팔았다. 그것이 우리의 밥벌이였다.

하지만 지금의 서울은 다르다. 대규모 제조 기반은 이미 땅값이 싼 지방이나 해외로 떠났다. 서울은 고도로 탈공업화된 도시다. 굴뚝이 사라진 자리에 우리는 무엇을 심어야 하는가? 반도체나 AI 같은 첨단 산업도 중요하지만, 천만 시민의 일자리를 모두 감당할 수는 없다.

세계적인 도시들의 궤적을 보면 답이 보인다. 뉴욕, 런던, 파리는 '물건을 만드는 도시'에서 '경험을 파는 도시'로 진화했다. 사람들이 그 도시에 와서 '씹고 뜯고 맛보고 즐기며' 돈을 쓴다. 파리의 에펠탑, 오사카의 도톤보리, 뉴욕의 브로드웨이를 보라. 그곳은 거대한 '소비의 용광로'다.

나는 기회가 될 때마다 외쳤다. 서울의 80% 이상이 서비스업이라면 시민들의 일자리도 서비스에서 나와야 한다. 우리끼리만 서비스업으로 먹고살 수 있는가? 외국인들이, 관광객들이 몰려오게 해야 한다. 서울은 재밌어야 한다. 재미가 밥 먹여준다. 서울이 다음 단계로 도약하려면, 도시의 DNA를 바꿔야 한다고. 일만 하던 도시에서 '노는 도시'로, 기능 중심의 도시에서 '매력 중심의 도시'로.

사실 '펀시티'에 대한 서울시의 철학은 이미 2006년 임기 시절부터 정립됐다. 당시 서울시는 '창의문화도시'를 비전으로 내걸고, 욕을 먹어가면서까지 서울의 엄숙주의를 깨부수려 했다. 문화가 곧 경제가 된다는 '컬처노믹스(Culturenomics)' 개념을 시정에 과감히 도입했다.

시청 앞, '서울광장'을 사계절 축제와 재미 전략기지로 만들었고, 콘크리트 옹벽에 갇혀 있던 한강을 '한강르네상스'를 통해 시민들이 자전거를 타고 산책을 즐기는 수변 여가 공간으로 탈바꿈시켰다. 2009년 겨울 광화문광장에 아파트 13층 높이의 스키점프대를 설치하고 스노보드 월드컵을 열었던 일화는 지금도 회자된다. 그 파격적인 장면 하나가 전 세계에 '서울은 역동적이고 재미있는 도시'라는 강렬한 인상을 심어주었다.

딱딱한 '하드 시티'를 말랑말랑한 '소프트 시티'로 바꾸기 위한 20년 전의 치열한 밑작업이 있었기에, 오늘날 서울이 글로벌 문화도시로 도약할 수 있는 단단한 토대가 마련됐다고 생각한다. 1기 때 씨앗을 뿌렸던 세빛섬, DDP, 한강르네상스 등 도시에 활력을 불어넣는 시도들은 당시엔 '세금 낭비'라는 오명을 썼지만, 지금은 서울을 먹여 살리는 노른자가 됐다. 재미는 하루아침에 만들어지지 않는다. 20년 전의 '짓'들이 쌓여 오늘의 힙한 서울을 만들었다.

2006년부터 체험형 관광을 강화하며 도시 곳곳의 '즐길 거리'를 늘려 오던 우리는 2023년 9월 본격적으로 '서울관광 미래비전'

을 제시했다. '3377 서울관광'이라는 기치 아래 △외국인 3,000만 명 유치 △1인당 지출 300만 원 △체류 기간 7일 △재방문율 70%를 목표로 삼겠다고 선언했다. 단순 방문이 아니라 체류 경험과 소비, 재방문까지 이어지는 선순환 구조를 만들겠다는 구상이었다. 같은 해 12월 '플레이어블 서울(Playable Seoul)'을 공식화하며, 서울을 '직접 참여하는 체험도시'로 선언했다.

재미는 거창한 곳에만 있지 않다. 시민들이 매일 마주하는 공간, 바로 지하철역도 훌륭한 놀이터가 될 수 있다. 하루 660만 명이 이용하는 서울 지하철. 세계 최고 수준의 청결함과 정시성을 자랑하지만, 솔직히 그냥 두면 지루한 이동 공간일 뿐이었다. 예전부터 이 지하 공간을 그저 이동을 위해 통과하는 곳으로 두기엔 아까웠다. 그래서 서울시는 이 공간을 '펀 스테이션(Fun Station)'으로 조성하기로 했다. 출퇴근길 10분의 변화가 시민의 표정을 바꿀 수 있다고 믿었기 때문이다.

여의나루역은 러너들의 성지가 됐다. 한강 변을 달리고 싶어도 짐 둘 곳이 없어 망설이던 직장인들을 위해 탈의실과 물품 보관함을 만들고, 인바디 측정기까지 뒀다. 이제 퇴근길 양복을 벗어 던지고 러닝복으로 갈아입는 활기가 그곳의 공기를 바꿨다. 신당역은 '힙당동'이라 불리는 지역 특색을 살려 패션과 비보잉이 어우러지는 문화 아지트가 되었고, 자양역은 한강을 바라보며 쉬어가는 힐링 공간이 되었다. 뚝섬역에는 피트니스 체험장을, 문정역에는 풋살과 배드민턴을 즐기는 스포츠 가든을 조성 중이다.

모르고 계신 분이 많지만 서울광장 아래에는 1000여 평(약 3,182㎡) 규모의 지하공간이 있다. 방치된 지하 동굴 같은 이 공간을 활용해 펀스테이션을 조성하는 프로젝트가 진행 중이다. 환기 시설, 전기, 통신 공사 등 기반 공사가 2026년 내 완료될 예정이다. 신비한 느낌을 지닌 이 공간을 시민을 위한 장소로 조성하면 서울에는 또 하나의 이야기가 더해질 수 있다. 재미를 찾아 꾸미는 서울시의 노력은 끝없이 발전할 수 있다.

최근에는 관광 트렌드도 바뀌고 있다. 이제 사람들은 그저 돌아다니면서 '보는' 관광이 아니라 '참여하는' 관광을 원한다. 도시 전체를 거대한 게임판처럼 만드는 '플레이어블 서울' 전략이 반드시 필요한 이유다.

광화문광장의 '빛의 놀이터'에서는 어른 아이 할 것 없이 바닥의 LED 조명을 밟으며 사방치기를 한다. 대학로와 홍대에는 누구나 버스킹을 할 수 있는 무대가 깔렸다. 북촌을 걸으며 스마트폰으로 미션을 수행하고, 성공하면 지역 상점 쿠폰을 받는 '관광형 게임'도 도입했다.

서울은 도심 속에서도 자연을 만날 수 있는 특별한 도시이기도 하다. 도심 한복판에 북한산, 관악산 같은 명산이 있는 수도는 세계적으로 드물다. 우리는 외국인들이 빈손으로 와서도 등산을 즐길 수 있도록 '도심 등산관광센터'를 열었다. 크지 않은 비용으로 등산화부터 옷까지 풀세트로 빌려준다. "서울의 산이 이렇게 아름다운지 몰랐다"는 외국인들의 탄성은 우연히 나오는 게 아니다. 어떻게 하면 그들을 감탄하게 할 것인가 절실하게 고민한 디테일이 경험의 질을 바꾼다.

소소한 재미만으로는 다 만족시킬 수는 없다. 세계인의 이목을 단번에 사로잡을 한 방, 즉 압도적인 랜드마크가 필요하다. 런던의 아이(Eye), 싱가포르의 플라이어(Flyer) 같은 상징물 말이다. 더 과감하게 서울의 재미를 세일즈해야 한다. 우리가 가진 가장 큰 자산, 한강과 야경을 묶어 파는 것도 나쁘지 않다.

그래서 기획된 것이 상암 하늘공원에 조성되는 '서울링(Seoul Ring)'이다. 서울링은 지름 약 180m 규모의 고리형(링형) 대관람차로, 기존 바퀴살 구조를 최소화한 개방형 디자인을 특징으로 한다. 이곳은 과거 난지도 쓰레기 매립지였다. 쓰레기 산이 생태공원이 되고, 그 곁에서 세계 최대의 대관람차를 타고 서울의 스카이라인을 조망한다. 이보다 더 드라마틱한 서사가 어디 있겠는가.

서울의 밤하늘에 노란 보름달이 두둥실 떠올랐다. 빌딩 숲 사이로 날아오른 이 거대한 기구는 서울이 얼마나 역동적이고 즐거운 곳인지를 증명한다. 발아래 펼쳐지는 파노라마 뷰를 보며, 시민들은 비로소 '꿀잼 도시' 서울의 진가를 확인한다. 출처: 서울시

    밤에는 여의도에서 '서울달(SEOULDAL)'이 뜬다. 상공 130m까지 오르는 계류식 가스기구다. 처음엔 노들섬을 고려했지만 비행금지구역 문제로 여의도로 옮겼다. 여의도는 남산타워 – 63빌딩 – 롯데월드타워로 이어지는 스카이라인을 한눈에 담을 수 있는 장소다. 금융·정치 중심지로 접근성도 뛰어나다. 한강버스와 시너지도 크다. 2024년 6월, 서울달은 여의도 상공에서 첫선을 보였고, 서울의 새로운 밤 풍경이 되었다. 뉴욕이나 파리의 야경이

부러운가? 이제 서울달 위에서 내려다보는 서울의 밤이 더 강렬한 기억으로 남게 되었다.

서울에는 다른 도시들이 갖지 못하는 또 다른 독보적인 무기가 있다. 바로 전 세계를 열광시키는 'K-콘텐츠'라는 강력한 소프트 파워다.

용산의 풍경이 대표적인 사례다. 방탄소년단(BTS)의 소속사인 하이브(Hybe) 사옥이 들어선 이후, 과거 낙후되었던 한강로동 일대는 극적인 변화를 맞이했다. 사옥 주변 카페와 식당에는 아티스트의 흔적을 찾기 위해 전 세계에서 온 팬들이 줄을 잇고, 이들을 겨냥한 '팬덤 마케팅'이 지역 상권의 매출을 비약적으로 끌어올리고 있다.

이것은 대기업 공장이 들어서는 것과는 질적으로 다른, 고밀도·고부가가치의 서비스업 낙수효과다. 엔터테인먼트 기업이라는 소프트웨어가 지역의 하드웨어와 결합하여 새로운 경제 생태계를 창출하는 현상, 나는 이것이 서울의 모든 자치구로 확산되어야 한다고 믿는다.

도시의 매력을 위한 나의 철학은 확고하다. 매력과 재미는 경제가 된다. 사람들이 서울에 와서 "와, 여기 정말 재밌네!"라고 느끼게 하는 것. 지하철역에서, 산에서, 한강 위에서, 골목길에서 끊임없이 즐길 거리를 제공하는 것. 그 경험들이 모여 지갑을 열게 하고, 일자리를 만들고, 서울의 브랜드를 완성한다.

이런 원리를 외면하는 분들은 아직도 펀시티를 두고 '전시행정'이라거나 '이미지 정치'라는 비판으로 선동과 공격을 계속하고 있다. 세계가 벌이는 매력 경쟁에 대해 이해를 못하는 이들을 보면 안타까운 마음마저 든다. 거듭 강조해도 부족함이 없지만, 경제 활력과 일자리는 재미에서 나온다. 재미가 밥 먹여주는 재미있는 도시 이야기다.

04

행정도
종합예술이다!

성동구는 이명박 전임 시장이 서울숲을 조성하면서 지역의 개념이 바뀌어갔다. 과거 준공업지역으로서 공장과 소규모 주택이 혼재하던 이 지역에 서울숲이라는 거대 녹지 인프라가 들어서자 이 일대가 여가와 낭만의 공간으로 변화하기 시작했다.

2006년 서울시장에 취임했을 때, 서울숲 바로 옆에 버티고 있는 삼표레미콘 공장은 옥에 티 정도가 아니라 거대한 모순처럼 느껴졌다. 1977년 가동을 시작한 이래 40여 년간 한강의 기적을 물리적으로 뒷받침해온 산업 역군이었지만, 2000년대 초반 성수동의 지형도가 바뀌면서 '감각적인 도시'와 '거대한 레미콘 공장'의 동거는 더 이상 불가능해졌다.

서울시 직원들과 이곳 현장을 찾을 때마다 주민들의 하소연을 외면할 수 없었다. '한강르네상스'를 추진하던 서울시로서는 이 공장을 걷어내고 미완성인 서울숲을 시민에게 온전히 돌려드리는 게 좋겠다고 봤다.

많은 이들이 서울시가 행정의 칼을 휘둘러 공장을 당장 내쫓아야 한다고 생각했다. 주민들은 "제발 숨 좀 쉬고 살게 해달라" 절박하게 호소했다. 행정가로서 그 목소리를 외면하는 것은 고통스러운 일이었다.

하지만 이 문제는 단순히 의욕만으로 해결될 수 있는 사안이 아니었다. 땅은 엄연한 사유지였고, 기업은 이윤을 추구하는 존재다. 법적으로 하자가 없는 기업을 향해 단순히 "나가라"고 등 떠민다고 해결될 문제가 아니었다. 당시의 법과 제도로는 기업의 개발 제안을 받아주면 '특혜 시비'에 휘말리고, 거절하면 '공장 방치'가 되는 외통수 상황이었다.

그 무렵인 2006년경, 현대차 그룹이 야심찬 구상을 발표했다. 삼표레미콘 부지에 110층 글로벌비즈니스센터(GBC)를 짓겠다는 것이었다. 이 땅 대부분을 현대제철이 소유하고 있었고, 현대차가 현대제철 지분을 보유하고 있으니 가능한 일이었다.

시민들에게는 딜레마이자 동시에 기회였다. 서울시는 적극 검토했다. 저 개발계획을 잘만 활용한다면, 수십 년 묵은 삼표레미콘 공장을 내보낼 수 있었기 때문이었다. 하지만 그 당시만 해도 우리 사회는 "개발하고 싶은 기업의 욕망과 쾌적하게 살고 싶은 시민의 권리를 어떻게 조율할 것인가"라는 난제에 대해 아직 묘수(妙手)를 갖고 있지 못했다. 이 거대한 벽을 뚫기 위해서는 기존에 없던 새로운 시스템을 디자인해야 했다.

딜레마를 넘어설 '시스템 디자인'이 필요하다!

과거의 도시계획 변경은 민간 제안을 개별 검토하는 방식이었다. 이해관계가 충돌하면 협의 과정은 불투명해졌고, 사회의 신뢰는 떨어졌다. 대형 개발 때마다 특혜·비리 시비가 반복된 배경이다. 이 때문에 공무원은 개발 이슈를 기피했고, 사업자 입장에서도 예측 가능성이 낮으니 적극적인 투자를 꺼려했다. 민간은 추진을 두려워하고, 공공은 방향을 제시하지 못하는 악순환 속에 삼표레미콘 같은 난제들은 방치됐다.

이러한 문제들을 해결하기 위한 수없는 고민 끝에 서울시가 2009년 '사전협상제'를 만들었다. '개별 신청 → 행정 검토'라는 기존 구조에서, 공공과 민간이 사전에 협상해 개발계획과 공공기여를 함께 설계하는 방식으로 전환하자는 것이 골자였다.

앞에서 언급한 이 제도를 다시금 논하는 이유는, 이것이 단순한 절차 개선이 아니라 행정 철학의 전환이었기 때문이다. 사실 대규모 개발 사업의 협상 테이블은 공무원들에게는 가시방석과 같다. 수천억 원에서 수조 원의 이익이 오가는 결정 앞에서, 용도지역을 상향해 주거나 공공기여 비율을 조정하는 재량권 행사는 자칫 특혜 시비나 유착 의혹이라는 독화살로 돌아오기 쉬웠다.

"공공과 민간이 처음부터 한 테이블에 앉읍시다. 용도를 바꿔주길 원하시나요? 좋아요. 대신 그로 인해 발생하는 이익의 상당 부분을 사회에 환원합시다."

일정 규모 이상 개발을 추진하는 민간사업자는 사전에 계획을 서울시에 제안하고, 일정한 절차를 거쳐 공공성과 사업성을 함께 고려해 협상 대상지로 선정된다. 이후 공공·민간·전문가가 참여하는 협상조정협의회에서 공공기여의 규모·방식이 사전 조율되며, 용도지역 변경으로 생기는 개발이익을 사회에 환원하도록 제도화했다.

핵심은 공공기여율을 명확하게 설정한 점이다. 과거엔 용적률 증가에 따른 기여 기준이 모호해 건별로 달랐다. 그렇다 보니 협상도 대부분 난항을 겪었다. 사전협상제는 개발이익의 60%에 해당하는 토지가치를 공공기여로 확보한다는 원칙을 마련해, 기반 시설 확충과 공공시설 설치가 체계적으로 이뤄지도록 했다.

떠나는 게 더 이득이 되게 만든다

여기서 핵심은 행정의 힘으로 레미콘 공장을 무작정 밀어내는 게 아니라는 점이다. 행정이 한 일은 '남아있는 것이 손해가 되는 구조'를 디자인한 것이었다. 즉, 공장이 제 발로 나가는 게 이득이 되는 판을 짠 것이다.

문제 해결의 서막은 '서울숲'이었다. 숲이 들어서고 주변 환경이 급변하자 레미콘 공장의 입지는 흔들리기 시작했다. 고급 주거 단지와 문화 공간, 숲을 즐기려는 사람들이 몰려들면서 땅값이 치솟고 환경에 대한 기대치도 덩달아 높아졌다.

그러자 공장은 더 이상 산업 시설이 아니라, 아름다운 숲 옆의 '이질적인 존재'가 되어버렸다. "여기서 더 버틸 수는 없겠구나" 하는 사회적 압박과 분위기가 무르익은 것이다. 서울숲이라는 환경 변화가 공장 이전을 재촉하는 강력한 트리거(Trigger)가 된 셈이다.

하지만 기업을 움직이려면 명분만으론 부족하다. 실질적인 이유가 필요하다. 이 문제해결을 완성하는 핵심 도구는 서울시의

'사전협상제'였다. 개발을 허용해 줄 테니 공공기여를 내놓으라는 이 제안은, 기업 입장에서 공장을 돌리며 민원에 시달리는 것보다 땅을 개발해 막대한 이익을 챙겨 떠나는 것이 훨씬 합리적인 선택이 되게 만들었다.

결국 레미콘 공장 이전은 규제의 승리가 아니었다. 도시 구조를 바꿔 시장의 선택을 유도해 낸 '행정의 승리'이자, 아주 잘 설계된 거래였다. 기업이 스스로의 이익을 좇아 움직이게 만듦으로써 도시의 해묵은 문제를 해결하는 것. 이것이야말로 21세기 행정이 보여줄 수 있는 가장 세련된 해법이 아닐까.

이념에 멈춰버린 시계, 그리고 다시 뛰는 심장

현대차 뚝섬 GBC 프로젝트는 2009년 마련된 사전협상제로 순조롭게 진행됐다. 만약 그대로 추진됐다면 삼표레미콘 공장으로 인한 주민 불편은 해소됐을 것이고, 3만 명의 일자리와 함께 성수동은 지금과 비교할 수 없을 만큼 발전하지 않았을까 상상해 본다.

그런데 2011년 시장이 바뀌면서 이 계획에 큰 변화가 발생했다. 35층 규제가 도입됐고, 현대차 뚝섬 GBC는 중단됐다.

만약에 현대차가 당초 계획한 대로 뚝섬에 GBC를 건설했다면 어땠을까? 삼성동 부지 매입에 투입된 10조 원이 넘는 돈이 현대차의 신사업 개발과 R&D에 투자됐다면 지금의 성수동은, 아니 서울 경제의 운명은 어떻게 달라졌을까? 2011년 시장직에서 물러난 뒤 이곳을 지날 때마다 가슴이 아렸다.

그러던 2015년, 뜻밖의 사건이 발생했다. 삼표레미콘 공장의 중랑천 폐수 무단 방류 사실이 드러났다. 분노한 성동구 주민과 시민단체들이 앞장서서 거센 규탄과 철거 시위를 벌이기 시작했다. 악화된 여론에 떠밀린 서울시는 이듬해 공장 이전 및 철거, 공원 조성을 공개적으로 약속할 수밖에 없었고, 이어 서울시·성동구·현대제철·삼표산업 4자 간의 협약 체결로 이어지게 되었다.

하지만 허울뿐인 약속이었다. 기업이 납득할 만한 보상 대책이 전무했기 때문이다. 시에서는 보상비를 마련한답시고 인근에 시민들이 잘 쓰고 있는 시유지인 서울숲 주차장을 매각해 비용을 충당할 계획을 세웠다. 하지만 서울숲을 이용하는 시민들에게 주차장은 필수 시설이었다. 주민들은 받아들일 수 없었다. 2021년 보궐선거 유세에서 한 주민은 내 손을 잡고 "멀쩡한 주차장을 팔지 않게 해달라"고 호소하기도 했다. 서울시와 성동구가 뾰족한 수를 내지 못한 상황에서, 시간만 흘러갔다.

이 실패는 우리에게 중요한 교훈을 줬다. 문제를 푸는 것은 선한 의지나 구호가 아니라, 작동 가능한 시스템이다. 기업의 퇴로를 막고 윽박지르는 방식으로는 어떤 문제도 해결할 수 없다.

2021년 서울시로 돌아와 이미 2009년에 만들어 놓은 사전협상제를 이 문제에 적용하자 꼬인 실타래가 풀리기 시작했다. 서울시는 다시 기업과 마주 앉았다. 강요하지 않았다. 대신 '고층 개발 허용'이라는 유인책과 '공공기여'라는 시민의 몫을 테이블 위에 올려두고 거래를 제안했다. 기업에게 확실한 퇴로와 기회를 동시에 열어준 것이다. 이 전략은 적중했다. 레미콘공장을 운영하던 삼표산업이 현대로부터 토지를 매입하고 직접 개발하기로 한 것이다. 현대와 삼표는 거래를 성사시켰고, 서울시는 약 6,000억원의 공공기여를 확보했다. 이 재원으로 서울시는 청년창업허브를 지을 수 있게 됐고, 성동구는 숙원하던 문화시설을 마련할 수 있게 됐다. 성동 지역 시민들은 드디어 공장철거의 현실을 눈앞에서 보게 되었고, 지역에는 세계적인 고층시설이 들어설 수 있게 됐다.

여기서 주목해야 할 점은 이 과정에서 소송이나 물리적 갈등이 없었다는 것이다. 만약 과거처럼 강제로 내보내려 했다면 지루한 법정 공방이 이어졌을 것이다. 하지만 우리는 인센티브와 시간, 그리고 개발 기회가 결합된 모델을 제시하므로서 문제를 해결했다.

기업은 '쫓겨난 게' 아니다. 변화된 입지 환경과 새로운 수익 구조 앞에서 스스로 개발을 선택한 것이다. 서울숲이 환경적 압박을 가하고 유동인구를 수혈하는 밑바탕이 되었다면, 사전협상제를 통한 고밀 개발 허용은 '화룡점정'의 결정적 승부수였다.

향후 삼표레미콘 부지는 시민 공간으로 탈바꿈한다. 저층부 녹지, 서울숲과 이어지는 입체보행공원, 최고 79층 복합시설 최상층 전망대가 들어선다. 지하보행통로 신설과 도로망 연계로 서울숲~고산자로~응봉교(응봉역) 보행 접근성도 크게 개선된다. 유니콘 창업허브는 스타트업과 혁신기업의 거점이 될 것으로 확신한다.

사전협상제는 성수동 하나의 난제를 푸는 열쇠를 넘어, 서울의 낡은 거점들을 신경제 거점으로 탈바꿈시키는 '게임 체인저'가 되었다.

삼성동의 현대차 글로벌 비즈니스 센터(GBC)를 보자. 국내 최대 규모의 사전협상을 통해 우리는 무려 1조 9827억 원이라는 천문학적인 공공기여를 받아냈다. 이 자금은 영동대로 지하공간 복합개발과 잠실 주경기장 리모델링 등 국제교류복합지구 조성의 마중물이 되어 서울의 위상을 한 단계 높이고 있다. '시민과의 약속'과 '랜드마크로서의 가치'라는 원칙을 지키며 유연하면서도 단단하게 추진하고 있다.

동북권의 오랜 숙원이었던 광운대역 물류부지 역시 사전협상제의 승리다. 40년 넘게 지역을 단절시키고 비산먼지를 내뿜던 거대한 시멘트 사일로 4기가 2022년 말 마침내 해체식과 함께 역사 속으로 사라졌다. 10년 넘게 표류하던 이 부지는 이제 HDC현대산업개발 본사와 더불어 3,000세대의 주거단지와 도서관, 체육센터가 어우러진 동북권의 새로운 경제 거점으로 다시 태어나고 있다.

이외에도 동서울터미널 현대화 사업을 통해 한강변의 새로운 랜드마크인 '스타필드'와 첨단 터미널의 결합을 준비하고 있으며, 20년 넘게 방치되었던 서초 롯데칠성 부지도 사전협상을 통해 강남의 새로운 상징적 복합단지로 육성하고 있다.

결국 행정은 서로 다른 이해관계를 조율해 최선의 화음을 만들어낸다는 점에서 '종합예술'과도 같다. 도시 개발에서 끊이지 않는 '특혜 시비'와 '공공성 확보'라는 딜레마를 풀기 위해, 서울시는 제로섬 게임(Zero-sum Game)의 관행에서 벗어나 '사전협상제'라는 투명한 빅딜 시스템을 설계했다. 기업은 예측 가능한 이익을 얻고, 서울시는 세금 한 푼 들이지 않고 막대한 재원을 확보하고, 시민은 생활 SOC(사회간접자본-Social Overhead Capital)의 개선을 누리는 구조. 이것이 바로 행정이 만들어낸 '윈-윈-윈(Win-Win-Win)'의 토대다.

이 시스템의 최종적인 승리자는 결국 시민이다. 40년간 분진을 내뿜던 성수동 삼표레미콘 공장이 사라진 자리에 글로벌 랜드마크가 들어서고, 그 이익이 다시 서울숲과 지역 인프라로 환원되는 미래를 상상해 보라. 동북권의 광운대역 물류 부지 등도 마찬가지다. 갈등의 불씨였던 땅이 기업에게는 기회의 땅으로, 시민에게는 문화와 일자리가 넘치는 활력의 공간으로 되돌아온다. 기업의 성장이 시민의 삶의 질 향상으로 직결되는 이 '윈-윈-윈(Win-Win-Win)'의 구조야말로, 갈등을 조정하고 도시의 잠재력을 폭발시키는 시스템 디자이너로서 서울시가 가장 자부하는 행정의 예술이다.

또 하나의 혁신 시스템: 서울형 용적이양제

도시 개발은 '밸런스 게임'이다. 현장에 나가보면 도시 곳곳에 잠재된 가능성을 충분히 활용하지 못하는 안타까운 현실과 마주하게 된다. 예를 들어 문화유산보호구역은 법적 용적률이 있어도 개발이 제한된다. 다른 한쪽인 도심에서는 낡은 건물을 다시 짓고 싶어도 용적률이 문제다. 백제 초기 도성인 풍납토성 때문에 40년째 재산권을 행사하지 못하고 낡은 집에서 살아가는 풍납동 주민 A씨, 그리고 역세권에 살지만 낮은 사업성 때문에 재건축이 무산되어 발만 동동 구르는 강동구 주민 B씨. 한쪽은 용적률이 있어도 못 쓰고, 한쪽은 없어서 못 쓴다. 이 불균형을 어떻게 풀 것인가?

민간의 이익만 좇으면 공공성이 무너지고, 규제만 고집하면 도시의 활력이 죽는다. 서울이라는 거대한 도시를 효율적이면서도 조화롭게 발전시키기 위한 해법은 바로 '유연한 조정'에 있다. 서울시는 2025년 이 난제를 해결하기 위해 '서울형 용적이양제'를 구상했다.

서울형 용적이양제의 핵심은 '단절된 권리의 연결'이다. 예컨대 A지역이 문화재 보호 규제로 인해 허용된 용적률 1,000% 중 400%밖에 쓰지 못한다면, 쓰지 못하고 버려지던 니미지 600%를 고밀 개발이 필요한 B지역으로 이전(판매)할 수 있게 한다. A지역 주민은 활용하지 않는 용적을 이양해 정당한 금전적 보상을 받고, 이를 통해 문화재를 더욱 잘 보존하며 주거 환경을 개선할 수 있다. 반대로 B지역은 확보한 용적률로 사업성을 높여 랜드마크 건립과 도심 활성화를 추진한다. '개발이냐 보존이냐'의 낡은 이분법을 넘어, 보존과 개발이 서로를 돕는 상생의 혁신 모델 아니겠는가!

용적이양제를 설계하면서, 세계 주요 도시들의 정책을 분석했다. 도시 개발의 균형을 유지하고 공공기여를 강화하는 데 성공한 사례를 참고하며 서울형 모델을 정교하게 다듬어갔다. 뉴욕, 도쿄 등 주요 시들을 방문할 때마다 직접 현장을 방문하며 눈으로 확인했다.

뉴욕시는 TDR(Transfer of Development Rights, 개발권 양도)을 가장 성공적으로 정착시킨 도시로 평가받는다. 맨해튼의 상징인 '그랜드 센트럴 터미널(Grand Central Terminal)'은 역사적 가치를 지키기 위해 저층을 유지해야 했다. 뉴욕시는 터미널이 보유한 미사용 공중권(Air Rights)을 인근의 신축 빌딩 부지로 판매할 수 있게 허용했다. 그 결과 탄생한 것이 바로 93층 높이의 마천루 '원 밴더빌트(One Vanderbilt)'다. 개발사는 용적률을 사들여 초고층 빌딩을 짓는 대신, 지하철 연결 통로와 공공 광장을 조성하여 도심 인프라를 획기적으로 개선했다. 역사적 건축물은 보존 비용을 마련했고, 도심은 새로운 활력을 얻었다.

도쿄 역시 유연한 용적률 운용으로 도시 경쟁력을 높였다. 도쿄역 '마루노우치 지구'는 도쿄역의 역사를 원형 그대로 보존하는 대신, 그 위로 지을 수 있었던 잠재적 용적률을 주변의 신마루노우치 빌딩 등으로 이전해 매각했다. 이를 통해 도쿄역 주변은 역사와 초고층 빌딩 숲이 공존하는 세계적인 업무 지구로 재탄생했다.

국토부의 침묵, 멈춰선 혁신의 시계

하지만 안타깝게도 서울형 용적이양제는 현재 벽에 가로막혀 있다. 이 혁신적인 제도가 제대로 작동하려면 상위 법령의 개정이 필수적이다. 서울시는 국토교통부에 법 개정을 건의하고 협조를 요청했으나, 국토부는 '이해관계가 복잡하다', '신중해야 한다'는 이유로 묵묵부답이다.

서울은 미국이나 일본과 달리 토지 소유권이 복잡해 실현이 어렵다는 '신중론'이 있다는 것도 잘 알고 있다. 물론 쉽지 않은 길이다. 이해관계를 조율하고 정교한 가이드라인을 만드는 데는 시간이 필요하다. 하지만 어렵다고 해서 포기할 것인가? 구더기 무서워 장을 못 담글 수는 없다.

서울시는 이미 조례 제정을 준비하며 만반의 태세를 갖추고 있다. 하지만 중앙 정부의 미온적인 태도로 인해 입법이 계속 지연되고 있다. 국토부가 전향적으로 나서주지 않는다면, 서울의 도시 경쟁력 강화도 요원해질 수밖에 없다.

행정은 도시를 빚어내는 예술이다. 사전협상제가 특혜 시비를 차단하고 공공과 민간의 상생을 이끄는 투명한 시스템이라면, 용적이양제는 보존과 개발의 절묘한 균형을 찾아내는 또 하나의 예술 작품이다. 시스템 디자이너로서, 그리고 서울의 미래를 책임진 시장으로서 나는 매일 간절한 마음이다. 서울시의 이 혁신적인 시스템이 시민의 삶 속에 깊은 자부심으로 뿌리내리기를, 그리하여 서울시의 혁신 시계가 다시는 멈추지 않고 힘차게 돌아가기를 소망한다.

Chapter

3

강북
분투기

01

강남북 균형 발전
-핵심을 찌르다

정치권에 입문한 뒤 흔히 받는 오해가 하나 있다. 내가 강남 기득권층 출신이라는 점이다. 여러 이유가 있겠지만, 아무래도 '강남을' 지역구 국회의원(16대)으로 정치권에 발을 들인 이력이 큰 부분을 차지하는 듯하다.

하지만 내 어린 시절 이야기를 조금이라도 듣는다면, 이런 오해가 얼마나 터무니없는 것인지 금방 알 수 있게 된다.

나는 서울 변두리 판자촌에서 자랐다. 수도도, 전기도 들어오지 않는 산비탈의 집이었다. 해마다 오르는 전세금에 밀려 변두리에서 변두리로 이사를 거듭하다 보니 초등학교만 네 번을 옮겨다 녔다.

내가 정치활동을 시작했던 지역구 '강남을'은 당시 서울의 빛과 그림자가 함께하는 곳이었다. 대한민국 사교육 1번지라고 알려진 동네도 있고, 임대아파트들이 그 어느 지역보다 많이 모여 있는 동네도 포함되어 있었다. 국회의원 시절, 나는 유독 그 지역의 임대아파트 단지를 자주 찾곤 했다. 넉넉하지 못했던 어린 시절이 떠올라서였을까. 형편이 나은 주민들보다는 그렇지 못한 주민들에게 더 마음이 쓰였고, 그들과 더 자주 마주하게 됐다.

이런 나의 노력을 아는지 모르는지 상대 정치인들은 나를 비난할 때 '강남'이라는 프레임을 들고 나오곤 했다. '강남 명품족' '강남 부유층' 따위의 꼬리표를 나에게 붙이곤 했는데, 이런 프레임은 나의 진심과는 무관하게도 효과적인 공격 수단이 됐다. 몰랐던 바는 아니었지만, '강남'이라는 타이틀이 다른 지역 사람들에게 박탈감을 안겨 주는 대명사로 작용한다는 점을 뼈저리게 느끼게 된 계기다.

같은 하늘, 같은 지붕 아래 살고 있지만, '강남'이라는 단어만으로도 격차가 느껴지는 현실. 이러한 나의 경험은 시장에 당선된 후 풀어야 할 중요한 숙제 중 하나로 '강남북의 불균형 해소'를 꼽게 만들었다.

우리의 하루는 세금으로 시작해서 세금으로 끝난다. 아침에 마시는 커피 한 잔부터, 퇴근길 지하철을 타는 순간까지. 심지어 잠을 자는 동안에도 우리가 사는 집은 세금을 내고 있다. 이렇게 걷힌 세금은 다시 우리 삶의 구석구석으로 돌아온다. 아이들이 다니는 학교, 퇴근길에 산책하는 공원, 아픈 이들이 찾는 보건소까지. 우리가 누리는 일상은 우리가 낸 세금으로 만들어진 공공서비스로 가득하다.

서울의 살림살이도 마찬가지다. 서울시와 25개 자치구는 각각 세금을 걷어 시민들의 일상을 책임진다. 대략 전체 살림살이의 67%는 서울시가, 나머지 33%는 자치구가 맡고 있다.

시민들이 내는 세금의 종류는 다종다양하다. 집을 사거나 차를 살 때 내는 취득세, 월급이나 사업소득에 부과되는 지방소득세. 그리고 자동차세, 담배소비세 등 굵직한 세금들은 서울시의 몫이다. 시민들의 일상적인 경제활동에서 발생하는 대부분의 세금이 서울시의 수입이 되는 셈이다. 반면 현행 규정상 자치구가 걷는 세금은 재산세와 등록면허세 정도로 그 종류와 규모가 크지 않다. 등록면허세는 규모가 작기에, 자치구의 살림은 결국 재산세에 크게 의존할 수밖에 없는 현실이다. 실제로 자치구가 걷는 세금 중 무려 83.3%가 재산세다.

사실 서울시의 입장에서 보면 25개 자치구가 다 하나의 팀이다. 열 손가락 깨물어 아프지 않은 손가락이 어디 있으랴. 하지만 같은 팀 내에서도 비(非)강남 지역이 강남 지역에 느끼는 박탈감은 매우 크다. 1년 예산으로 쓰게 되는 재산세의 규모는 자치구마다 천차만별이기 때문이다.

예를 들어보자. 2007년 기준 강남구가 거둬들인 재산세는 2,090억 원, 강북구는 이와 비교할 수도 없는 수준인 158억 원이었다. 차이는 무려 13.2배. 같은 하늘 아래 같은 지붕 밑에서 형제가 살고 있지만, 한 형제는 한 달에 2,090만 원을 벌고, 다른 형제는 158만 원을 버는 셈이었다.

수입이 다르니 살림살이도 달랐다. 한쪽 형제의 아이들은 최신식 도서관과 체육관을 갖춘 학교에 다니고 학원가를 오가지만, 다른 형제의 아이들은 낡은 교실에서 공부하고 멀리 있는 학원을 찾아다녀야 한다.

격차는 한 번 벌어지면 좀처럼 좁히기 어려운 속성을 지닌다. 1995년 민선자치가 시작될 때만 해도 자치구 간의 세금 수입 격차는 9.5배였는데, 2006년 시장에 당선되고 보니 2008년이면 17배까지 벌어질 것이라는 예측이 나왔다. 10년이 더 흐른 뒤엔? 격차는 30대 1까지 벌어질 것이라는 전망까지 전문가들 사이에서 나왔다.

재정 규모의 격차는 곧 도로 등 도시기반시설, 기업 등 경제활동, 학교와 학원 등 교육인프라, 문화시설 등의 지역적 편중으로 이어졌다. 이는 다시 부동산 가격 상승으로 연결되어 수입의 차이를 더욱 키우는 악순환을 만들어냈다. 이 흐름을 그냥 두고 볼 수는 없었다.

사실 강남북 균형발전은 당시 여야를 막론하고 비중있게 다뤘던 당면 과제였다. 민주당에서는 재산세를 시세(市稅)로 전환하고, 시세인 자동차세와 주행세, 담배소비세를 구세(區稅)로 전환하는 '세목 교환'을 제안했다.

나는 2006년 서울시장 선거를 준비하는 과정에서부터 다른 해법을 구상했다. 재산세 공동과세. 재산세를 유지하되 이 중 50%를 자치구 공동재원으로 시세화한 뒤, 이를 25개 자치구에 균등 배분하자는 것이었다. 재정이 양호한 자치구의 재산세 수입이 재정이 열악한 자치구의 수입으로 흘러가도록 하자는 발상의 전환이었다.

이러한 구상의 밑바탕에는 서울의 재산세 구조가 주택분과 비주택분의 비율이 거의 50:50이라는 현실이 깔려 있었다. 주택의 경우엔 그 지역 주민들의 거주와 직결되어 있어 자치구의 행정서비스와 밀접한 관계를 인정할 수 있다. 그러나 비주택, 특히 업무용 건물의 경우엔 지하철과 광역버스 노선의 확충, 한강변 정비사업, 업무지구 개발계획 등 서울시 전체의 도시계획, 교통·산업정책이 더 큰 영향 아니냐는 발상이었다.

정치에는 '집토끼를 건드리지 마라'는 오래된 불문율이 있다. 자신을 지지해 준 세력의 이익을 건드리지 말라는 뜻이다. 맞는 말이다. 하지만 때로는, 더 중요한 목표를 실현하기 위해 이 불문율 바깥으로 알을 깨고 나오는 것도 필요했다. 우리는 강북과 강남의 격차를 줄이기 위해 과감하게 이걸 깨보기로 했다.

2007년 2월, 행정자치부가 국회 업무보고에서 재산세 공동과세 50% 도입을 추진하겠다고 보고했다. 재산세 공동과세 실현의 신호탄이었다. 예상대로 거센 반발이 즉각 쏟아졌다.

"공동세는 지방자치제의 근간을 흔드는 위험한 시도입니다."

4월의 차가운 바람이 불던 봄, 당시 강남구청장이 언론 칼럼을 게재하며 포문을 열었다. 강남구가 이미 연간 9조 7,000억 원의 국세를 납부하고, 서울시 세수의 15%를 부담하고 있는데 이제 구세마저 빼앗으려 한다는 논리였다.

서초구청장도 가세했다. "주민들의 행복추구권을 심대하게 침해하는 위헌적 발상"이라며 강하게 반발했다. 서초구청장은 "교통 혼잡과 환경오염 등 상업시설이 야기하는 문제는 고스란히 지역 주민들이 감당하는데, 그에 대한 세금은 다른 구와 나누라는 것이 말이 되느냐"며 펄펄 뛰었다.

그러나 서울시는 '조용한 행정'이 선(善)이라고 믿었다. 반대 의사를 표명한 자치구에는 재산세 공동과세가 왜 필요한지를 설득했고, 찬성 의사를 보인 곳에는 그동안의 추진 경과를 설명하고 적극적인 협조를 당부했다.

서울시 전체가 달려들어 재산세 공동과세의 필요성과 당위성, 도입 시 어떤 효과가 기대되는지 반복해 설명하고 설득했다. 국회의원들을 만나 큰 틀에서 공감대를 얻어내 길을 트고, 그 이후 의원실을 찾아다니며 보좌진을 끈질기게 설득하는 작업이 이어졌다. 여의도 정가에서 '서울시, 진짜 지독하다'는 이야기가 돌 정도였다고 하니, 얼마나 문지방이 닳도록 찾아다녔는지 지금 생각해도 모든 직원들이 애 많이 썼다.

끈질긴 설득 작업에 더해, 반대하는 구청장들의 동의를 이끌어낼 명분도 튼실하게 설계했다.

세입이 감소하는 자치구의 재원 보전을 위해 연간 2,100억 정도의 예산을 마련해 첫해에는 60%, 2009년도에 40%, 2010년에 20%를 보전해 주기로 했다. 서울시가 쓸 돈을 좀 줄여서라도, 자치구간의 균형을 이루어주는 것이 중요하다는 확신이 있었기에 가능한 선택이었다.

그리고 마침내, 결정적인 순간이 찾아왔다.

2007년 6월 20일, 국회 행정자치위원회 법안심사소위원회실.

강남 지역구 의원들이 아예 회의장 입구를 막아섰다. 몸으로 회의장 입구를 가로막은 채 다른 의원들의 진입조차 허락하지 않았다. 천신만고 끝에 법안은 가까스로 소위원회를 통과했다.

입법 절차에 속도가 붙자, 지역의 반발은 더욱 거세졌다. 이튿날, 강남구의회 의원들이 국회를 방문해 격렬히 항의했다.

"재산세의 90%를 차지하는 서울시 세원은 움켜쥐고, 10%에 불과한 구청 세원을 빼앗아 나눠주는 것은 사회주의적 발상입니다!"

쩌렁쩌렁한 목소리가 국회 복도를 울렸다. 하지만 흐름은 이미 서울시의 편이었다. 6월 26일 행정자치위원회 전체회의에서 법안은 찬성 11명, 반대 1명, 기권 3명이라는 압도적인 표차로 통과됐다. 7월 3일에는 본회의도 무사히 넘어섰다.

다 끝난 줄 알았던 7월 5일 아침, 강남구 논현동 임페리얼 팰리스 호텔. 강남·서초·송파·중구 4개 구청장이 헌법 소원을 선언했다. 모임을 주도한 서초구청장이 기자들 앞에 섰다.

"구민들의 행복추구권을 침해하는 이 법안에 대해 헌법소원도 제기할 것입니다!"

2008년 1월 1일을 기점으로 드디어 재산세 공동과세가 시행됐다. 첫해 40%를 시작으로 2009년 45%, 2010년에는 50%까지 단계적으로 확대하는 스케줄이었다. 재산세 40%의 균등 배분

2007년 7월, 박명재(왼쪽) 행정자치부 장관과 함께 재산세 공동과세 도입을 발표하던 순간. 이해관계가 첨예했던 자치구들을 일일이 찾아다니며 설득했던 지난한 과정이 떠올라서였을까. 강남·북 균형발전이라는 난제를 푸는 첫걸음을 뗐다는 안도감에 나도 모르게 얼굴 가득 웃음이 번졌다. 출처: 서울시

은 재정이 열악했던 자치구들에게 새로운 숨통이 되었다. 시행 첫해인 2008년 결산 기준, 당초 강남구(3,276억 원)와 강북구(190억 원)의 재산세 세입 격차는 무려 17.2배에 달했다. 하지만 공동과세를 통해 서울시가 걷어서 다시 나눠준 결과, 그 격차는 6.2배로 대폭 줄어들었다.

서울시는 여기서 멈추지 않고 '조정교부금 제도'까지 손질했

다. 부자 구청보다는 재정이 열악한 구청에 더 많은 지원이 가도록 기준을 바꿨다. 두 제도가 맞물려 돌아가자 자치구 간 재정 불균형의 속도가 눈에 띄게 잡히기 시작했다. 세입이 늘어난 자치구들은 비로소 주민들을 위한 사업에 눈을 돌릴 여유를 얻었다. 노원구에는 문화복합청사와 도서관이 들어섰고, 은평구에는 노인복지센터가, 중랑구에는 폐기물 처리시설이 착공됐다. "돈이 없어 못 한다"던 구청장들의 한숨이 "이제 우리 동네도 살 만해졌다"는 주민들의 웃음으로 바뀌는 순간이었다.

물론 강남권의 우려와 반발은 지속됐다. 하지만 시간이 흐르면서 변화는 조금씩 현실이 되어갔다. 숫자로 드러난 재정 격차 완화가 실제 시민들 삶의 질 변화로 이어지기 시작한 것으로 볼 수 있다.

오랜 기다림 끝에 강남구, 서초구, 중구가 제기한 헌법소원에 대한 판단도 나왔다. "어떤 조세를 어느 기관에 귀속시킬 것인가는 국가정책으로 결정할 사항"이라는 전원일치 판결이었다. 서울시의 승리였다. 헌재는 "재산세를 반드시 기초자치단체에 귀속시켜야 할 헌법적 근거나 당위성은 없다"며, 재산세 공동과세제가 헌법에 위배되지 않는다고 명확히 밝혔다. 서울이라는 도시가 함께 만들어낸 가치는 함께 나누어야 한다는, 너무나 당연한 상식이 드디어 힘을 얻은 셈이다.

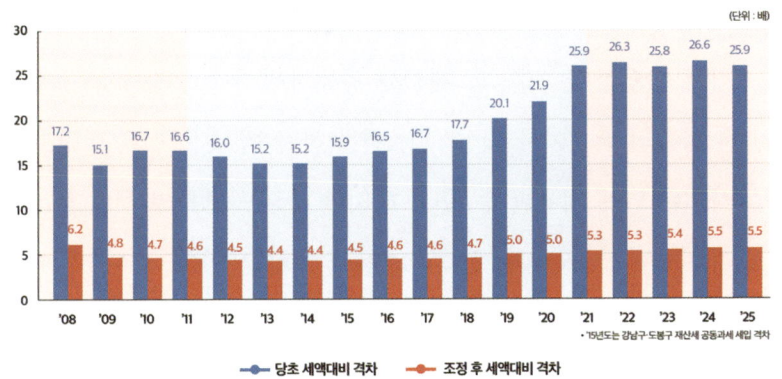

강남구·강북구 재산세 공동과세 연도별 세입 격차 (결산 기준)

(단위 : 배)

'15년도는 강남구·도봉구 재산세 공동과세 세입 격차

● 당초 세액대비 격차 ● 조정 후 세액대비 격차

재산세 공동과세가 시행된 지 17년이 지난 지금, 이 정책의 진가는 더욱 명확해졌다. 부동산 가치의 상승으로 인해 강남권의 재산세 수입은 폭발적으로 늘어났다. 만약 우리가 2008년에 이 제도를 도입하지 않았다면 서울은 어떻게 되었을까?

2025년 예산 기준으로 강남구의 당초 재산세입은 8,042억 원에 달하는 반면, 강북구는 311억 원에 불과하다. 이 제도가 없었다면 두 자치구의 살림살이 격차는 무려 25.9배까지 벌어졌을 것으로 본다. 한 지붕 아래 사는 형제의 용돈 차이가 26배나 난다면, 그 집안이 온전할 수 있겠는가.

하지만 재산세 공동과세라는 '균형의 댐'이 있었기에, 2025년 조정 후 격차는 5.5배 수준으로 억제되고 있다. 26배로 벌어질 뻔

한 격차를 5배로 묶어둔 것. 이것이 바로 서울시가 만든 시스템의
힘이다.

나는 단언한다. '강남북 재산세 공동과세'야말로 강남북 균형
발전 정책의 백미이자 핵심이다. 건물 하나 더 짓는 것은 반창고
를 붙이는 일에 비유할 수 있다. 하지만 세금 구조를 바꾸는 것은
도시 전체에 흐르는 피(재정)의 흐름을 바꾸는 대수술이다. 돈이
돌아야 사람이 살고, 구청이 살림을 꾸려야 동네가 살아난다.

강남북 재산세 공동과세는 서울이라는 거대 도시가 파국적인
불균형으로 찢어지는 것을 막아낸 '사회적 안전장치'였다. 이 경험
을 확장한다면, 대한민국 전체에 주는 시사점도 분명히 있다고 본
다. 법인세와 부가세의 일부를 지방으로 이양하고, 중앙과 지방이
세금을 나누는 공동세 제도를 도입한다면, 수도권과 지방의 절망
적인 격차도 줄일 수 있다. 서울의 17년 실험이 증명한 데이터가
바로 그 희망의 증거다.

02
도시는 '침술'로
되살아난다

서울 인구의 절반에 가까운 약 450만 명이 모여 사는 강북, 서울 전체 인구의 두 사람 중 한 사람이 이곳에서 살아간다. 그럼에도 강북은 늘 '부족한 지역'으로 불려왔다.

숫자를 보면 그 인식이 어디서 비롯됐는지 바로 알 수 있다. 서울 아파트 평균 가격의 경우, 강남권은 강북권의 2배 가깝고 그 격차는 계속 커지고 있다. 교통인프라는 더 직관적으로 다가온다. 송파구에는 지하철역이 28개인데, 강북구는 경전철을 제외하고 3개 역에 의존한다. 역 하나가 담당하는 인구는 강남이 3만 명

안팎, 강북은 10만 명을 훌쩍 넘는다. 출근길의 밀도, 이동의 피로가 어디서 더 쌓이는지는 굳이 설명할 필요가 없다.

산업과 일자리에서도 격차는 반복된다. 서울의 주요 업무지구와 고부가가치 산업은 여전히 한강 이남에 집중돼 있고, 강북권은 오랫동안 '베드타운'이라는 이름으로 요약됐다. 그래서 강북은 낮시간에는 인구가 줄고, 저녁이 되어서야 불이 켜지는 동네가 많았다.

하지만 도시를 오래 바라본 나에게 이 숫자들은 전혀 다른 가능성으로 읽힌다. 집값이 낮다는 것은 그만큼 서울 평균 수준에 달하는 주거환경을 만들면서 주택을 공급할 가치가 충분히 있다는 뜻이고, 지하철 역사가 적다는 것은 지하철 노선 또는 역사 하나가 들어설 때 도시의 일상이 통째로 바뀔 수 있다는 의미다. 30년 이상 노후주택 비율이 강남에 비해 높다는 이야기는 오히려 서울에서 이 정도 규모로 새 판을 짤 수 있는 곳은 이제 강북밖에 없다는 얘기가 된다.

강남은 이미 촘촘히 완성된 도시다. 무언가를 더하려면 누군가의 몫을 줄여야 한다. 하지만 강북은 다르다. 여전히 무엇이든 더할 수 있는 공간이 있고, 그 변화가 주민의 삶 속에서 즉각적으로 체감된다. 그래서 교통 하나, 산업거점 하나의 무게가 강남과는 확연히 다르다. 서울의 다음 성장 스토리는 이미 성숙한 강남이 아니라, 잠재력이 남아 있는 강북에서 나올 가능성이 크다고 확신한다.

도시는 한 방향으로만 성장하지 않는다. 때로는 가장 정체된 곳이 가장 뜨거운 도약의 진원지가 된다. 나는 이것을 도시의 '침술'이라 부른다. 꽉 막힌 도로와 낡은 주거지로 동맥경화를 앓던 강북에 교통과 산업이라는 침을 놓아, 도시 전체에 새로운 피가 돌게 만드는 전략이다. 강북은 방치된 땅이 아니라, 건드리는 순간 솟아오를 준비가 된 '마르지 않는 노다지'다. 우리가 놓는 이 침술은 단순히 강북을 살리는 것을 넘어, 서울의 다음 100년을 먹여살릴 새로운 심장을 뛰게 하는 일이 될 것이다.

강북에 신도시급 공급이 온다

2011년 서울시장에서 물러난 뒤, 가장 보기 싫었던 뉴스는 언제나 비슷한 제목이었다.

"뉴타운 해제."

어렵게 지정해 놓았던 정비사업 구역들이 하나둘씩 취소되더니, 줄줄이 해제된다는 소식이 화면을 채울 때마다 설명하기 힘든 무기력감이 밀려왔다. 솔직히 말해 그때는 정책이 무너지는 상실감도 컸지만 '전임시장 지우기'라는 정치적 선택이 남긴 상처가 더 아팠다. 그러나 시간이 지나고 나서야 알게 되었다. 그 취소의 행렬이 남긴 진짜 상흔은 무시무시한 공급 절벽으로 돌아온다는 것을.

내가 서울시청으로 다시 돌아오기 전까지 서울 전역에서 해제된 정비구역은 389곳에 달한다. 그중 250곳, 절반이 훌쩍 넘는 구역이 강북에 몰려 있다. 변화가 가장 절실했던 강북이 정비구역 해제로 큰 피해를 본 곳이다. 그렇게 강북은 오랫동안 멈췄다. 바뀌지 않는 현실 속에서 주민들은 점점 지쳤고, "여긴 안 되는 동네"라는 말이 스스로 포기하는 주문처럼 반복되기 시작했다.

2025년 초, 서울시 재정비촉진사업 규제철폐 36호가 발표된 이후, 미아2 재정비촉진구역의 사업이 재개되었다는 소식을 들었다. 2010년 정비구역으로 지정된 뒤 무려 15년간 답보상태에 머물러 있던 곳, 2006년 뉴타운 확장 지정으로 한 차례 기대를 품었다가, 2012년 '뉴타운 출구전략'이라는 이름으로 어려움을 겪고, 그 뒤로는 사업 여건 악화로 시간만 흘러보내던 곳이었다.

그랬던 미아2구역이 규제철폐 36호를 가장 먼저 적용받은 사업장이 되었고, 용적률 완화, 사업성 보정개수를 통한 인센티브 등의 혜택을 받게 되었다. 마른 수건을 짜듯 사업을 시작할 여건을 위해서라면 무엇이라도 시도해 보려는 서울시의 노력이 강북에 다시 숨을 트이게 만들었다.

미아 2구역 현장에서 만난 주민들의 표정은 사뭇 달랐다.

"이제 진짜 되는 거 같습니다."

기대가 담긴 한마디에 서울시 실무진들의 표정도 밝아졌다. 미아2구역은 이제 시작에 불과하다. 서울시는 미아2를 기점으로 서울시내 30개 재정비촉진지구, 100개 사업장에 규제 철폐를 순차적으로 적용해 민간 주도의 주택 공급을 빠르게 확대해 나갈 계획이다.

강북 저층 주거지를 대상으로 하는 '모아타운·모아주택' 사업도 강북 전역에 새로운 물결을 만들고 있다. 현재 강북내 모아타운은 총 47개소가 심의를 통과해 2만3천호 주택이 공급될 예정이며, 노후 저층 단독·다세대 주거지들이 도로와 기반시설을 갖춘 새 공간으로 거듭날 준비를 하고 있다. 성북구 정릉동, 강북구 수유동, 중랑구 중화2동 등 녹지와 역세권이 어우러진 지역들에서 새로운 공동주택이 모습을 드러낼 날이 멀지 않았다.

단지 집만 늘어나는 것이 아니라, 보행환경이 개선되고 공원·어린이집·공동시설이 어우러지며 진정한 삶의 기반이 바뀌는 변화를 맞이할 수 있다.

서울 전역의 곳곳이 저마다 다른 속도로 가고 있지만 분명한 것은, 그 어느 때 보다 '더 빨리, 더 많이, 더 유연하게' 공급이 시작되고 있다는 점이다.

2031년까지 서울 전역에 31만호의 주택이 공급되는데, 그중

12만호가 강북지역에 공급된다.

마른 땅에 다시 뿌려진 씨는 새싹이 되었고, 도시는 조금씩 숨을 쉬기 시작했으며, 그 씨앗들은 곧 튼실한 열매로 거듭나게 된다. 중단된 뉴타운을 다시 작동시키고, 신속통합기획·모아타운·모아주택으로 주택 공급의 판을 다시 짜면서, 과감한 규제 완화로 유례없이 빠른 속도를 체감하게 한 서울시의 공급혁신은 지금도 진행 중이다.

교통혁신은 강북발전의 마지막 퍼즐
-내부순환로와 북부간선도로 고가를 걷어낼 결심

도시는 길 위에서 만들어진다. 사람이 오가고, 물류가 흐르고, 일상이 이어지는 모든 순간에는 늘 도로와 철도가 놓여 있다. 그래서 길은 단순한 교통 인프라가 아니라 도시의 시간을 결정하는 핵심 요소이다.

강북을 오래 바라보며 가장 안타까웠던 장면도 결국은 길이었다. 집 앞을 가로막은 자동차 전용도로, 도시를 둘로 쪼개놓은 고가와 간선도로, 걷고 머무를 수 없는 공간으로 굳어버린 생활권 등 강북권의 낙후는 어느 날 갑자기 생긴 것이 아니라, 길이 사람보다 먼저 놓이던 시대의 흔적이 쌓인 결과였다.

강북의 상징적인 도심 도로인 내부순환로와 북부간선로는 차들이 빠르게 지나가기에는 유용했지만, 그 아래에서 살아가는 사람들에게는 늘 거대한 벽처럼 느껴지는 존재였다. 1990년대 중반, 내부순환로와 북부간선로가 개통됐을 때만 해도 이 도로들은 강북의 동맥이었다. 지역과 지역을 빠르게 연결하며 서울의 성장을 떠받쳤다.

　그러나 거대한 고가도로가 지상을 점유하는 구조의 방식은 사람이 아닌 자동차 중심의 도시 설계였다. 30년이 지난 지금, 상황은 완전히 달라졌다. 강북권의 중심부를 가로지르는 고가도로는 더 이상 간선도로로써도 제 역할을 하지 못하고 있다. 성산에서 하월곡까지 하루 약 13만 대, 하월곡에서 신내까지 약 9만 대의 차량이 몰리며 출퇴근 시간마다 정체가 반복된다. 러시아워 평균 속도는 시속 34km 수준으로 이미 '빠르게 이동하는 길'이 아니라 '막혀 있는 길'이 되어버렸다. 차는 많아졌는데, 길은 더 이상 넓어질 수 없고, 노후화된 고가가 강북지역의 경관만 가로막고 있을 뿐이다.

　"도로는 넓히되, 고가는 걷어 내야 합니다. 그리고 기존보다 빨라져야 합니다. 그런데 이게 가능할까요?"

　'다시, 강북전성시대'라는 주제로 토론을 하던 중 나는 간부들에게 물었다. 초대형 프로젝트가 될 수도 있는 이 과감한 시도에 대해 과연 공무원들이 호응할까 걱정이었다.

그런데 의외였다. "해보겠습니다. 결국 이 길밖에는 없습니다"라는 답변이 돌아왔다. 내가 '이과생들'이라고 별칭하는 행정2부시장 산하의 건설·기술직 공무원들은 늘 신중하다. 그것도 그럴 것이 눈에 보이는 결과물로 성과를 말할 수밖에 없는 분야이기 때문이다. 그런 이과생 공무원들이 어느 때보다 의지를 보였다.

일을 추진할 때는 무엇보다 그 사업을 맡은 사람들의 열정과 의지가 중요하다. 서울시 정책 중 성공했다고 자부하는 정책들 모두가 그렇다. 마치 애지중지 기른 자식처럼 담당 공무원들이 자신의 몸과 정신을 쏟아붓는다. "꼭 성공시키겠다"는 이글거리는 눈빛 속에서 리더도 확신을 갖게 될 수 있다.

내부순환로와 북부간선로 고가를 걷어내고, 더 넓고 더 빠른 길을 만들어 지하로 넣자는 계획이 시작되었다. 강북전성시대를 완성시킬 마지막 퍼즐인 '강북횡단 지하고속도로'는 더 이상 불가능해 보이는 상상이 아니다.

성산 나들목에서 신내 나들목까지 강북을 가로지르는 약 20.5km 구간에 왕복 6차로의 '지하고속도로'가 새로 만들어질 계획이다. 지하고속도로가 개통되면, 이어서 지상에 놓여 있던 기존 고가도로는 철거된다. 고가 구조물이 차지하던 공간을 활용해 지상 도로도 2~4차로까지 추가 확보하고, 사람 중심의 보행과 생

내부순환로의 육중한 콘크리트가 사라진 자리를 상상해본다. 차들은 지하에서 멈춤 없이 달리고, 지상은 오롯이 시민의 품으로 돌아올 것이다. 2025년 12월 18일, 서울 시청에서 열린 '강북횡단 지하고속도로 건설' 기자간담회에서 내부순환로 모형을 쑥 들어올려보았다. 강북의 지도를 바꾸고 균형 발전을 완성하겠다는 묵직한 의지가 모형을 쥔 손끝에서 느껴졌다. 출처: 서울시

활공간이 생겨날 것이다. 그렇게 되면 지하에서는 시속 67킬로미터 수준의 원활한 통행이 가능해지고, 지상에서는 끊어졌던 지역이 다시 연결된다. 홍제천과 묵동천 같은 하천은 복원되어 시민의 일상 속 수변 여가 공간으로 거듭날 수 있다. 길은 더 이상 장벽이 아니라 사람을 이어주는 매개가 된다.

이 변화의 범위는 결코 제한적이지 않다. 강북권 8개 자치구, 134개 동, 약 280만 명의 생활환경이 달라진다. 교통 여건이 개

선되면 이동의 시간이 줄고, 도시의 구조가 달라지며, 그 위에서 영위되는 삶의 질 또한 변화하게 된다.

강북 교통혁신의 축에는 또 하나의 중요한 연결고리가 있다. 바로 강북횡단선이다. 도로가 강북의 동맥이라면, 철도는 그 뼈대다. 강북횡단선의 추진도 계속될 것이다. 예비타당성조사라는 제도의 한계 앞에서 멈추기에는, 이 노선이 갖는 의미가 너무 크다.

지금 수요가 낮다는 이유로 투자를 하지 않으면, 그 지역은 영원히 수요가 낮은 곳으로 남는다. 예타 요건에 부합하지 않는 지역이 더 낙후되는 악순환의 고리를 이제는 끊어야 한다. 서울시는 강북횡단선의 필요성을 중앙 정부에 끊임없이 설명하고, 예타 제도의 합리적 개선을 지속해서 요구할 것이다. 균형발전은 선언으로 완성되지 않는다. 그것은 책임 있는 선택과 일관된 추진을 통해서만 현실이 된다.

설마했는데, 벌써 절반이나?
-창동 서울아레나, 상계동 S-DBC 변화는 시작되었다

식사 자리에서 지인 한 분이 휴대폰을 내밀며 인스타그램 친구의 스토리를 보여준 적이 있다. 출근길에 찍은 사진이었는데, 창동 주민이라는 그분은 이렇게 기록했다.

"처음에 K-팝의 메카가 창동에 들어온다 했을 때 솔직히 '설마 되겠어' 했다. 그런데 출근하다가 무심코 고개를 돌렸는데, 아레나가 벌써 절반 이상 올라가 있더라. 와 떨려… ㄷㄷㄷ"

서울아레나는 오랫동안 '말로만 존재하던 미래'였다. K-팝이 세계의 중심으로 커졌다는 데에는 이견이 없었지만, 그 무대가 강북권, 그것도 창동이라는 말 앞에서는 의구심이 먼저 나왔다. 그런데 이제 가슴 떨리는 변화가 눈앞에 펼쳐지기 시작했다.

사실 창동 서울아레나 사업은 한차례 좌절될 뻔한 순간을 맞기도 했다. 아레나는 원래 2023년 6월 착공이 목표였지만 일정이 한 차례 밀려 그해 11월에야 첫 삽을 떴다. 그러나 착공 한 달 만에 이 사업을 맡은 기업 내부적으로 시공자 선정을 둘러싼 논란이 생기며 사업이 사실상 멈췄다. 내부 감사 결과 비리 의혹이 사실이 아닌 것으로 밝혀졌지만 과연 계속될 수 있을지, 외부의 시선은 싸늘했다. 2024년 서울아레나 경영진이 업무에 복귀하자, 서울시는 곧장 해당 기업과 논의를 빠르게 이어갔고, 사업은 속도를 내기 시작했다. 전 세계 K-팝 팬들이 몰려올 서울아레나의 꿈이 이대로 주저앉을 수는 없었다.

서울아레나는 서울이 문화강국으로서 다음 단계로 나아가는 관문이다. 2027년 상반기 준공을 목표로 한 서울아레나는 1만 8천여 석의 객석에 스탠딩석을 더하면 최대 2만 8천 명을 수용할 수 있는 국내 최대 규모의 K-팝 전문 공연장으로 태어난다. 무대 위에서는 세계 최정상 아티스트의 콘서트가 펼쳐지고, 객석에는 국적과 언어가 다른 팬들이 함께 환호하게 된다.

공연 하나가 열리기까지 기획이 필요하고, 제작이 뒤따르며, 음향과 영상, 무대 기술이 움직이고, 티켓과 플랫폼, 미디어와 콘텐츠가 연결된다. 그리고 그 모든 과정은 수많은 상시 일자리와 산업 생태계를 만들어낼 것이다.

서울아레나는 강북 산업지도의 전환점이 될 것으로 보인다. 사람들이 "강북에 무슨 일자리가 생기겠냐"고 묻던 시절은 이제 과거가 된다. 세계가 주목하는 문화, 새로운 무대가 이제 강북 한복판에 세워진다. 그리고 그 무대를 중심으로 숙박, 관광, 쇼핑, 스타트업, 콘텐츠 기술 기업까지 함께 성장하며 도시의 체질을 바꿀 수 있다.

강북 미래 전환의 또 다른 축은 바로 서울 디지털바이오시티 (S-DBC)다. 40여 년간 창동차량기지라는 이름으로만 존재하던 부지가 거대한 미래산업 허브로 바뀔 예정이다. 과거의 기능을 내려놓은 자리에, 새로운 산업의 중심이 들어선다.

S-DBC는 인공지능(AI)과 디지털 기술, 바이오 산업이 결합된 첨단 산업 복합지구로 기획되었다. 창동·상계 일대에 조성될 이 '도시 속의 도시'는 연구·개발(R&D) 중심단지, 첨단 산업시설,

스타트업과 대기업 연구실, 그리고 문화·상업·생활환경이 함께 어우러지는 공간이 될 것이다. S-DBC의 산업단지 중심부에는 20층 규모의 시설이 세워지고, 약 800여 개 기업이 입주할 것으로 기대된다. 스타트업부터 글로벌 기업까지 바이오·디지털 분야의 혁신 주체들이 한데 모이면 그 파급력은 강북을 넘어 서울, 나아가 국가 경제 전반으로 확장될 수 있다. 여기에 GTX-C와 복합환승센터, 서울아레나 등과의 연계는 단순히 산업시설이 모이는 것이 아니라 지주·주거·여가가 결합된 새로운 도시 구조를 만든다는 점에서 의미가 크다.

강북이 산업의 중심에서 밀려나 있던 이유는 '선명한 산업 아이콘'을 갖지 못한 채 수십 년 동안 주거·상업 개발의 주변부로만 여겨져 왔기 때문이다.

이제 강북은 명실상부한 산업의 중심지가 되어 가고 있다. 서울아레나가 문화의 전진기지라면, S-DBC는 디지털 바이오와 미래 기술 산업의 전진기지다. 문화와 기술, 두 개의 거대한 물결이 강북이라는 하나의 지점에서 만나며, 도시는 새로운 속도로 움직이기 시작한다. 서울의 새로운 심장 강북은 다시 뛸 준비를 마쳤다.

03

피눈물 난다는 말이
이런 거구나!

　서울시장으로 다시 돌아온 뒤, 가장 먼저 가보고 싶었던 곳 중
하나가 세운지구였다. 사실은 '가보고 싶다'기보다는 부딪치고 직
시해야 할 곳에 가까웠다. 오랜만에 걷는 종로의 골목은 기억 속
풍경과 크게 다르지 않았다. 너무 다르지 않다는 사실이 오히려 더
가슴을 짓눌렀다. 십여 년 전과 거의 같은 낡은 건물, 양철지붕의
아슬아슬한 상가, 사람들이 찾지 않는 텅빈 공간에 남은 침체된 공
기를 느끼며 세운상가 일대를 천천히 걸었다. 분노와 슬픔과 자괴
감, 그리고 책임감… 뭐라 말로 설명하기 힘든 감정이 차올랐다.

"피눈물이 난다는 말이 이런 거구나"

나도 모르게 중얼거렸다. 나는 누구보다 이곳을 잘 알고 있다. 낙후의 상징으로 변해 가던 시점에 우리는 이곳을 서울이 다시 뛰어오를 수 있는 심장부로 설계했다. 종묘에서 퇴계로까지 끊어졌던 도시의 녹지와 흐름을 다시 잇고, 경제활동은 집약해 사람이 머무는 입체적인 도심으로 바꾸고자 했다.

그런데 다시 돌아와 보니, 세운지구는 그 자리에 멈춰 있었을 뿐만 아니라, 낡고 병들어 있었다. 지난 10년 도시를 바꾸고자 했던 일은 '개발은 곧 파괴' '높이는 곧 탐욕'이라는 낙인 속에 그렇게 좌절되었다.

더 분노가 치밀었던 것은 이미 조성된 녹지마저 콘크리트 더미로 덮어버린 지점이었다. 세운상가 앞을 미니 공원으로 조성해 종묘와 어우러지는 녹지의 출발점으로 만들고자 했던 노력의 흔적마저 지워버린 것이다.

그날 세운지구를 걸으며 나는 정치적 의도로 비틀려버린 행정의 잔인함을 느꼈다. 시민의 삶이 아닌 정치가 행정의 기준이 되는 순간, 그 피해는 시민에게 고스란히 돌아온다. 2023년에 낡은 세운상가의 외벽에서 콘크리트가 그곳에서 일하던 상인의 발등에 떨어져 발가락을 절단할 만큼 큰 중상을 입힌 사건이 발생했다. 1968년 준공, 60여 년이 다 되어가는 세운상가의 철거는 시민의 안전을 위해 더 이상 미룰 수 없는 절박한 과제였다. 세운지구의 문제는 이미 도시계획의 영역을 넘어, 시민의 안전과 생존에 직결된 사안이 되어 있었다.

그곳에서 만난 상인 한 분의 말씀이 지금도 귓가에 남아 있다.

"시장님, 여기 언제까지 이렇게 놔둘 겁니까."

그 물음에는 원망도, 항의도 없었다. 오랜 시간 반복되어온 방치 앞에서 체념에 가까운 절박함만이 담겨 있었다. 그 질문 앞에서 나는 말문이 막혔다.

그날 이후 '잃어버린 10년'이라는 말은 더 이상 정치적 구호가 아니었다. 그 10년은 도시의 기회가, 사람의 삶이 사라진 시간이었다. 그래서 다시 시작하겠다고 마음먹었다.

그날 세운지구에서 흘린 피눈물은 분노나 후회 때문만은 아니었다. 다시는 시간을 허비하지 않겠다는 다짐이기도 했다. 잃어버린 10년을 되돌릴 수는 없지만, 다음 10년을 새롭게 쓰는 일은 지금 이 순간부터 가능하다고 믿기 때문이다.

도시는 살아 있는 생명체와 같다. 멈추는 순간 쇠퇴하고, 변화하는 순간 다시 숨을 쉰다.

세계의 주요 도시는 이 진리를 일찍이 체득했다. 뉴욕의 허드슨야드, 파리의 리브고슈, 도쿄의 도심 입체복합 개발은 모두 오래된 유산을 지우지 않으면서도 미래를 향한 과감한 결단을 내린 결과물이다. 이들 도시의 공통된 철학은 분명하다. 보존과 창조는 대립하지 않으며, 균형 속에서 공존할 수 있다는 믿음이다.

세계가 주목하는 서울 역시 같은 질문 앞에 서 있다. 과거를 온전히 존중하면서도 미래의 경쟁력을 어떻게 확보할 것인가. 최근 세운4구역 재정비촉진계획 변경을 둘러싼 논쟁은 이 질문을 서울 도심 한복판으로 끌어왔다.

서울시는 2025년 10월 30일, 무려 20년 이상 지체되어 온 세운4구역 재정비촉진계획 변경을 결정·고시했다. 이 결정은 세계문화유산 종묘의 역사적 가치 존중과 보존을 대전제로, 장기간 침체된 도심에 활력을 불어넣고 서울의 미래 경쟁력을 회복하기 위한 불가피한 선택이었다. 세운4구역은 2004년 청계천 복원과 함께 정비구역으로 지정됐지만, 이후 20여 년간 사실상 시간이 멈췄다. 반복된 높이 규제 권고와 심의 지연 속에서 사업은 동력을 잃었고, 서울 도심의 심장부는 오히려 공동화와 침체의 상징으로 전락했다.

2009년 서울시가 최고높이 122.3m로 사업 인가를 신청한 이후에도, 13차례에 걸친 문화재 심의를 거치며 건물 높이는 종로변 55m, 청계천변 71.9m까지 축소됐다. 50년을 훌쩍 넘긴 세운상가를 그대로 둔 채 말이다. 이 과정에서 세운4구역은 보존도,

개발도 아닌 정체의 공간으로 남게 됐다.

세운4구역 개발 사업은 장기간의 정체를 끝내기 위한 돌파구일 뿐만 아니라, 서울시의 '2040 도시기본계획'과 '녹지생태도심 마스터플랜'의 핵심 전략이다.

서울시는 도심을 국가 중심축(광화문~시청), 역사문화 관광축(인사동~명동), 남북 녹지축(종묘~퇴계로), 복합 문화축(동대문 및 DDP일대), 글로벌 상업축(청계천~종로~을지로) 등 4+1개 축이 서로 얽히는 형태로 재구성한다는 계획을 가지고 있다. 종묘~퇴계로와 종로1가~8가 일대를 촘촘한 녹지로 바꿔, 하늘에서 보면 하나의 '녹색지형'이 펼쳐지는 도시가 탄생하는 셈이다. 세운지구는 종묘에서 남산으로 이어지는 남북녹지축의 핵심 거점으로 정중앙에 놓여 있다.

서울시는 세운4구역 재개발 사업을 통해 종로변 101m, 청계천변 145m로 최고 높이를 조정하고, 그 개발 이익으로 시민 모두가 자유롭게 누릴 수 있는 13만6천㎡ 규모의 개방형 녹지를 확보하기로 했다. 규제 완화는 특혜가 아니라 공공성을 확대하기 위한 수단이었다. 실제로 기반시설 부담률은 기존 3%에서 16.5%로 대폭 상향됐다. 노후화된 세운상가군을 철거하고, 용적률을 주변 재개발 구역으로 이양함으로써 종묘 앞에는 오히려 더 넓고 깊은 녹지 완충공간이 조성된다.

빌딩 숲 사이로 나무숲이 흐르고, 단절됐던 도심의 숨결이 다시 이어지는 구조로 종묘 앞에 녹지가 들어서면 문화재를 가리는 것이 아니라, 오히려 그 존재감을 더욱 또렷하게 만들어줄 것으로 본다.

세운상가군을 철거하고 그 자리에 폭 약 100m, 길이 1km에 달하는 대규모 녹지축을 조성한 미래 서울 구상도. 삭막한 도심 한복판에 조성될 이 거대한 녹지축은 시민들에게 잃어버린 바람길과 휴식을 돌려줄 것이다. 출처: 서울시

뿐만 아니라 주거·업무·상업·문화 기능을 결합한 복합 개발로 비어가던 구도심의 공간들은 '직주락(職住樂)'의 거점으로 되살아날 수 있다. 기업이 돌아오고, 창의인재가 모여들며, 시민들은 도시숲 안에서 활력을 되찾을 것이라 확신한다.

세계 유수의 도시들은 초고층 마천루와 너른 녹지를 동시에 품었다. 균형과 조화를 설계하고, 지속을 고민한 결과이다. 서울도 자연을 품고 도시 경쟁력을 키우는 '대전환'이 반드시 필요하다.

그런데 대법원 판결까지 서울시 사업의 자율성을 인정해줘 순조롭게 진행되던 이 사업이 전혀 상상하지 못한 암초를 만났다. 국가유산청은 물론이고 문화체육관광부 장관에 이어 국무총리까지 나서 반대를 하기 시작한 것이다. 나로서는 도저히 납득이 안 되는 장면이었다. 국가유산청은 워낙 보전을 중심 가치로 두는 기관이다 보니 다소 편협한 시각을 보일 수 있어 이해가 갔지만, 이 사안이 국무총리까지 나서 반대할 일인가 싶었다. 기관 간 갈등이 있을 때 그 갈등을 조정하고 문제를 해결하는 역할을 해야 할 총리가 오히려 "숨이 턱 막히고, 기가 눌린다"는 자극적인 표현까지 동원하는 것을 보며, 더 이상 이 논쟁이 합리적으로 흐르지 못하겠구나 하는 절망감이 들었다.

세운4구역은 종묘 담장 경계로부터 약 180m 떨어져 있어, 서울특별시 국가유산 보존 및 활용에 관한 조례에서 100m로 설정한 역사문화환경 보존지역 밖에 위치한다. 문화유산법, 서울시 국가유산 조례, 세계유산법 어디에도 높이 규제를 적용해야 할 법적 근거는 없다. 2017년 당시 문화유산청 역시 '종묘 주변 현상변경 허용기준' 고시를 통해 세운지구가 심의 대상이 아님을 명시한 바 있다.

서울시가 오히려 법적 의무를 넘어 자발적인 보존 기준을 적용했다. 종묘 담장 경계로부터 앙각 27° 기준을 확대 적용했고, 청계천변의 경우 법적으로 가능한 149m보다 낮은 145m로 높이를 조정해 경관 부담을 최소화했다. 종묘는 이미 수목, 담장, 공원 등 다층적 완충지대 속에서 보호받고 있으며, 서울시는 창경궁 – 종묘 연결복원사업, 종묘광장공원 조성, 종묘 서측 순라길 조성 등을 통해 문화유산의 가치 자체를 더욱 확장하고 있는 터였다.

하지만 정치적 구호 앞에 이런 구체적이고 합리적인 설명은 묻혀버렸다. 더욱이 보존이냐 개발이냐, 터무니없는 기계적 이분법을 들이밀며 개발 그 자체를 악마화하는 상황에서, 마치 세운지구 사업은 보존에 역행하는 것처럼 착시현상마저 일으켰다. '보존'이라는 단어 앞에서 그 어떠한 대안도 꺼내지 못하게 윽박지르는 정치 앞에 합리적 토론은 설 자리를 잃었다.

문화재는 고립될 때보다 도시의 흐름 속에 있을 때 더 큰 생명력을 얻는다. 멀리 갈 것도 없이 가까운 나라 일본 도쿄가 이를 증명했다. 도쿄는 2000년대 초반 도쿄역 일대를 문화재 특구로 지정하면서도 고도 제한과 규제를 과감히 완화했고, 용적이양제를 도입해 역사 보존과 도심 재생을 동시에 달성했다. 그 결과 도쿄역 앞은 30~40층 빌딩과 5천여 개 글로벌 기업, 35만 명의 상주인구가 공존하는 세계적 업무지구로 재탄생했다.

이제 서울도 결단해야 한다. 아무것도 하지 않는 보존은 당장은 안정적으로 보일지 모르지만, 결국 도시의 경쟁력과 문화재의 생명력 모두를 약화시킨다. 세운4구역 재정비는 보존을 포기하는 선택이 아니라, 보존을 지속 가능하게 만드는 선택이다. 이는 과거와 현재, 그리고 미래가 단절되지 않고 이어지는 새로운 도시 패러다임의 실험이기도 하다.

이 글을 쓰고 있는 오늘까지도 세운지구 개발을 막으려는 국가유산청의 무리한 시도가 계속되고 있다. 이제는 법까지 만들어 국가유산청장이 개발을 해도 좋을지 말지를 판단하는 근거를 두겠다고 하니, 기가 찰 노릇이다.

보존과 개발은 제로섬 게임이 아닌데, 역사의 가치도 지키면서 미래를 여는 일에 왜 대립을 해야 할까. 국가유산청이 나서서 오히려 세계문화유산 취소 가능성을 과장하고 부추기고 있으니 탄식이 절로 나온다.

도시는 멈추면 쇠락한다. 늘 '안 된다'는 말만 반복하는 정치에서 혁신은 싹틀 수 없다. 머뭇거리다 기회를 놓치고, 지체하면 활력을 잃어버린다. 서울은 다음 세대를 위해 길을 열어야 할 책임이 있다. 그러기 위해서는 해야 할 일을 제때 해야 한다. 우리는 지금, 어둠을 걷어내는 새벽빛처럼, 조용히 그러나 분명하게 새로운 시대의 문턱을 넘고 있다. 나는 믿는다. 결국 서울은, 'K-컬처의 도시'를 넘어 세계의 도시들이 따라오는 선도 도시로 '새로운 모델'을 제시하게 될 것으로 확신한다. 그래서 서울은 오늘도 멈추지 않고 미래로 전진한다.

04

아! 어쩐지
확확 달라진다 했더니

일부 사람들은 나를 '개발론자'라고 부른다. 심지어 '토건 시장'이라는 딱지를 붙이는 이도 있다. 발전을 위한 노력을 그렇게 평가하겠다면, 애써 부정하지 않겠다. 나는 도시를 바꾸기 위해 무언가를 끊임없이 짓고, 다듬고, 세우는 일에 매진해왔으니까. 하지만 그들이 놓치고 있는 결정적인 사실이 하나 있다.

서울시가 지난 20년간 가장 공들여 개발한 것은 아파트도, 빌딩도 아니다. 바로 '역사(歷史)'다. 나의 개발은 콘크리트를 채우는 것이 아니라, '비우고', '허물고', '연결하여' 600년 고도(古都) 서울의 숨결을 되살리는 작업이었다.

2006년 민선 4기 시장으로 취임했을 때부터, 내 머릿속에는 이미 확고한 철학이 서 있었다. 흥인지문에서 시작해 종묘, 창덕궁, 돈화문로, 송현동을 거쳐 광화문과 경희궁까지. 일제강점기와 난개발을 거치며 끊어지고 망가진 서울의 역사축을 다시 이어 600년 수도 서울의 역사와 시민의 자부심을 회복해야겠다는 구상이었다.

2023년 10월 15일 광화문 월대[1] 및 현판복원 기념식이 열리던 날, 축사를 하기 위해 무대에 섰을 때 감회 어린 표정을 감출 수 없었다. 화룡점정(畵龍點睛). 흥인지문에서 종묘-창덕궁-돈화문로-송현동을 거쳐 조성해온 도심 역사·문화 거리를 광화문 월대로 완성하는 날이었다. 서울시장 첫 임기부터 서울 전체의 도시 비전과 디자인을 생각하며 시작한 장기 프로젝트. 20년 가까운 세월 동안의 숱한 반대와 위기, 그리고 극적인 반전이 한꺼번에 떠올랐다.

서울은 무엇으로 돋보이고 무엇으로 먹고살 것인가를 끊임없

---

1) 광화문 월대는 백성과 임금이 직접 소통하던 곳으로 1866년에 만들어졌다. 궁궐의 격을 높이기 위해 지면보다 높은 위치에 진입로를 조성해 마치 무대와 같은 느낌도 든다. 일제 강점기 시절 전차가 들어서면서 도로가 조성되어 땅 속에 묻혀 있던 월대가 150여 년 만에 세상에 다시 드러났다.

이 고민하던 내게 서울의 역사 유산은 서울시민의 미래를 위한 소중한 자산이자 '보물창고'였다. 끊어진 역사성을 잇는 일은 우리가 누구이고 어떻게 살아왔는지 찾아 나가는 작업이기도 하다. 이런 생각으로 추진한 역사·문화 거리 조성 사업이 일단락된 이날이니 어찌 기쁘지 않을 수 있겠는가.

경복궁 동쪽에는 창덕궁과 종묘가, 더 동편에는 낙산이 있다. 낙산은 남산·인왕산·북악산과 함께 옛 한양 도성을 감싼 내사산 (內四山) 중 하나다. 동대문이라 불리던 흥인지문은 낙산 남쪽에 자리 잡고 있다. 예전의 흥인지문은 한없이 초라했다. 일제가 좌우 성첩을 파괴했고, 도시화 과정에서 도로가 지나치게 가깝게 놓여 대형 차량이 스치듯 지나칠 때면 위태로워 보일 지경이었다. 도로에 포위된 모습이 흡사 외딴섬 같았다. 시장 취임 직후 살펴보니 외벽 균열과 파손, 부등침하(구조물의 기초지반이 불균등하게 침하하는 현상)까지 진행 중이었다.

'위기는 기회'였다. 이 기회에 흥인지문의 역사적 가치를 제대로 높여 보자는 생각을 했다. 관련 부서에서 단순 보수에 초점을 맞춘 방안을 가져왔을 때 고개를 저었다.

"이참에 흥인지문 일대를 완전히 바꿔봅시다. 상황 조사부터 하고, 보수뿐 아니라 역사적 가치를 어떻게 높일지 계획을 세워서 보고해 주세요."

뜻밖의 큰 숙제를 안게 된 담당 국장이 난감한 표정을 지었다.

핵심은 두 가지였다. 첫 번째는 '연결'이었다. 점이 선으로 이어질 때 가치가 배가된다. 남쪽의 동대문디자인플라자(DDP) – 흥인지문 – 낙산이 역사적 맥락으로 이어져야 했다. 두 번째는 '배경 디자인'이었다. 배경 디자인은 '채움'과 '비움'의 원리다. 채워진 무언가가 돋보이려면 그 배경은 비워야 한다. 흥인지문이 돋보이려면 낙산 자락과 한양도성 일대가 빈 공간이어야 했다. 문제는 성곽을 둘러싸고 자리 잡은 주택들과 종교시설, 그리고 인근에 자리 잡은 동대문 이대병원(이화여자대학교 의료원)이었다. '배경'에 해당하는 위치였다. 이전이 필요했지만 병원 측은 난색을 표했다. 대학 재단과의 대화로 실마리가 풀렸다. 병원은 만성 적자로 경영이 어려웠고, 매각 대금이 적정하면 이전 의사가 있었다. 치열한 설득 끝에 협의를 통해 이전했다.

DDP 조성 과정에서는 예상 밖의 유물이 나왔다. 야구장·축구장 부지를 파헤치자 한양도성과 하도감터(조선 후기 군사훈련, 무기 제작을 담당)가 드러났다. 야구장, 축구장 등 근대 유적 훼손 우려가 제기됐지만, 오히려 땅속에 잠든 역사가 깨어났다. 유적은 시민이 숨 쉬는 역사 공간으로 탈바꿈했다.

과거 도로와 낡은 상가가 어지럽게 얽혀 있던 흥인지문 일대

는 DDP - 동대문역사문화공원 - 홍인지문 - 홍인지문공원 - 성곽
길 - 낙산공원으로 이어지는 역사·녹지 축으로 재탄생했다. 허물
어져 가는 낡은 섬 같았던 홍인지문이 이제는 녹지와 공원, 성곽
까지 거느려 옛 위용을 조금이나마 회복한 느낌이다. 지날 때마다
눈과 마음이 시원하다. 과거의 처연한 모습과 비교하면 격세지감
이다.

일제는 우리의 문화유산을 거칠게 훼손했다. 민족 정체성을 흐
뜨리려는 의도였다. 경복궁의 90%가 사라졌고, 창경궁은 동물원
으로 변해 창경원으로 격하됐다. 1930년대 초에는 창경궁과 왕실
의 성지였던 종묘 사이에 종묘관통도로(현 율곡로)를 내어 갈라놓
았다. 조선의 사대부들은 조선이라는 국호 대신 종묘, 종사라고
지칭했을 정도로 종묘는 의미가 남다른 공간이었다. 조선시대에
종묘와 창경궁은 담장을 사이에 두고 맞닿아 있었고, 왕이 비공식
적으로 드나드는 북신문이 있었다.

2008년, 한 언론사 사주와 대화 중 창경궁-종묘 단절 이야기
를 들었다. 사대문 안 전체의 유네스코 세계유산 지정을 장기 비
전으로 품고 있던 나로서는 그냥 넘길 수 없었다.

"일제가 끊은 창경궁과 종묘를 다시 잇는 건 여러모로 의미가
있겠군요."

관련 부서에 사료를 면밀히 조사해 복원 계획을 검토해 보라고 지시했다.

역사·문화의 정체성 회복을 위해서라면 원상태 복원이 가장 이상적인 방안이었지만 현실도 고려하지 않을 수 없었다. 교통량이 많은 간선도로인 율곡로를 없애는 건 불가능했기 때문에 터널로 만들어 지하화하고, 상부는 궁궐 담장과 녹지가 어우러진 보행로로 만들기로 했다. 문화재청과의 협의도 시작했다. 서울시는 2009년 착공, 2011년 완공을 목표로 했다. 구상부터 완성까지 3년 남짓 걸리는 일정이었다.

그러나 문화재청과 협업 과정에서 시간이 계속 지연됐다. 문화재청과 전문가 자문, 추가 조사, 설계 보완이 반복됐다. 이러다 사업 추진이 무산되는 것 아닌가 하는 생각이 들 정도였다. 역사적 원형 보존을 중시하는 그들의 입장도 이해하지만, 때로는 원리주의적 요구처럼 느껴지기도 했다. 문화재의 역사성과 함께 도시 전체 디자인과 현재적 의미도 함께 고려해야 균형 잡힌 접근이 가능하다. 결국 착공은 2011년 5월로 미뤄졌다. 시장직에서 물러난 뒤에도 지지부진한 공사 현장을 지날 때면 답답한 마음이었다.

그런데 운명은 기묘했다. 2021년, 내가 다시 서울시장으로 돌아오게 된 것이다. 마치 이 과업을 내 손으로 끝내라는 의미 같았다. 2022년 7월, 마침내 율곡로가 지하화되고 그 위에 숲길이 열렸다. 2009년에 착공을 계획한 공사가 2022년에 준공됐다. 나는 13년이라는 꽤 긴 시간을 사이에 두고, 착공과 준공의 순간을 모두 함께했다. 14년의 세월을 건너뛴 집념의 승리였다. 조선시대 왕이 거닐던 그 숲길을 시민들이 걷는 모습을 보며 이루 말할 수 없는 벅찬 감정을 느꼈다. 리더십의 호흡은 길어야 한다. 역사를 복원하는 일은 4년 임기로는 부족한, 끈질긴 사명감이 필요한 일이다.

임진왜란 이후 사실상의 정궁이었던 창덕궁과 역대 조선왕과 왕비의 위패를 모아놓은 종묘 서편에 위치한 삼일대로·돈화문로·서순라길 인근은 유서 깊은 한옥촌이다. 그러나 2000년대 중반만 해도 영세 업체와 노후 주택이 많아 특색 없는 옛 동네로 쇠락할 위기였다. 이곳의 잠재력을 깨워야 했다.

키워드는 '역사성'과 '디자인'이었다. 나는 시장 첫 임기에 '디자인 서울'을 위해 서울대학교 미술대학장인 권영걸 교수를 부시장 대우로 파격적으로 영입했다. 도시경관·공간·시설물·광고물·정보매체 등 각 분야 전문가 80명으로 구성한 디자인총괄본부를 맡겼다.

당시 유럽에서는 골목 투어가 각광받았다. 수백 년의 건축과 거리, 이야기의 매력 덕분이다. 종묘 돌담길에 접한 서순라길은 조선의 원형을 간직한 골목이다. 유럽 어느 도시와 견줘도 밀리지 않을 역사적 잠재력이 풍부했다. 그러나 보행로 곳곳이 끊어지고, 불법 주·정차, 적치물 등으로 걷기 불편하고 역사적 감성이 희미해 일반 시민이나 관광객의 발길이 뜸한 버려진 골목이었다.

목표는 '정비'가 아니라 '감성 공간'이었다. 보는 것만으로도 마음이 촉촉해지고, 한 편의 시가 절로 떠오를 수 있는 그런 공간. 조선의 숨결을 살리되, 오늘의 취향을 품어야 했다. 로마·파리·도쿄에서 느낄 수 없는 서울만의 역사 문화 골목을 만들고 싶었다. 권영걸 본부장과 함께 골목을 걸으며 아이디어를 나눴고, 그는 현장에서 디자인 콘셉트를 구체화했다.

2007년 리모델링을 시작했다. 차도는 과감히 줄이고 보도 폭을 두 배로 넓혔다. 돌로 포장된 보행길을 만들어 종묘 돌담과 어울리는 보행길을 만들었다. 한옥거리는 서울시 매입·지원으로 조성했다. 리뉴얼된 한옥거리는 전통문화·귀금속 특화 거리로 단장되었다. 이제는 한옥 카페와 찻집, 레스토랑, 주얼리 공방이 들어서 서울 도심의 감성 핫플레이스로 자리 잡았다.

서순라길 서편, 창덕궁 정문 앞 돈화문로의 문제는 명확했다. 돈화문 맞은편 요지에 주유소 두 곳이 자리 잡고 있었다는 점이다. 조선의 왕이 드나들며 백성과 만나던 장소라는 공간적 의미와 어울리지도 않았고, 문화유산이 밀집한 지역에 맞지 않는 위험시설이기도 했다. 돈화문로의 역사적 가치를 높이려면 가장 먼저 해결해야 했다.

소유자에게 이전을 제안했으나 거절했다. 그러던 중 마침 평소알고 지내던 저명인사가 소유자의 따님임을 알게 됐다. 그를 찾아가 서울시가 그리고 있는 비전을 솔직하게 설명했다. 단순한 행정정책이 아니라 미래 서울과 서울시민 모두를 위한 일임을 상기시켜주고 싶었다.

"돈화문로는 조선 국왕이 행차할 때 백성들을 만나던 상징적공간이고, 구한말 이후에는 국악의 메카였던 곳임을 잘 아실 것입니다. 이 거리를 역사·문화 거리로 만들어 세계적인 명소로 거듭나게 하는 것이 저의 꿈입니다. 이 거리 첫머리를 주유소가 차지하고 있어 정말 큰 고민입니다!"

내 말에 그는 당황한 기색이 역력했다.

"아… 주유소 저희 아버지 소유인데… 제가 말씀드려 볼게요."

"그렇게 해주시면 정말 감사하죠."

얼마 지나지 않아 기쁜 소식이 들려왔다. 주유소 소유자인 그의 부친이 부지를 팔겠다고 결심한 것이다. 따님의 강한 설득이통한 것인지, 뒤늦게 전해들은 서울시장의 역사 복원 비전에 동의한 것인지는 묻지 않았다. 요지의 토지를 포기한다는 건 미래의 부를 내려놓는 큰 결단이다. 선공후사(先公後私)의 정신에 경의를 표한다.

그 덕분에 주유소 자리에는 서울돈화문국악당과 서울우리소리박물관이 들어섰다. 돈화문로 일대는 국립국악원의 모태인 '이왕직 아악부', 조선성악연구회 등 국악의 기억을 품은 공간이다. 지금도 국악전수소, 서라벌국악예술단, 한국창극원, 전통문화사랑모임 등 국악 단체의 활동이 활발하다. 국악기상, 고미술 갤러리, 전통물품 상점도 모였다. 한옥 보호를 위해 지구단위계획도 손봤다. 건물 1층에는 일반음식점을 제한하고, 고미술점·공예품점·국악기점·전통공연장·전시장 등을 전체 연면적의 20% 이상 설치하도록 의무화했다. 돈화문로는 국악의 성지로 뿌리를 더 깊이 내렸다.

최고의 경지에 다다른 디자인은 바로 '비움'이다. 일반 도시 계획이나 도시 건축에서도 다르지 않다. 공간이 절대적으로 부족하고, 복잡한 이해관계가 얽히고설켜 있는 서울 도심과 같은 과밀집 환경에서는 역설적으로 비움이 가장 어려우면서도 절실한 숙제다. 송현동 부지는 내 임기 중 천재일우의 기회로 서울시가 되찾을 수 있었고, 서울시는 시민들을 위해 비우기로 결정했다.

경복궁 동편에 위치한 송현동 부지는 3만7천여㎡(서울광장의

3배)로, 권력과 욕망의 흔적이 켜켜이 쌓인 자리다. 조선시대 왕실·세도 가문의 땅에서 일제강점기 친일파와 조선식산은행으로, 해방 후 주한미국대사관, 이어 삼성생명과 한진그룹으로 소유권이 넘어왔다. 한진그룹은 7성급 한옥 호텔을 계획했지만, 규제에 가로막혔다. 2020년 서울시는 공원화를 위해 서울의료원과 송현동 땅을 맞교환하는 방식을 추진했다.

2021년 시장 복귀 후 활용 방안이 쟁점이 됐다. 비워두기 아깝다는 의견도 컸다. 나는 간부들에게 분명히 말했다.

"송현동 땅을 비웁시다."

송현동을 비우면 경복궁과 뒤의 북악산이 더욱 돋보인다. 또 열린 공원으로 조성된 송현동의 '빈들'은 도심 속 빌딩에서 가쁜 숨을 몰아쉬며 일하는 시민들에게 작은 위안의 공간이 될 수 있다. 더 크게는 흥인지문 – 종묘 – 창덕궁 – 돈화문로 – 인사동 – 광화문으로 이어지는 역사·문화 거리를 완성하는 '신의 한 수'가 비움이라고 판단했다.

2022년 4월, 송현동 땅이 서울시 소유로 넘어왔을 때, 가장 먼저 달려가 굳게 닫혔던 울타리 철문을 내 손으로 직접 열었다. 10월에는 임시공원을 조성해 시민에게 개방했다. 임시 개방 뒤에는 '이건희 기증관'과 문화공원 조성이 진행된다. 그러나 송현동 땅의 중심부를 비롯한 대부분이 '비워진다'는 원칙에는 변함이 없다. 이곳을 비움으로써 북악산의 경관이 방해받지 않고 오롯이 시야에 들어올 수 있게 됐다. 우리 선조들의 수준 높은 정원 문화인 차경(借景)의 미학이 구현된다.

2023년 5월, 제4회 서울도시건축비엔날레를 앞두고 송현동에 조성된 주제관 '하늘소(所)' 개장식에서 말했다.

"도심 한가운데 이렇게 비어 있는 곳을 찾기가 정말 어렵습니다. 완전히 비워놓고 싶은 게 바람이고 욕심입니다."

앞으로 누가 시정을 맡더라도 이 땅이 권력자의 욕망이 아닌, 시민 모두를 위한 비워진 공간으로 남기를 바란다.

광화문 월대 복원은 1990년부터 이어진 경복궁 복원, 2008년부터 진행한 광화문광장 조성의 일부다. 경복궁 복원은 2045년까지 이어지는 무려 55년의 장기 프로젝트다. 월대로 인해 누가 봐도 경복궁 앞마당의 위용과 품격이 달라졌다. 역사 유적 복원에는 두 시각이 공존한다. 원형을 최대한 보존하려는 관점, 그리고 역사와 현재의 대화를 통해 재해석하려는 관점. 균형이 중요하다. 광장을 찾은 시민과 관광객이 월대 주변에 모여 신기해하며 화사하게 웃는 장면만으로도 복원의 의미는 충분하다고 볼 수도 있다.

무엇보다 우리의 문화유산은 상당 부분 우리 스스로가 아닌 외부에 의해 훼손되고 끊어졌다. 그것을 되살려 다시 잇는 행위 자

2023년 10월 15일, 오랜 기다림 끝에 광화문 월대가 시민들에게 활짝 열렸다. 일제 강점기에 훼손되었던 아픔을 딛고, 온전한 모습으로 복원되어 시민의 품으로 돌아온 것이다. 이제 이곳은 과거를 기억하고 내일을 이야기하는 모두의 무대다. 출처: 서울시

체가 우리에게 깊은 의미가 있다. 우리는 세계가 놀라는 경제적 성취를 이루었지만, 만족과 행복은 멀어졌고, 반목과 불신이 커졌다. 나는 이런 현상이 우리의 정신적·문화적 유산의 '단절'과 무관하지 않다고 생각한다.

광화문 월대가 경복궁의 위엄을 되찾아주었다면, 이제 우리의 시선은 자연스럽게 서쪽으로 향해야 한다. 서울의 5대 궁궐 중 가장 철저하게 파괴되고, 가장 오랫동안 잊혀졌던 곳. 바로 경희궁이다. 영조 임금이 치세의 절반을 보내고 정조가 즉위했던, 한때

는 웅장한 위용을 자랑했던 '서궐(西闕)'이었다. 하지만 일제강점기 일본인 학교가 들어서고 해방 후에도 도시 개발 논리에 밀려 찢겨나가면서, 경희궁은 궁궐이라기보다 차라리 외로운 섬처럼 남겨졌다. 하루 방문객이 고작 1,500명 남짓. 경복궁이나 덕수궁의 활기에 비하면 너무나 초라한 성적표였다.

나는 이 '잊혀진 궁궐'을 볼 때마다 다시 숨을 불어넣고 싶었다. 핵심은 역시 '격(格)'의 회복이었다. 2024년부터 시작된 경희궁 리모델링은 그 잃어버린 존엄을 되찾는 과정이었다. 먼저 궁궐의 얼굴인 흥화문에서 숭정전으로 이어지는 길바닥부터 뜯어고쳤다. 왕이 걷던 신성한 길 위를 덮고 있던 정체불명의 콘크리트와 조잡한 경계석을 전부 걷어냈다. 그리고 그 자리에 장중한 장대석을 500미터 넘게 깔고, 마당에는 흙의 질감을 살린 포장을 입혔다.

건물만 덩그러니 있는 죽은 공간이 아니라, 생명이 숨 쉬는 '역사 정원'을 만들고 싶었다. 담당 부서는 문헌을 뒤져 예전 궁궐에 있었을 법한 살구나무와 12종의 고목 1,200그루를 심고, 작약과 모란 4,800송이를 수놓았다. 봄바람에 살구꽃잎이 흩날리는 어도(御道)를 시민들이 거니는 모습. 밤이 되자 은은한 조명 아래 되살아난 '경희궁 야행'. 100년 만에 깨어난 서궐의 부활이었다.

경희궁을 살리니, 자연스레 그 앞을 가로막고 있는 '돈의문(서대문)'의 부재가 뼈아프게 다가왔다. 돈의문은 서울 사대문 중 유일하게 실체가 없는 문이다. 1915년 일제가 도로 확장을 핑계로 허물어버린 뒤, 우리는 100년 넘게 서대문 없는 서대문 안을 살고 있다.

이 문제를 풀기 위해 나는 또 한 번의 '비움'과 '연결'을 고민해야 했다. 바로 '돈의문 박물관마을'이다. 한때 도시재생이라는 이름으로 낡은 건물들을 보존해 식당과 체험관으로 썼던 곳이다. 하지만 냉정하게 돌아봐야 했다. 연간 수십억 원의 적자, 텅 빈 골목, 무엇보다 그 난립한 건물들이 옛 성곽의 흐름을 끊고 돈의문이 들어서야 할 자리를 짓눌렀다.

600년 고도 서울의 척추인 한양도성을 잇고 사대문을 완성하는 일은 그 무엇과도 바꿀 수 없는 시대적 소명이다. 우리는 돈의문 박물관마을을 철거하고, 그 자리를 탁 트인 녹지 공원으로 만들 것이다. 경희궁 언덕에서 내려다보면, 시야를 가리던 회색 건물들이 사라진 자리에 푸른 녹지가 흐르고, 그 끝에 당당하게 서 있을 돈의문을 상상해 보라.

물론 돈의문 복원은 쉽지 않은 길이다. 왕복 10차선의 새문안로를 지하로 넣어야 하는, 기간 10년이 넘게 걸리는 난공사다. 창경궁과 종묘를 잇는 데 14년이 걸렸듯, 이 또한 내 임기 중에 테이프를 끊지 못할 수도 있다. 상관없다. 누군가는 시작해야 역사가 이어진다. 2035년 완공을 목표로 우리는 뚜벅뚜벅 갈 예정이다. 그때까지는 AR과 VR 기술로 되살린 디지털 돈의문이 우리를 맞이할 것이다.

홍인지문에서 시작된 점이 선이 되고, 송현동의 비움이 경희궁의 정원이 되어, 마침내 2035년 돈의문이 활짝 열리는 날. 그날 비로소 서울의 '역사문화벨트'는 완성될 것으로 본다. 끊어진 기억을 잇고, 막힌 숨통을 틔워, 서울을 세계 유일의 '역사 정원 도시'로 미래 세대에게 물려주는 일이다. 나는 그 벅찬 미래를 향해 오늘도 신발 끈을 조여 맨다.

나는 '개발론자'가 맞다. 하지만 우리가 개발해서 높이고자 하는 것은 부동산 가격이 아니라 서울의 '자부심'이다. 나는 서울시를 어떻게 '돋보이게' 할지에 미쳐 있다. 어디를 가도, 무엇을 해도, 그 생각뿐이다. 2006년부터 2025년까지, 강산이 두 번 변하는 시간 동안 나는 비우고, 잇고, 복원했다. 그것이 콘크리트 숲 서울에 '영혼'을 불어넣는 유일한 길이었기 때문이다. 서울이 제대로 돋보일 때, 미래도 활짝 열린다.

Chapter

4

단 한 사람의
인생이라도
바꿀 수 있다면

01

보수 정치인이
'약자와의 동행'을 외치는 이유

"시장님은 성장과 자유를 중시하는 보수 정당 소속이신데, 왜 시정의 최우선 가치를 분배와 평등의 영역인 '약자와의 동행'에 두십니까?"

2024년 6월, 서울시장 공관의 밤이 깊어가던 무렵. 미국 펜실베이니아 주립대 교수이자 세계적인 사회학자 샘 리처드(Sam Richards) 교수가 내게 물었다. 전날 낮에 열린 '2024 서울 약자동행 포럼' 기조연설을 마치고, 귀국 전 마지막으로 나와 깊은 대화를 나누기 위해 공관을 찾은 터였다.

날카로운 질문이었다. 2006년, 1기 시장 시절의 나였다면 '그 것이 행정가의 의무니까요'라고 매끄럽게 답했을 수 있다. 찻잔을 잠시 내려놓고 생각에 잠겼다. 그리고 솔직한 고백으로 입을 뗐다.

"사실 2006년 첫 번째 시장 임기 때도 '그물망 복지' 같은 정책을 폈습니다. 당시 해외 석학들이 '너희 시장은 복지에 미쳤다'고할 정도였죠. 하지만 솔직히 고백하자면, 그때는 '머리'로 했습니다. 시장으로서 당연히 챙겨야 할 의무라고 생각했지, 가슴에서 우러나온 절박함은 아니었습니다. 하지만 지금은 다릅니다. 지금은 가슴으로 합니다."

2011년 서울시장직에서 내려온 이후 10년의 야인 시절을 보냈다. 정치인은 이런 기간에 으레 미국이나 독일로 유학을 떠난다. 선진국의 문물을 배우고 인맥을 쌓기 위해서다. 하지만 나는 정반대의 길을 찾았다. 남들이 가는 꽃길 대신 지구 반대편의 낯선 땅으로 들어갔다. 2013년 12월부터 2015년 1월까지 남미 페루와 아프리카 르완다, KOICA(한국국제협력단) 중장기 자문관이라는 이름으로 1년이 넘는 시간을 그곳에 바쳤다.

주변에선 미쳤다고 했다. '다음 선거를 준비하려면 여의도 근처에 있어야지, 잊혀지면 끝이다'며 말렸다. 하지만 나는 수박 겉핥기식 체험이 싫었다. 연탄 배달 봉사 한 번 하고 사진 찍는 일회

서울시장이라는 무거운 옷을 벗고, 지구 반대편 르완다에서 '사람 오세훈'으로 마주한 시간. 무언가를 가르치겠다는 생각은 아이들의 순수한 미소 앞에서 오만함이었음을 깨달았다. 이 시간은 나에게 행정 기술이 아닌, 사람을 진심으로 대하는 법을 다시 가르쳐준 소중한 수업이었다. 출처: 오세훈

성 활동이 아니라 진짜 현실이 무엇인지, 지구촌의 고통이 무엇인지, 온몸으로 겪고자 했다. 그래서 나는 아예 그들의 삶 속으로 들어가 '1년 살기'를 자처했다. 머리로 이해하는 것이 아니라, 몸으로 체화(體化)하고 싶었기 때문이다.

그 선택은 나에게 지울 수 없는 '문신'을 남겼다. 르완다의 시골 마을, 하루 한 끼를 제대로 먹지 못하는 사람들이 부지기수였다. 특히 흙바닥을 맨발로 뛰어다니던 아이들을 잊을 수가 없다. 그

아이들의 발톱을 본 순간, 눈물이 차올랐다. '모래벼룩(Jigger)'이라는 기생충이 살을 파고들어, 아이들의 발톱이 썩어 문드러져 있었다. 거창한 정치 담론은 뜬구름 잡는 이야기와 다름없었다. 당장 내 발을 보호해 줄 신발, 배를 채워줄 빵 한 조각보다 더 위대한 인권 보호는 없었다.

페루 리마에서의 경험은 또 다른 의미에서의 충격이었다. 페루는 지하자원, 수산자원, 축산물, 농산물 등 없는 게 없는 풍요로운 나라다. 하지만 그 부(富)는 극소수의 스페인계 백인들이 독식했다. 나머지 대다수 원주민과 혼혈인들은 자원이 넘쳐나는 땅 위에서 가난의 굴레를 벗어나지 못한 채 살아갔다.

현장을 목격하며 내 오랜 믿음이었던 낙수효과, 즉 나라가 부자가 되면 가난한 이들도 자동으로 혜택을 볼 것이라는 믿음은 허물어졌다. 시스템이, 계층을 이동할 사다리가 없으면 가난은 그저 형벌일 뿐이구나. 그 1년의 시간은 나를 완전히 다른 정치인으로 다시 태어나게 했다. 내가 정치를 다시 해야 한다면, 그 이유는 단 하나다. 시스템이 공정하지 않고 사다리가 끊어진 사회에서는, 아무리 나라가 부유해져도 가난한 사람은 영원히 가난할 수밖에 없었다. 특별히 가난하고 어려운 사람들을 챙기는 '사다리'(정책)를 만들지 않으면, 이들은 영원히 따라올 수 없다. 그 확신이 내 가슴에 박혔다.

2021년, 서울시장으로 돌아온 나는 가장 먼저 '약자와의 동행'을 선언했다. 하지만 고민이 컸다. 진심만으로는 유효기간이 짧다. 시장이 바뀌거나, 경제가 어려워지면 복지예산부터 깎이는 게 자명하다. 내 뜨거운 다짐이 한낱 구호로 끝나지 않게 하려면 어떻게 해야 할까?

그래서 만든 것이 바로 '약자동행지수'다. 이것은 내 정치 인생을 건 '설계도'이자, 어쩌면 행정을 하는 우리 자신에게 채운 '족쇄'다.

직원들을 독려해 1년 넘게 연구를 거듭했다. 생계, 주거, 의료, 교육, 안전, 사회통합… 서울시민의 삶을 지탱하는 6대 영역, 50개 지표를 만들었다. 기준은 내가 취임한 2022년. 이때의 상황을 100으로 가정하고, 이 점수가 떨어지면 우리는 실패한 것이다. 변명의 여지가 없다. 서울시라는 거대 도시의 '건강검진표'인 셈이다.

누군가는 묻는다. 그 지수라는 게 결국 공무원들끼리 보는 참고자료 아니냐고. 천만의 말씀이다. 이 지수는 서울시 정부로 매년 날아오는 냉혹한 성적표다. 이 지수는 화려한 스카이라인이나 GDP 수치가 아니라, 쪽방촌 할머니가 제때 밥을 먹는지, 고립된 청년이 방문을 열고 나오는지, 장애인이 버스를 타기 편한지를 수치로 보여주는 불편한 거울이다. 서울시는 이 지수를 서랍에 숨기지 않고 매년 세상에 공개한다. 성적이 나쁘면 시민들이 회초리를 들 것으로 보인다. 하지만 그 덕분에 서울시는 단 한순간도 약자를 잊지 못하게 된다.

2025년 8월 받아든 두 번째 성적표를 보며 나는 안도의 한숨과 깊은 탄식을 동시에 내뱉어야 했다. 종합 점수는 130.6점. 내가 처음 약자와의 동행을 선언한 2022년(100점)보다 30% 이상 올랐고, 특히 '의료·건강' 분야는 치매와 정신건강을 집중적으로 챙긴 덕분에 156.5점까지 치솟았다. 우리가 흘린 땀이 헛되지 않았음을 숫자가 증명해 준 순간이었다.

하지만 박수 칠 수 없었다. 내 눈은 상승한 그래프가 아니라, 하락한 숫자에 머물렀다. '주거' 분야는 소폭 뒷걸음질 쳤고, 이웃 간의 신뢰를 보여주는 '사회통합' 지수는 95.6점으로 기준점 밑으로 떨어졌다. 이 빨간불이 켜진 숫자들은 서울시에게 '아직 멀었다, 더 뛰어라'라고 소리치는 시민들의 질책처럼 들렸다.

그리고 우리는 약자와의 동행 예산을 전년보다 1조 원 넘게 늘려 14조 7천억 원으로 편성하고, 점수가 떨어진 주거와 사회통합 분야에 화력을 집중하기로 했다. 이것이 약자동행지수의 진짜 힘이다. 잘한 것을 자랑하는 홍보 수단이 아니라, 아픈 곳을 정확히 찔러주는 '시정의 나침반'이 되어주는 것. 서울시는 이 나침반을 믿고 흔들림 없이 나아갈 것이다.

다시 처음의 샘 리처드 교수의 질문으로 돌아가자. 보수주의자가 왜 그토록 약자를 챙기는데 진심이냐는 질문에 나는 이렇게 답했다.

"1기 시장 시절, 경제 발전과 약자 지원의 비중이 7대 3이었다면, 지금은 5대 5, 아니 4대 6으로 바뀌었습니다. 내가 만약 시장직을 수행하다가 오늘 당장 죽더라도 후회 없는 시장이 되려면, 진심으로 형편이 어려운 사람들의 인생에 도움이 되는 변화를 만들어야겠다는 생각이 아주 강합니다."

진정한 보수는 기계적인 평등을 주장하지 않는다. 경쟁에서 뒤처진 사람을 패배자로 낙인찍는 것이 아니라, 그들이 다시 일어서서 달릴 수 있도록 손을 내밀어 주는 것. 출발선이 다른 아이들에게 튼튼한 신발을 신겨주는 것. 그것이 공동체를 지키는 가장 확실한 안보이자, 지속 가능한 성장의 길이라고 나는 믿는다.

나는 르완다의 흙먼지 속에서, 페루의 빈민가에서 배운 그 처절한 깨달음을 서울에 심고 있다. '약자동행지수'는 그 깨달음이 증발하지 않도록 붙잡아두는 서울 시정의 닻이다. 누군가 나에게 '서울시가 시민들에게 남긴 가장 소중한 것이 무엇인가'라고 묻는다면, 나는 주저 없이 답할 것이다. 서울시는 약자들과 동행하는 시스템을 남겼노라고. 이것이 서울시가 존재하는 이유다.

02

단 한 사람의 인생이라도
바꿀 수 있다면

　매서운 한파가 몰아치던 1961년 1월, 나는 성동구 성수동의 한 평범한 가정에서 태어났다. 사실 평범하다는 말이 무색할 정도로 우리 집은 가난했다. 어린 시절 내 기억 속 집은 언제나 좁고 어두웠다. 그리고 그 집조차 오랫동안 우리 것이 아니었다.

　초등학교에 들어갈 무렵, 우리 가족은 동대문구 답십리의 한 단칸방에 살았다. 방은 좁았지만 그래도 어엿한 집에 세 들어 살 수 있는 것만으로도 감사했던 시절이었다. 그 감사함도 잠시, 어느 날 밤 잠결에 부모님의 한숨 섞인 대화를 듣게 됐다. 주인이 방

전기와 수도조차 충분치 않던 삼양동 판자촌, 그 시절 소년 오세훈의 희망은 공부였다. 내가 무너진 교육 사다리를 다시 세우기 위해 '서울런'을 시작한 이유가 이 빛바랜 사진 속에 있다. 돈이 없어서 배움을 포기하는 아이가 단 한 명도 없기를 바라는 마음, 그것이 '서울런'의 진심이다. 출처: 오세훈

값을 올려달라고 하니 또 짐을 싸야 한다는 시름이었다.

우리 가족의 새 보금자리는 강북구 삼양동의 판자촌이었다. 전기도, 수도도 변변히 들어오지 않는 산비탈의 집이었다. 무허가 판자촌이 산꼭대기를 향하던 달동네에 수돗물이 들어올 리가 만무했다. 공동 화장실과 공동 우물 앞에 늘어선 긴 줄 끝에 늘 내가 있었다. 해마다 오르는 전세금에 밀려 변두리에서 변두리로 이사를 거듭하던 삶이었다. 그렇게 나는 '가난'을 등에 업고 국민학교

만 네 번 옮겨 다녔다.

어머니는 밤낮으로 일하셨다. 우리 가족의 생활비를 벌기 위해, 그리고 나와 여동생의 학비를 벌기 위해 팔을 걷어붙이셨다. 아버지는 다니던 회사의 사정이 어려워져 월급을 못 받아오셨고, 어머니는 고된 노동으로 수예품을 만들어 시장에 내다 팔기 시작하셨다. 솜씨가 좋다 보니 남대문 시장 한편에 수예점도 낼 수 있었다. 가난하다는 것만 빼면 꽤 따뜻했던 어린 시절이었다.

그 시절 어머니께서 자주 하시던 말씀이 있다.

"공부만 잘하면 우리도 잘 살 수 있어."

벽을 뚫어 전구 하나로 방 2개를 밝힐 정도라 웬만하면 햇빛이 있을 때 공부해야 했지만, 어머니의 그 한마디는 내 삶의 등대가 됐다. 시장에서 고생하시는 어머니를 볼 때마다 '성공해서 어머니를 호강시켜 드리겠다'고 다짐했고, 어쩌면 그래서 대학 입학하자마자 남들보다 더 일찍 사법시험을 준비했는지도 모른다.

공부를 하면 성공할 수 있다는 믿음, 나를 여기까지 데려온 건 그 믿음 하나였다. 그 한마디 때문에 나는 어려운 환경 속에서도 포기하지 않을 수 있었고, 결국 사법시험에 합격했다. 판자촌에서 자란 소년이 대한민국의 법조인으로, 서울시장으로 시민 여러분을 위해 일할 수 있게 되기까지는 모든 것은 교육의 힘이었다. 어머니의 말씀대로, 공부는 우리의 인생을 바꿀 수 있는 가장 큰 방법이었다. 내가 바로 '교육의 힘'을 체험한 산증인이다.

오늘의 대한민국은 명실상부한 '사교육 공화국'이다. 우리나라 국민들이 초·중·고 사교육에 투자하는 금액은 연간 총 27조 1,000억 원이다. 그마저도 집계 가능한 것이 이 정도지, 개인과외처럼 공식적으로 드러나지 않는 부분까지 합치면 사교육 시장 규모는 훨씬 더 클 것이다. 초중고 학부모 중 무려 98%가 사교육을 시킨다는 여론조사 결과는 더 이상 놀랍지도 않다. '사교육이 옳다, 공교육은 포기해도 된다'는 식의 차원이 아니다. 중요한 것은 옳고 그름의 문제가 아니라, 사교육이 옵션이 아니라 필수가 됐다는 현실 그 자체였다.

사교육의 양과 질은 소득별로, 계층별로 천차만별이다. 소득 상위 20% 가구는 월평균 교육비로 63만 3,000원을 지출하는 반면, 하위 20% 가구는 7만 6,000원을 지출한다. 무려 8.3배의 차이다.

교육 기회의 격차는 대학 진학의 격차, 나아가 직업 선택과 생활의 격차를 도미노처럼 불러온다. 고소득층 부모를 둔 학생이 명문대와 의·약대에 진학할 확률이 점차 높아지고 있다는 것은 이미 상식이 된 지 오래다. 서울대·고려대·연세대 신입생 중 고소득층(9분위 이상) 비율이 2020년 기준 55%다. 서울대로 한정해서 보면 무려 전체의 62.9%가 고소득 가구의 자녀들이었다. 이 비율이 2017년엔 43.4%였다는 사실을 고려하면 양극화가 얼마나 급격하게 진행되고 있는지 가늠할 수 있다.

부모 소득의 불평등은 교육 불평등으로 연결되고, 교육 불평등은 다시 소득 불평등을 가속한다. 첫 소득을 기준으로 청년들을 4개 그룹으로 나눴을 때 10년 동안 하위 그룹의 소득은 정체되지만, 상위 그룹으로 갈수록 소득이 가파르게 증가한다는 조사 결과가 이를 뒷받침한다.

이 이야기가 의미하는 바는 명확하다.

과거와 달리 오늘날 교육은 사회적 불평등을 심화시키는 도구로 기능한다. 우리는 끔찍한 악순환의 고리 속에 갇혀 있다. '부모 소득 차이 → 교육 기회 차이 → 학업 성취도 차이 → 대학 진학의 차이 → 소득 격차의 대물림'이라는 악순환 말이다. 이 고리를 끊을 해법이 필요했다. 교육의 문제는 '교육받을 기회'의 문제로 다시 정의해야 한다.

2021년 4월 8일, 보궐선거가 치러진 이후 서울시는 즉시 TF를 하나 구성했다. 이른바 '교육 플랫폼 추진반'. 평생교육국 정예 3개 팀을 모아 결성했다. TF는 먼저 진짜 문제가 어디에 있는지부터 파악해 보기로 했다. 기존의 공공이 교육을 바라보는 시각을 한마디로 요약하면 이런 식이었다.

'공교육을 강화하고, 사교육을 억제한다.'

그런데 현실은? 사교육을 억제한다고 어디 억제가 제대로 되던가. 지금까지의 교육 정책을 통해 교육 기회 불평등만 양산해 오지는 않았을까.

우리는 '공교육=선, 사교육=악'이라는 성역에 도전해 보기로 했다. 당면한 과제인 '교육 기회'의 차이를 좁혀보는 것. 그리고 그 차이는 주로 방과 후 사교육에서 발생하고 있는 현실. 이를 종합해 본다면, 소득이 낮은 학생들에게도 양질의 사교육을 제공하는 것이 당장의 해결책일 수 있지 않을까? 가정환경에 따라 부모의 경제적 사회적 소득에 따라 학생들의 교육 기회가 달라진다는 것이 사교육의 문제라면, 그 문제를 해결하는 열쇠 역시 사교육 접근 기회에 있지 않을까?

우리는 하나의 결론에 도달했다.

'일타 강사'의 수업을 저소득층 학생들도 들을 수 있게 기회를 줘보자! 우리가 문제를 제대로 정의한 것이 맞는다면, 이 정책을 통해 교육 기회의 격차를 좁히고, 결과적으로 학업 성취도의 차이, 나아가 미래의 소득 격차까지 줄일 수 있을 것이야!

이런 고민을 토대로 '서울런' 정책의 기본 얼개가 그려지기 시작했다. 저소득층 학생들에게 학습 기회를 제공하기 위해 플랫폼을 만들고, 양질의 인터넷 강의를 무료로 제공해 교육 격차를 줄이자.

그러던 2021년 6월 24일 서울시청 기자실. 사전 예고에는 없었던 기자회견이 열렸다. 기자들의 얼굴엔 당황한 기색이 역력했다.

"서울형 교육 플랫폼은 교육 사다리와 직결된 정책입니다. 계층 이동 사다리의 복원이 가능한 서울을 만들려면 의원님들과 시민의 적극적 성원이 필요합니다!"

민주당이 절대다수(총 110석 가운데 101석)인 시의회 의석 구조는 업무를 담당하는 서울시 직원들의 손발을 철저하게 묶었다. 서울시에서 야심차게 준비하던 서울런 정책이 빛도 보기 전에 엎어질 위기에 처한 절체절명의 순간, 이를 막기 위한 서울시장의 절절한 호소문이었다.

2021년 보궐선거로 새로운 시정이 들어선 뒤 서울시는 '서울런' 사업을 추진하기 위해 58억 원의 추가경정예산안을 편성했던 터였다. 하지만 시의회 행정자치위원회에서 서울런 관련 예산 58억 원이 전액 삭감되고 말았다.

반대 논리는 다양했다. 다수 의석을 차지한 민주당은 '서울시가 서울런 정책을 시행하는 것은 교육감의 고유 권한을 침해한다'고 주장했다.

"시장님은 큰집이에요. 교육청은 작은집이에요. 작은집의 자제들을 큰집 큰아버지가 지원금이나 용돈이나 학비를 대줄 수는 있어도 직접 밥상머리에 앉아서 하나하나 가르칠 수는 없어요."

일부 의원은 서울런 정책이 오히려 사교육을 조장할 것이라고 주장했다. 온라인 강의의 효율성이 낮고 저소득층 학생들의 관심도가 떨어질 것이라고 주장하는 의원도 있었다. 나는 시의회에 출석한 자리에서 사업 전면 중단을 요구하는 민주당 시의원들과 시민들에게 호소했다.

"정치인이 정치를 하는 이유는 교육조차 받을 기회가 부족하거나 상대적으로 열악해서 꿈을 펼치지 못하는 학생들에게 기회를 드리는 역할이 가장 크다고 생각합니다."

교육감의 권한을 침해한다는 우려를 불식시키기 위해서도 백방으로 노력했다. '교육감은 학교 정기 교육을 담당하고 있고, 평생교육은 학교 이후의 교육을 담당하는 것이니, 학교 교육을 침해하는 것이 아니라 학교 교육을 보완하려고 하는 것'이라는 서울시의 주장이 잘만 받아들여지면 두 주체가 충분히 시너지 효과를 낼 수 있는 상황이었다. 정책 추진에 전문성을 더하기 위해 설립된 자문단에도 교육청 측의 합류를 요청했으나 대차게 거절당했다. 교육청과 시청의 협력 모델을 마련하는 계기로 삼을 수 있는 좋은 기회였지만, 교육감의 거부로 물거품이 돼 안타까웠다.

결과적으로 서울시는 일부 예산을 복구하는 데 성공했다. 당초 요구했던 58억 원에서 삭감된 36억 원이었지만, 그래도 시범 사업으로 성과를 입증할 소중한 종잣돈 정도는 마련된 셈이었다. 2021년 8월 27일 드디어 서울런 시범 서비스 개시를 알렸다.

정책을 추진하면서 만난 큰 산 중 하나는 바로 '사회보장제도 신설협의'였다. 지방자치단체가 복지 정책을 시행할 때 중앙 정부와 거쳐야 하는 이 제도는 말로는 '협의'지만 사실상 중앙 정부의 통제나 다름없었다. 2021년, 서울런 사업을 본격적으로 추진하며 우리는 중앙 정부와도 협의 테이블을 꾸렸다. 그러나 협의는 난항의 연속이었다.

중앙 정부의 요구는 단순했다. 콘텐츠 공급과 소비를 매개할 플랫폼을 만들지 말고 CP사(콘텐츠 제공 업체)에 대한 선택권을 온전히 학생들에게 바우처로 주라는 것. 서울시 입장에선 이 요구는 단순 바우처 사업으로 격하시키라는 주문이었다.

받아들일 수 없는 요구였다. 단호하게 거절했다. 서울런의 대상은 대부분 학습 조력자가 없고, 학습에 대한 의지가 낮은 아이들이었다. 그저 바우처만 주고 '알아서 듣고 공부하라'고 하는 건 무책임한 처사였다. 우리가 끝까지 플랫폼 설립을 고수한 이유였다. 플랫폼을 만들고 아이들을 모으고 조력자를 붙여 통합 케어를 해주는 것. 이것이 서울런의 핵심이었다.

끈질긴 설득 끝에 교육부의 협의를 얻어내는 데 성공했다. 이를 토대로 조건부 2년이지만 승인을 받아내, 한 발짝 앞으로 나아갔다. 하지만 여전히 복지부는 반대했다. 사교육 시장으로 공적 자금이 들어가는 것을 반대한다는 논리였다. 여전히 사교육 시장을 악으로 보는 이분법적 시각이 바탕에 깔려 있었다.

우리는 이 모델에 자신 있었다. 서울런은 '사교육 인강'을 뛰어넘는 것이었기 때문이다. LMS(학습관리시스템)를 통해 학생들의 진도를 관리하고, 학습 동기를 부여하는 틀을 갖췄다. 멘토링 시스템을 통해 인적 관리도 병행했다. 학생들의 니즈와 수준, 관심 진로에 맞춰 맞춤형 멘토를 연결했다. 이는 과외와 학원에서는 줄 수 없는 가치였다. 인생에 대한 조언, 학교생활에 대한 팁, 정서적인 지지까지. 학습 관리를 넘어 아이들의 삶 전반을 케어하는 것이 우리의 목표였다.

다시 한번 강조하지만 서울런은 공교육을 폄하하지도, 사교육을 조장하지도 않는다. '부모의 지갑 두께가 아이의 성적표를 결정한다'는 이 잔인한 명제가 대한민국의 상식이 되어버린 현실에서 공부를 하고 싶어도 돈이 없어서 기회를 부여받지 못하는 안타까운 상황을 그냥 두고 볼 수 없었기 때문에 시작한 것이다. '금수저', '흙수저'라는 자조 섞인 농담이 교실을 지배하고, 개천에서 용이 나는 시대는 끝났다고들 말한다. 하지만 서울시장으로서 나는 이 절망적인 운명론에 동의할 수 없었다. 가난이 아이들의 꿈마저 가난하게 만들도록 내버려 두는 것은 행정의 직무유기이자, 비겁한 침묵이라고 생각했기 때문이다.

처음 서울런을 내놓았을 때, 주변의 시선은 냉소적이었다. 'EBS도 있는데 굳이 세금으로 사교육 업체 강의를 사주느냐', '인강 몇 개 듣는다고 성적이 오르겠느냐'는 비아냥이 쏟아졌다. 하지만 나는 확고했다. 강남 아이들이 듣는 바로 그 일타 강사의 강의를, 단지 돈이 없다는 이유로 포기해야 하는 현실. 이 '콘텐츠의 장벽'을 허무는 것이야말로 공정한 출발선이었다.

숫자는 때로 백 마디 말보다 정직하다. 2025학년도 대학 입시 결과, 서울런을 통해 꿈을 이룬 학생은 총 782명에 달했다. 2023학년도 첫해, 교육생 462명이 대학 입학 합격증을 거머쥐었고, 2024학년도에는 682명의 합격생을 배출했다. 서울런이 만들어낸 대학 입시 결과는 해를 거듭할수록 가파른 '우상향' 곡선을 그리고 있다. 공부 열심히 하는 학생을 팍팍 밀어주는 '서울런 집중지원반'의 합격률은 70.8%에 달했다. 환경 탓을 하며 포기하기엔, 우리 아이들이 가진 잠재력이 너무나 컸다.

'SKY(서울·고려·연세)' 대학 합격자는 2025학년도에만 45명이 나왔고, 특히 서울대학교 합격자가 2024학년도 12명에서 19명으로 늘었다. 사교육의 최고 격전지라는 의·약학 계열 합격자도 18명으로 전년 대비 정확히 두 배가 늘었다. 주요 11개 대학 및 특수목적대 합격자까지 합치면 173명에 달한다. 놀라운 것은 이들 중 20%가 학원 하나 다니지 않고 오직 서울런 하나만 믿고 공부해 합격했다는 사실이다. 월평균 35만 원의 사교육비를 아껴준 경제적 효과도 크지만, 진짜 성과는 "가난해도 공부로 일어설 수 있다"는 믿음이었다. 그 무너진 사다리가 다시 세워졌다는 효능감을 자라나는 아이들에게 줬을 것이라는 생각에 뭉클해졌다.

서울시는 이 자랑스러운 서울런 대학 입학 성과를 현수막을 통해 외부에도 크게 알렸다. 이 숫자 자체가 어려운 환경을 뚫고 피어난 아이들의 피땀 어린 '인생 역전 드라마'였기 때문이다. 합격생 숫자가 적힌 시청 앞 현수막을 두고 "학벌주의 조장 아니냐"는 비판이 있었던 것도 안다. 하지만 가난이 꿈을 좀먹지 못하도록 막아낸 생존의 기록을 어떻게 감출 수 있겠는가. 앞으로도 우리는 계속 보여줄 것이다. 공정한 기회만 주어진다면 누구든 날아오를 수 있음을 말이다.

서울런의 값진 가치는 숫자로 표현하기 어려운 정성적 영역에서도 나타났다. '수업 태도', '자기효능감', '자신감', '자기주도학습 능력', '진로성숙도' 등 모든 영역에서 유의미한 긍정적 효과가 관찰됐다.

그중 두 학생의 이야기가 내 마음에 깊이 남았다.

첫 번째는 24살 이모(익명)씨의 이야기다. 고등학생 시절 심한 우울증과 무기력으로 인해 입시를 제대로 준비하지 못했던 그는 서울런을 통해 다시 대학 입시에 도전하게 됐다. 경제적 어려움 때문에 공부가 힘들었지만, 서울런이 큰 도움이 됐다고 한다. 그는 이렇게 말했다.

"아버지께서 병원에 입원하셨을 때, 간호사라는 꿈을 갖게 됐어요. 하지만 인강 하나 끊기도 힘든 상황이었죠. 서울런을 알게 된 건 정말 행운이었어요. 이제는 꿈을 향해 달려갈 수 있게 됐습니다."

두 번째는 고등학교 2학년 최모(익명)군의 사례다. 그는 중학교 2학년 때부터 '수포자(수학포기자)'였다고 한다. 가정 형편상 사교육을 받을 수 없었던 그는 서울런을 만나고 나서 수학에 대한 두려움을 극복했다.

"처음에는 수학 문제만 봐도 겁이 났어요. 하지만 멘토링 선생님께서 개념의 중요성을 강조하셨고, 저도 차근차근 따라가다 보니 수학이 재미있어지기 시작했죠."

그 결과 그의 수학 성적은 크게 올랐다.

서울런에서 대학생 선배들의 조언을 받던 '멘티'가 대학생이 돼 '멘토'로 활동하는 선순환도 곳곳에서 일어났다. 서울시가 처음 이

2024년 5월 21일, 서울런 학생 초청 간담회 현장. 단순한 지원을 넘어 아이들의 삶에 실질적인 변화를 주기 위해, 학생들의 생생한 경험담을 들었다. 서울런이 누군가의 인생을 바꾸는 튼튼한 사다리가 되기를 바라는 마음으로. 출처: 서울시

사업을 시작할 때 품었던 믿음, 즉 '교육의 힘'에 대한 비전이 가시적인 결과물로 나타났다. 서울런은 학생들에게 '무료 인강'을 듣게 해주겠다는 것을 넘어, 자신감과 희망을 선사했다. 이것이야말로 교육의 본질이 아닐까.

　나는 교육의 힘을 믿는다. 중고등학교 때 학습 성취도가 낮아서 좋은 대학에 못 가고, 그 바람에 좋은 직장을 갖지 못하고, 또 가난한 인생을 살면서 결혼도 힘들고, 다시 또 아이들한테까지 가난이 대물림되는 이 빈곤의 악순환을 어딘가에서는 끊어주는 것,

그것이 복지국가라 믿는다. 그것이 진정한 의미에서의 계층 이동 사다리의 복원이라고 나는 믿는다.

정책을 추진하며 나는 종종 어머니의 말씀을 떠올린다.

"공부만 잘하면 우리도 잘 살 수 있어."

이 말 하나로 지금까지 왔다. 그 한마디가 내게 희망이었고, 나를 이끌어준 원동력이었다. 이제 서울시가 그 어머니의 역할을 할 차례다. 적어도 그곳에는 돈을 아끼지 않을 것이다. 단 한 사람의 인생이라도 바뀐다면, 그 투자는 아낄 투자가 아니다. 이제 서울시가 모든 아이에게 "너희도 할 수 있어"라고 말해주는 든든한 버팀목이 되고자 한다. 나의 어머니가 나에게 그러셨던 것처럼.

03

일하지 말라고 강요하는
복지 시스템을 부수자

2017년, 나는 야인(野人)이었다. 긴 터널 같은 시간을 보내던 때였지만, 머릿속은 온통 '다음 세상'에 대한 고민으로 가득 찼다. 구글 딥마인드의 인공지능 '알파고(AlphaGo)'가 세계적인 바둑 기사 이세돌 9단을 꺾은 충격이 채 가시지 않았던 시절, AI와 로봇이 인간의 일자리를 대체하는 '4차 산업혁명'의 거대한 파도가 예상되던 시기다.

많은 일자리가 순식간에 사라진다? 기술이 인간의 노동을 대체하는 시대, 기존의 복지 시스템이 과연 버틸 수 있을까? 이것이 어디 한국만의 문제랴. 선진국이든 개발도상국이든, 전 세계 모든 나라가 곧 맞닥뜨릴 인류 공통의 난제였다. 일자리는 줄어드는데, 기존 복지는 '가난을 증명해야만' 돈을 준다. 더 큰 문제는 그 지원을 받기 위해선 노동을 포기해야 한다는 복지의 역설이었다.

나는 도서관에 파묻혀 이에 대한 질문을 하고 답을 구했다. 그러다 박기성 성신여대 교수의 책『자유주의 노동론』에서 섬광 같은 아이디어를 발견했다. 바로 '안심소득(훗날 디딤돌소득)'이었다. 떨리는 마음으로 수소문해 전화를 걸었다.

"교수님, 오세훈입니다. 책을 읽고 연락드렸습니다."

수화기 너머 박 교수의 반응은 시큰둥했다. 그도 그럴 것이, 당시까지만 해도 크게 주목받지 않았던 이론에, 사라진 줄 알았던 정치인이 갑자기 흥미를 보이며 만나자고 했으니 말이다. 우리는 만났고, 치열하게 토론했다. 그리고 나는 감히 확신했다.

"교수님, 이건 대한민국에서만 쓸 정책이 아닙니다. 앞으로 다가올 AI 시대, 전 세계가 채택할 수 있는 글로벌 스탠다드가 될 수도 있습니다."

기본소득이라는 달콤한 허상과 싸울 수 있는 유일한 대안, 노동의 가치를 지키면서 기술 발전의 그늘을 보듬을 수 있는 묘수(妙手). 나는 다짐했다. 언젠가, 어디에선가 이 종이 위의 이론을 반드시 현실 세계에서 실험으로 구현해 보이겠다고.

복지 절벽의 비극

"아들아, 직장을 그만두렴."

2012년 언론에 소개된 한 아버지와 아들 이야기다. 아들이 어렵게 취업해 월 200만 원을 벌게 되자, 기초수급자인 아버지는 청천벽력 같은 소식을 듣는다. 아들의 소득 때문에 생계급여와 의료비 지원 등 52가지 혜택이 한순간에 끊긴다는 통보였다. 깊은 고민 끝에 계산기를 두드려본 아버지는 아들에게 말했다. 아들아, 직장을 그만두거라. 네가 일하면 우리 가족은 더 가난해진다.

이것이 '복지 절벽'이었다. 소득이 기준선을 넘는 순간 모든 지원이 썰물처럼 빠져나가는 구조 속에서 가난한 이들은 스스로 늪에 머무는 쪽을 택하도록 '강요'받는다. 시각장애인 A씨는 아들을 위해 취업하고 싶어도 수급권 박탈이 두려워 발걸음을 돌렸고, 대학생 최서연(가명) 양은 식비를 벌기 위해 소득을 숨기며 '몰래바이트'를 전전해야 했다. 일을 해서 소득이 늘어났는데, 복지 지원이 끊기면서 오히려 전체 소득이 줄어드는 현상. 말이 안 되지만, 우리 복지 제도에서 실제 일어나는 일이었다.

이런 복지 제도의 모순을 틈타 진보진영은 다양한 퍼주기를 내놓았다. 특히 이재명 당시 경기도지사가 들고 나온 것이 '기본소득'이었다. 모든 국민에게 똑같이 돈을 나눠주자는 달콤한 제안. 표를 얻기에는 그보다 좋은 공약이 없었다. 유권자들은 당장 내 통장에 들어오는 돈을 원한다는 걸, 나라고 모를 일일까. 하지만 나는 물러설 수 없었다. 표를 얻으려면 기본소득을 주장하면 될 일이다. 하지만 나라를 살리기 위해선 안심소득이 필요했다. '인기영합주의'의 침공에 맞서 '지속 가능한 미래'를 지켜내야 했다.

수많은 토론의 현장에서 이재명 당시 경기지사의 주장에 단호하게 맞섰다.

2020년 6월 MBC '100분 토론' 촬영 스튜디오.

이 지사가 말문을 열었다.

"부유층도 혜택을 받아야 조세 저항이 줄어듭니다. 그것이 공정입니다"라고 그는 덧붙였다.

나는 반문했다. 연봉 1억 원인 사람과 월 소득 100만 원인 사람에게 똑같이 50만 원을 주는 것이 과연 공정인가.

"월 50만 원을 모든 국민에게 지급하면 1년에 얼마가 필요합니까?"

잠시 침묵이 흘렀다. 계산해봤다. 5천만 명에게 월 50만 원씩이면 연간 300조 원이다. 2023년 정부 총예산이 640조 원 정도니까, 거의 절반에 해당하는 돈이다. 사실상 나라 예산을 하나 더 만드는 것과 같다.

이 지사는 "조세 개혁을 통해 가능하다"고 답했다. 하지만 구체적인 방법은 제시하지 못한 채 토론을 마무리했다. 결국 증세다. 엄청난 증세 없이는 불가능한 숫자다. 이 지사는 기본소득이 경제 선순환을 만든다고 주장했다. 저소득층에게 돈을 주면 소비가 늘어나고, 경제 전체가 성장한다는 논리였다.

'안심소득(현 디딤돌소득)'은 달랐다. 핵심은 '하후상박(下厚上薄)'과 '근로 유인'이다. 기준소득(중위 85%)보다 적게 버는 사람에게만 부족분의 50%를 채워준다. 소득이 0원이면 많이 받고, 일해서 소득이 늘어나면 지원금은 줄어들지만 '내 월급+지원금'인 총소득은 늘어나도록 설계했다. 즉, 일할수록 더 많이 버는 구조다. 복지 절벽을 허물고 완만한 디딤돌을 놓아, 스스로 가난을 딛고 올라오게 만드는 시스템이다.

2021년 5월, 이 지사는 SNS에서 다시 공격에 나섰다. 서울시가 안심소득 시범사업을 발표하자, 그는 이렇게 썼다.

"안심소득은 기본소득과 정반대되는 정책입니다. 중위소득 이하 가구에만 선별 지원하는 근시안적 처방이며, 국민을 '세금만 내는 희생 집단'과 '수혜만 받는 집단'으로 나누어 대립을 조장하는 낡은 발상입니다."

선별복지가 부자와 중산층을 '죄인 취급'하여 조세저항을 불러온다는 주장이었다. 모두에게 똑같이 줘야 지속적인 지지가 가능하다는 것.

하지만 핀란드를 보라. 2017년부터 2년간 기본소득 실험을 했지만 노동 유인 효과는 크지 않았고, 재정 부담이 너무 커서 중단됐다. 이상과 현실은 달랐다. 한정된 예산으로 양극화를 해소하려면, 정말 어려운 이들에게 더 두텁게 지원하고 그들이 다시 일어설 용기를 갖게 하는 것이 국가의 참된 의무라고 믿었다.

서울이 쏘아올린 실험: 안심소득 시범사업

2021년 4월, 서울시장으로 복귀한 직후 이 가설을 검증해 보고 싶었다. 현재의 시스템에서 복지혜택을 받는 분들에게 조금 더 나은 선택이 될 수 있을지, 보다 실질적인 도움을 드릴 수 있을지 검증이 필요했다. 그래서 비교집단을 뒀다. 지원받는 그룹과 받지 않는 그룹을 비교해, 근로·소득·삶의 질이 어떻게 달라지는지 측정하기로 했다.

설계도를 그렸다. 1단계는 기준중위소득 50% 이하 가구 500곳을 대상으로 하고, 2단계에서 중위소득 50~85% 이하 300가구를 추가한다. 지원 방식은 기준중위소득 85% 대비 부족 소득의 50%를 3년간 매월 지급하는 것. 지원 전후 2년간 모든 변화를 추적해 실효성을 검증하기로 했다.

당시 민주당이 장악한 시의회의 반대는 거셌다. "로또 복지다", "시민을 실험 대상 삼지 마라"며 예산을 전액 삭감하려 했다. 하지만 나는 물러서지 않았다. 시혜성 복지가 아니라, 4차 산업혁명 시대를 대비할 전 인류적 실험이라고 설득했다. 결국 반 토막 난 예산으로나마 500가구 대상의 실험을 시작할 수 있었다.

3년이 지난 지금, 결과는 어떤가? 데이터는 우리의 가설이 옳았음을 보여준다. 2024년 10월, 오픈AI의 설립자 샘 올트먼이 주도한 미국의 기본소득 실험 결과가 발표됐다. 500억 원을 투입해 3년간 매달 1,000달러(약 140만원)를 조건 없이 줬더니, 사람들은 일을 덜했다. 근로 의욕을 고취하는 데 실패한 것이다.

반면, 서울의 디딤돌소득은 정반대의 결과를 내놓았다. 2025년 12월 발표된 3차년도 성과 분석 결과를 보자. 지원받던 가구 중 소득이 늘어 수급 자격에서 벗어난 '탈수급률'이 2차년도 8.6%에서 3차년도 9.7%로 늘었다. 현행 기초수급자 탈수급률의 3배가 넘는 수치다. 지원받는 가구 중 일해서 번 돈이 늘어난 가구 비율이 2차년도 31.1%에서 33.9%로 상승했다. 돈을 주면 게을러질 것이라는 편견을 깨고, 오히려 더 열심히 일했다는 뜻이다.

노벨상 석학들이 인정한 새로운 제도

이 성과는 세계가 먼저 알아봤다. 2025년 12월, 서울 DDP에서 열린 '국제 디딤돌소득 포럼'에는 2024년 노벨경제학상 수상자인 제임스 로빈슨(James A. Robinson) 교수가 참석했다. 〈국가는 왜 실패하는가〉의 저자이기도 한 그는 서울의 실험을 보며 이렇게 평가했다.

"서울의 디딤돌소득은 새로운 사회 계약을 모색하는 과정에서 매우 중요한 연결고리다. 단순히 현금을 주는 것이 아니라 기회를 회복시키는 이 모델은 세계적인 벤치마킹 대상이 될 것이다."

그보다 앞선 2023년 12월에는 또다른 노벨 경제학상 수상자인 에스테르 뒤플로(Esther Duflo) 교수가 서울을 찾았다. 빈곤 퇴치 연구의 세계적 권위자인 그가 안심소득 사업에 관심을 보였다. 여의도 한 호텔 회의실에서 그를 만나 2년간의 실험 결과를 보여 줬다. 탈수급률, 근로소득 증가율, 참여자들의 인터뷰, 변화의 사례들을 하나하나 설명했다.

뒤플로 교수는 한참 동안 자료를 들여다보더니 고개를 끄덕이며 말했다.

"제가 이 정책을 설계했어도 이렇게 했을 것입니다."

짧지만 강렬한 한마디였다. 세계적 석학이 인정한 셈이다. 서

2023년 12월 20일, 동대문디자인플라자(DDP) 아트홀. '서울 국제 안심소득 포럼'
특별 대담 무대에서 2019년 노벨경제학상 수상자 에스테르 뒤플로(오른쪽) 교수와
마주 앉았다. 복지 사각지대를 없애고 근로 의욕을 높이는 방안을 놓고 머리를 맞댄
소중한 시간이었다. 서울시가 추진하는 '디딤돌소득'이 정교하게 설계된 과학적 모델
임을, 노벨상 수상자의 입을 통해 전 세계에 확인받은 날이었다. 출처: 서울시

울의 실험이 이론적으로도, 실증적으로도 타당하다고.

그는 이어서 설명했다.

"이 정책의 핵심은 인센티브 설계입니다. 복지 수혜자들이 가
난의 늪에 갇히는 이유는 노력해도 나아지지 않기 때문입니다. 하
지만 안심소득은 노력할수록 나아지는 구조를 만들었고, 이게 핵
심입니다."

2024년 7월, 우리는 53만 명의 시민이 참여한 공모를 통해 '안

심소득'이었던 이 정책의 이름을 '디딤돌소득'으로 바꾸었다. 이름 그대로다. 이것은 가난한 이들이 밟고 일어설 수 있는 단단한 디딤돌이다. 일하고 싶은 아버지가 아들의 취업을 말리지 않아도 되는 세상, 실패해도 나락으로 떨어지지 않는다는 믿음이 있어 다시 도전할 수 있는 도시.

AI 시대, 노동의 가치가 흔들리는 미래에 인류는 어떤 복지 시스템을 가져야 하는가? 서울은 이미 그 답을 쓰고 있다. 디딤돌소득은 대한민국을 넘어 세계 복지의 교과서가 될 자격이 충분하다고 믿는다. 이것이 서울이 세상에 남기고 싶은 자산이다.

04

밥보다 중요한 건
자존감이다

"젊은이, 다음부턴 여기 오지 마. 여긴 나이 드신 분들이 오는 곳이야."

살을 에는 듯한 어느 겨울날, 서울역 앞 무료급식소에서 배식을 받던 중 한 자원봉사자가 내 뒤통수에 대고 한 말이다. 마스크를 쓰고 모자를 푹 눌러쓴 채, 서울역 인근 무료급식소 줄에 서 있었다. 시장이라는 신분을 감추고, 실제 배식되는 식사의 질과 노숙인들의 상황을 있는 그대로 보고 싶었다.

정책은 책상머리가 아닌 현장에서 만들어진다는 것이 나의 지론이다. 그래서 나는 자주 현장을 찾았다. 때로는 정식 방문으로, 때로는 이렇게 변장한 채로.

또 한 번은 당일 새벽 5시에 통보하고 6시에 불시에 시설을 '급습'한 적도 있다. 사실 현장을 제대로 보기 전까지 내 생각은 단순했다. 노숙인들이 그저 잠자거나 쉴 곳이 없어서 거리에 나올 것이라 생각했다. 하지만 막상 방문해서 확인한 풍경은 내 예상을 빗나갔다. 식사는 훌륭했다. 주먹만 한 고기 덩어리가 들어있는 설렁탕이 그날 메뉴였고, 시설에는 샤워 시설과 침대도 갖춰져 있었다. 취직도 알선해 주고, 의료 서비스도 제공했다. 그런데도 수많은 노숙인은 영하의 추위를 견디며 시설 밖 차가운 시멘트 바닥을 택했다. 나는 설렁탕을 뜨며 앞자리의 노숙인에게 조심스레 물었다.

"선생님, 날도 이렇게 추운데 왜 시설에 들어가지 않으세요?"

"거긴 술을 못 마셔요. 그리고 10시면 자고 6시면 일어나야 해요. 나는 그런 규칙이 싫어요."

그때까지만 해도 나는 복지를 물질의 결핍을 채워주는 것이라고만 생각했다. 배고픈 사람에게 밥을 주고, 추운 사람에게 방을 주면 해결될 줄 알았다. 하지만 그 생각은 오판이었다. 밥으로 주린 배는 채울 수 있어도, 무너진 마음은 채울 수 없다는 것을 그때 깨달았다. 그들이 거리로 나온 진짜 이유는 집이 없어서가 아니라, 삶의 의미와 의욕을 잃어버렸기 때문이었다. 스스로를 '패배자'로 낙인찍고 세상과의 끈을 놓아버린 상태, 즉 '자존감의 파산' 상태였다.

서울연구원 조사[2)]에 따르면, 노숙인의 약 75%가 시설 퇴소 후 같은 유형의 시설에 재입소하고, 약 33%는 똑같은 시설에 재입소한다. 거리 노숙인의 평균 노숙 기간은 약 8~11년으로 만성화된 상태였으며, 이는 현재의 접근 방식으로는 노숙인들의 자립과 사회 복귀가 쉽지 않다는 것을 보여주었다.

마치 회전문과 같은 현상이었다. 쉼터에 들어갔다가 나오고, 다시 들어갔다가 나오는 과정의 반복. 시설은 임시 피난처 역할은 했지만 실질적인 자립으로 이어지지 못했다. 그들에게 진짜 필요한 것은 한 끼의 식사가 아니라, '나도 가치 있는 인간'이라는 자존감의 회복이었다. 끼니를 배급받는 삶이 아니라, 인간으로서 존중받고 스스로 선택하는 삶. 그것을 돌려주지 않는 한, 아무리 좋은 밥과 잠자리를 제공해도 그들은 영원히 복지의 수동적 객체로 남을 수밖에 없다.

[2)] 서울연구원, '노숙 진입서 탈출까지 경로 분석과 정책과제'(2015.5) 中 2007년 데이터 인용

2009년 11월, '희망의 인문학' 수료식 현장. 학사모를 쓰고 힘차게 주먹을 들어 올린 수료생들의 표정에서 나는 확신을 보았다. 인문학은 사치가 아니었다. 삶의 벼랑 끝에 선 이들에게 자신을 사랑하는 법을 일깨워준 가장 강력한 재기(再起)의 무기였다. 출처: 서울시

미국 사회비평가 얼 쇼리스(Earl Shorris)의 책 『희망의 인문학』의 한 대목이 떠올랐다.

Q. "가난한 사람들은 왜 계속 가난하게 살까요?"

A. "잘 사는 사람들이 누리는 언어나 정신적인 삶을 누리지 못하기 때문이죠."

얼 쇼리스는 가난과 단절할 수 있는 해법을 담은 책을 쓰기 위해 미국 전역을 돌며 극빈자들을 인터뷰했다. 그러다 우연히 살인

죄로 20대 초반에 교도소에 들어와 8년째 복역 중이던 빈스 워커라는 여성을 만나게 된다.

Q. "정신적인 삶이요? 당신이 얘기하는 정신적인 삶이란 게 뭐죠?"

A. "있잖아요. 음악회나 박물관, 미술 전람회 같은 거요. 강연회도 그렇고요."

빈스 워커는 그냥 밥이나 잠자리가 없는 것이 가난의 본질이 아니라고 말했다. 가난의 대물림은 물질적 결핍이 아니라 '정신적 결핍'에서 온다는 것이었다.

"우리 아이들을 음악회나 박물관에 데려가 주세요. 그러면 우리 아이들은 가난의 대를 끊을 수 있을 거예요."

가난의 대물림은 물질적 결핍이 아니라 정신적 결핍에서 온다는 통찰. 이 통찰이 내 가슴에 불을 지폈다. 나 역시 가난한 어린 시절을 보냈지만, 끝까지 책을 손에서 놓지 않았던 것이 나를 일으켜 세운 힘이었다. 노숙인들에게 필요한 것은 빵만이 아니라, 생각하는 힘이었다. 나는 당시 한국 사회로서는 파격적인 실험을 결심했다. 노숙인들에게 인문학을 가르치기로 한 것이다. 2008년 4월, '희망의 인문학' 첫 수업이 시작됐다. 얼 쇼리스의 책에서 따온 제목이었다.

첫 입학생들은 노숙인과 자활근로자, 저소득 주민 등 모두 300

여 명이었다. 경희대에 위탁해 철학, 문학, 역사, 예술을 가르쳤다. 각 분야의 실력 있는 학자들이 강의를 맡았고 소설가 공지영, 배우 정준호 등 명사들도 강단에 섰다. 처음엔 반신반의했다. 당장 먹고살기에 빠듯한 분들이 과연 철학이나 문학에 관심을 가질까? 출석률은 어느 정도가 될까? 그들의 삶에 실질적인 변화가 생길까? 설렘 반, 걱정 반의 물음표들이 머릿속을 맴돌았다. 그때 실무 담당 직원이 흥분해서 말했다.

"학생들은 진짜로 열심입니다. 노숙인들도 굉장히 열심히 나옵니다. 당장 생계 걱정을 하는 분들이 이런 데 관심 있겠나 하는 우려도 있었는데, 저희 직원들도 많이 놀랄 정도로 열의를 보입니다. 강의를 듣는 분들은 표정부터 많이 달라졌습니다."

특히 대학 측에서 입학식과 졸업식 때 학사복을 입혀준 것이 결정적이었다. 생전 처음 입어보는 학사복, 그리고 교수들의 존중 어린 태도. 그 작은 배려가 그들의 자존감을 깨웠다. 철학 수업에서 '너 자신을 알라'를 배우며 자기성찰을 시작했고, 문학 수업에서 타인의 삶을 보며 자신을 객관화했다. 그들은 더 이상 '노숙인'이 아니라 '배움의 주체'였다.

변화는 참가자의 얼굴에서 먼저 나타났다. 50대 남성 A씨는 "불과 7~8년 전 한강 다리 위에서 자살을 생각했다"고 고백했다. 하지만 인문학을 통해 "나 자신을 사랑하게 되었고, 주변을 돌아보게 되었다"고 한다. 안승갑 씨의 사례도 나를 뿌듯하게 만든다. 11년간 영등포역에서 노숙하던 그는 수업을 들은 뒤 수필집 『거리의 남자, 인문학을 만나다』를 펴냈다. "백지 위에 내 삶을 다시 썼다"는 그의 고백은, 인문학이 어떻게 한 인간을 구원하는지 보여주는 사례로 부족함이 없다. 그는 이후 대학에 취직해 사회로 복귀했고, 이제는 다른 노숙인들에게 희망을 전하는 강사가 되었다.

그러나 아픔도 있었다. 2008년부터 5년간 약 4,500명의 노숙인·저소득층이 참여하며 서울시의 대표 정책으로 자리잡던 '희망의 인문학'은 전임 시장 취임 후인 2013년 전격 중단됐다. 전임 시장은 '보건복지부 노숙인 지원 정책과의 중복'을 공식 이유로 내세웠지만, 이를 곧이곧대로 믿는 이는 많지 않았다. 소프트웨어 정책은 단체장 의지에 따라 쉽게 폐기될 수 있다는 취약성을 그대로 드러낸 사례라 안타까웠다. 정책이 시민이 아니라 정치에 좌우되는 순간이었다. 10년의 공백. 그 시간 동안 얼마나 많은 노숙인이 정신적 자립의 기회를 잃었을까 생각하면 지금도 가슴이 아리다.

2021년 서울 시장직으로 돌아온 뒤, 이 사업은 부활했다. 이번에는 더 정교하고 강력해졌다. 자존감 회복을 넘어 실질적인 '자립'으로 연결하는 데 집중했다. 서울시립대, 숭실대 등과 협력해 수준 높은 강의를 제공했고, 글쓰기를 배우는 '희망 과정'부터 역사와 철학을 배우는 '행복 과정'까지 커리큘럼을 세분화했다.

특히 2025년에는 자격증 취득을 돕는 '꿈이룸 과정'을 신설했다. 인문학으로 마음의 근육을 키운 뒤, 요양보호사, 경비원, 지게차 운전 등 실제 밥벌이가 가능한 기술을 익히게 한 것이다. 효과는 즉각적이었다. 2025년 한 해에만 833명이 수료했고, 56명이 자격증을 손에 쥐었으며, 그중 10명은 즉시 취업에 성공했다. 막연한 희망이 구체적인 현실이 되는 순간이었다.

2025년 12월, 서울역 인근에 '동행스토어 1호점 정담(情談)'이 문을 열었다. 알코올 중독, 사업 실패, 이혼 등 아픈 사연을 딛고 '희망의 인문학'을 수료한 5명이 직접 운영하는 재기의 터전이다. 자존감을 회복한 수료생들은 이렇게 '받는 사람'에서 '주는 사람'으로 변모했다. 개업식 날, 한 50대 참여자는 "혼자라면 감히 꿈도 못 꿀 일이었습니다"라고 말하며 눈물을 훔쳤다. 뇌전증과 우울증을 앓으며 두 자녀와 노숙을 했던 또 다른 참여자도 이곳에서 '사장님'이 됐다. 서울시는 앞으로도 2호점 '내 생애 에스프레소', 3호점 뜨개질 카페 '이음', 4호점 '베이커리 카페'를 계속 열어갈 예정이다.

서울은 이제 전 세계 대도시 중 드물게 노숙인이 줄어드는 도시다. 2014년 4,535명이던 노숙인은 2024년 3,067명으로 32%나 줄었다. 샌프란시스코가 '텐트 시티'로 변해갈 때, 서울은 '희망의 인문학'과 촘촘한 복지 시스템(부양의무자 폐지, 거리상담 확대 등)으로 그들을 다시 사회로 돌려보내고 있다.

밥만큼이나 중요한 건 자존감이다. 스스로를 귀하게 여기는 마음이 생겨야 비로소 내일을 꿈꿀 수 있다. 서울시의 복지 철학은 분명하다. 무언가를 손에 쥐어주는 시혜를 넘어, 그들 스스로 일어설 수 있는 힘을 길러주는 '가능성'에 투자하는 것이다. 서울시는 앞으로도 가장 낮은 곳에 있는 분들의 자존감을 지키는 일에 행정력을 쏟을 계획이다. 그것이 사람을 진정으로 살리는 길이기 때문이다.

05

당신은
외롭지 않은가?

현대인은 누구나 외롭다. 솔직히 고백하자면, 나도 가끔 외롭다. 매일 수많은 사람을 만나 악수를 하고, 회의를 주재하는 서울시장. 사람들은 내가 외로움과는 거리가 멀 것이라고 생각한다. 하지만 문득 밀려오는 공허함과 쓸쓸함은 서울시장인 나라고 해서 비켜가지 않는다. 퇴근길 차창 밖으로 스쳐 가는 수많은 불빛을 보며 '다들 저 불빛 아래서 행복한 걸까, 아니면 저들도 나처럼 가끔은 견딜 수 없이 외로운 걸까' 생각하곤 한다.

이 글을 읽는 여러분에게 묻고 싶다. 당신은 외롭지 않은가?

누구나 외롭다. 잘났건 못났건, 부자이든 가난하든, 나이가 많든 젊든 상관없다. 우리는 인류 역사상 가장 촘촘하게 연결된 시대를 살고 있지만, 역설적이게도 가장 고립된 시대를 살고 있다. 스마트폰 속 친구는 그렇게 많은데 정작 마음이 무너질 때 전화를 걸 사람은 없다.

그동안 행정은 이 문제를 개인의 감정 영역으로 치부해 왔다. 하지만 나는 생각을 바꿨다. 외로움은 개인의 우울한 기분으로 취급할 문제가 아니다. 그것은 사회적 전염병이자, 도시의 활력을 갉아먹는 질병이다.

그래서 도시가 나서야 한다고 생각했다. "왜 시청이 개인의 외로움까지 챙기냐"고 묻는다면, 나는 이렇게 답하겠다. 이것은 불쌍한 사람을 돕는 구제 사업이 아니다. 오늘을 살아가는 당신과 나, 우리 모두의 마음을 연결해 다시 희망도 키우고 살맛도 나게 만드는, 행정의 당연한 의무다.

'외로움'을 행정의 언어로 재정의하다

"행복의 제1순위는 인간관계입니다. 기획조정실에서는 이에 대응하는 조직이 어떤 규모로 필요한지 연구해서 보고해 주시기 바랍니다. 영국의 외로움부처럼 조직 개편이 필요한지도 포함해서 말입니다."

내가 느낀 이 감정은 비단 나만의 것이 아니었다. 서울이라는 거대 도시의 지표들은 붉은 경고등을 반짝였다. 2016년 30.1% 였던 서울의 1인 가구 비중은 2022년 38.2%로 가파르게 상승했다. 2023년 기준 서울의 1인 가구는 전체 가구의 40%를 차지했고, 그중 무려 62.1%가 "외로움을 느낀다"고 호소했다. 청년들의 상황은 더 아프게 다가왔다. 서울시에만 약 13만 명의 청년이 고립되거나 은둔하고 있는 것으로 추정된다. 한창 세상 밖으로 나와 꿈을 펼쳐야 할 나이에 방 안에 스스로를 가둔 청년들, 그리고 급격한 고령화 속에 늘어나는 독거노인들. 외로움 문제는 세대를 불문하고 심화되어갔다. 구조적인 사회 문제이자, 도시가 해결해야 할 가장 시급한 현안이었다.

이 문제를 해결하기 위해 우리는 2024년 하반기 조직개편을 통해 국장급 기구인 '돌봄고독정책관'을 신설하기로 했다. 하지만 행정 절차상 조직을 만들고 인력을 배치하려면 시간이 필요했다. 조바심이 났다. 단 몇 개월이라도 지체했다가는 그사이 누군가가 홀로 고통 속에 생을 마감할 수도 있다는 절박함이 나를 짓눌렀다.

"조직 개편까지 기다릴 수 없습니다. 당장 TF(태스크포스)부터 가동합시다. 부서 간 칸막이 때문에 창의적인 정책을 포기해서는 안 됩니다.”

그렇게 2024년 5월 탄생한 것이 '사회적 고립·고독·은둔 대응 TF'였다. 복지실장을 팀장으로 하여 서울시의 관련 부서들이 즉각 소집됐다. 복지정책실(위기가구·어르신), 여성가족정책실(1인가구), 미래청년기획단(청년), 시민건강국(정신건강)…. 평소라면 각자의 영역에서 따로 움직였을 부서들이 '외로움 타파'라는 하나의 목표 아래 칸막이를 걷어내고 한자리에 모였다.

'원팀(One Team)'으로 뭉치다

“연령과 계층을 불문하고 모두 짊어진 이 외로움이라는 문제에 서울시의 모든 실·국이 원팀(One Team)이 되어주십시오.”

그 후 두 달간, 서울시 전체가 정말로 하나의 팀이 돼 움직였다. 복지실이 주무부서였지만, 서로 다른 업무를 하던 여러 팀들이 하나의 문제를 해결하기 위해 각자의 관점으로 머리를 맞댔다. 기술 부서인 행정2부시장 산하 도시공간본부와 정원도시국까지 모든 부서가 참여했다. 검토 결과를 공유할 때도 모든 부서장들이 함께한 자리에서 대책을 마련할 정도였다. 공무원 조직에서 이처럼 모든 실·국이 한데 모여 머리를 맞대는 것은 실로 드문 일이다. 보통은 '내 부서 일', '네 부서 일'을 따지며 선을 긋기 마련이

다. 하지만 '외로움'이라는 전대미문의 적 앞에서는 부서 이기주의
도, 관료주의의 벽도 허물어졌다. 목표는 단 하나, '가장 낮은 단
위에서 시민의 마음을 연결하는 것'. 우리가 내놓은 해법은 거창
한 구호가 아니었다. 라면, 족욕기, 그리고 말동무. 아주 사소하
지만, 사람 냄새 나는 접근이었다.

더구나 외로움 문제를 본격적으로 다루겠다는 건 국내에서는
최초로 시도되는 것으로, 모두에게 처음인 상황이었다. 중앙 정부
에서도, 다른 어떤 지자체에서도 시도해 본 적 없는 '범부서적 총
력전'이었다. '협업체계'야말로 이 정책의 핵심이었고, 서울시라서
가능한 방식이었다. 초여름 7월과 8월, 모든 실국본부장들이 모
여 외로움 문제 해결을 위한 종합적인 대책 마련 회의를 연달아
열었다.

TF의 치열한 논의와 현장 대응 경험은 곧이어 정식 조직인 '돌
봄고독정책관' 신설로 이어졌다. 서울시는 전국 지자체 최초로 고
독·고립 문제를 전담하는 컨트롤타워를 세우게 되었다.

사실 영국은 2018년 '외로움부 장관'을 임명했고, 일본도 2021
년 고립·고독 담당실을 설치했다. 하지만 나는 이 문제를 바라보
는 시각이 조금 달랐다. 외로움은 중앙 정부의 거시적인 정책만으
로는 해결할 수 없는, 지극히 미세하고 개인적인 감정의 영역이라
고 봤다. 영국과 일본의 사례를 깊이 들여다보았지만, 솔직히 말

해 정책이 현장에 착근하지 못하고 어딘가 '겉돈다'는 느낌을 지울 수 없었다. 나는 그 이유가 '대응의 단위'에 있다고 판단했다.

외로움은 지극히 개인적이고 미세한 감정의 영역이다. 그렇기에 더 작은 단위, 더 아래 단위로 내려갈수록 더 세세하고 정확하게 대응할 수 있다. 골목의 사정을 훤히 꿰뚫고 있는 통반장, 동네 복지관, 그리고 동주민센터. 이 촘촘한 지방자치단체의 행정망이야말로 외로움이라는 질병을 치유할 수 있는 가장 확실한 처방전이다. 거창한 담론이 아닌, 내 집 앞 골목까지 스며드는 미세한 '시스템 디자인'만이 시민의 마음을 움직일 수 있다. 이것이 중앙정부가 아닌 서울시 차원에서, 세계 지자체 최초로 전담 조직을 신설하고 판을 벌인 이유다.

가디언도 주목한 혁신: 서울마음편의점

2024년 10월, 우리는 향후 5년간 4,513억 원을 투입하는 종합대책을 발표했다.

"외로움은 모든 불행의 씨앗입니다. 서울은 이제 도로와 건물을 짓는 '하드웨어'를 넘어, 시민의 마음을 잇는 '하트웨어(Heart-ware)'를 짓겠습니다."

그 첫 번째 결과물이 바로 '서울마음편의점'이다. 관악·강북·

도봉·동대문 4곳의 종합사회복지관에 문 연 이곳은 이름 그대로 누구나 편의점 가듯 편하게 들러 마음의 허기를 채우는 공간이다. 이곳엔 라면 조리기가 있고, 안마의자가 있고, 무엇보다 '판단하지 않는 귀'를 가진 상담사가 있다. 문을 열자마자 반응은 폭발적이었다. 한 달 만에 4,000명이 넘는 시민이 다녀갔다. 그중엔 혼자 외롭게 지내는 사람들도 있었지만, 퇴근길의 지친 직장인, 육아에 지친 주부도 많았다.

몇 달 동안 마음편의점을 오가던 청년은 어느 날 대기업 취직에 성공한 뒤 스스로 찾아와 이렇게 말했다.

"사실 너무 자랑하고 싶은데, 연락할 곳이 없어서 왔어요. 여기는 저한테 꼬치꼬치 캐묻지 않아서 참 좋았거든요."

이 청년의 짧은 한마디에는 우리가 추진하는 '외로움 없는 서울'의 철학이 압축적으로 담겨 있다. 사람들은 흔히 외로움 대책이라고 하면 독거노인이나 고독사를 떠올린다. 하지만 현대 사회의 외로움은 가난하거나 늙은 사람만의 전유물이 아니다. 명문대를 나와 대기업에 취업한 저 청년도, 높은 빌딩에서 일하는 임원도, 화려한 조명 아래 선 연예인도 모두 외롭다. 잘났든 못났든, 부자든 가난하든, 누구나 현대인은 외롭다. 이것이 우리가 이 정책을 시작한 이유다. 나는 외로움을 개인의 성격 문제가 아니라, 도시가 보듬어야 할 '공공의 문제'로 정의했다.

'서울마음편의점'이라는 간판 아래, 서울라면의 구수한 냄새가 사람을 부른다. 누구나 편하게 들러 따뜻한 한 끼를 끓여 먹을 수 있는 이 공간은 서울시가 고심해 만든 마음의 쉼터. 외로움이 질병이 되지 않도록, 서울은 골목 깊숙한 곳까지 따뜻한 손길을 내민다. 출처: 서울시

〈컵라면, 족욕기, 그리고 상담사: 서울, '마음편의점'으로 외로움 극복에 나서다.〉

2025년 7월 16일, 영국의 유력 매체 가디언(The Guardian)에 서울마음편의점이 보도됐다는 소식이 들려왔다.

가디언지는 1821년 영국에서 창간된 역사 깊은 일간지로, 독립적이고 진보적인 논조로 유명한 세계적 매체다. 특히 디지털 전환에 성공해 현재 100만 구독자, 월 2억 방문자를 기록하고 있는

글로벌 영향력을 가진 언론이다. 이런 매체가 서울의 정책을 단독 심층 보도한다는 것 자체가 큰 의미였다.

기사에는 동대문센터의 생생한 모습이 담겼다. 3월에 문을 연 네 곳의 시범 지점 중 하나인 이곳에서, 53세의 한 이용자가 적외선 족욕기에 발을 담그며 만족스러운 표정을 짓고 있다고 전했다.

특히 '편의점'이라는 콘셉트가 크게 주목받았다. 사회적 낙인을 피하면서 동시에 한국 문화의 친숙한 요소를 활용한 접근법이라고 분석했다. 사람들이 하루 중 언제든 간식이나 음료를 사기 위해 들르는 동네의 일상적 공간인 '편의점'의 익숙함이 이 공간을 보다 친근하게 느끼도록 한다는 것이었다.

서울시 고독 대응 전담부서에서 근무하는 주무관은 가디언과의 인터뷰에서 이렇게 말했다.

"지금까지 우리나라의 외로움 관련 정책은 위기 상황에 놓인 고립된 사람들을 위한 것이었습니다. 하지만 우리는 외로움 그 자체, 즉 고립이나 단절에 이르기 전의 주관적 감정 상태를 다뤄야 한다는 것을 깨달았습니다."

이처럼 세계적 영향력을 가진 가디언지가 서울의 혁신을 이렇게 자세히 다룬 것은 서울의 '외로움 없는 서울' 시스템 디자인이 국제적으로 인정받고 있다는 증거이자, 서울시민의 자부심이 될 수 있다는 의미였다.

24시간 깨어 있는 감정의 응급실: 외로움안녕120

마음편의점이 오프라인 쉼터라면, '외로움안녕120'은 24시간 깨어 있는 감정의 응급실이다. 우리는 기존 120 다산콜센터 시스템에 외로움 전담 라인을 깔았다. 119가 불을 끄고 112가 범인을 잡듯, 120은 시민의 외로움을 잡는다. 개통 4개월 만에 1만 2천 통이 넘는 전화가 쏟아졌다. 하루 평균 100명이 넘는 시민이 "살려달라"는 비명 대신 "외롭다"는 신음을 토해냈다.

힘들어서, 당장 의지할 곳이 필요해서 전화를 건 이들도 있었지만, 그저 말동무가 필요해서, 혹은 축하받을 좋은 일이 생겨서 120 번호를 누르는 시민들도 예상 외로 많았다. 하루 종일 말 한 마디 나눌 사람이 없는 70대 노인, 아이를 학교에 보낸 뒤 무기력함을 느끼는 40대 주부, 취업 실패로 미래에 대한 불안감이 큰 30대 청년들. 어떤 이유에서든, 시민들에게 든든한 말상대를 만들어 줬다는 점에 자부심이 생겼다.

30대 취업준비생 A씨의 경우가 대표 사례다. 3년간 이어진 취업 실패로 친구는 물론 가족들과도 연락을 끊은 그는 첫 상담에서 "나는 이러다 혼자 죽을 것"이라는 말을 입버릇처럼 꺼냈다. 침대에서 일어날 의욕조차 없다고 했다.

하지만 6번째 상담을 받을 무렵에는 서울시 일자리 프로그램에 참여할 정도로 좋아졌다. 그리고 얼마가 지나, 그는 드디어 취업에 성공했다. 이 기쁜 소식을 가장 먼저 들려줄 곳은 그동안 자신을 세상 밖으로 나올 수 있게 도와준 상담원이었다.

"선생님, 저 드디어 취직했어요! 너무 자랑하고 싶은데, 연락할 곳이 없어서 전화드렸어요."

A씨가 기쁨을 나누기 위해 다시 전화를 걸어왔을 때, 상담사는 마치 자신의 일인 것처럼 기뻐했다.

꼭 '외톨이'만 전화하는 것도 아니었다. 직장도 있고 가정도 꾸렸지만 가족들에게 말할 수 없는 고민이 있다며 콜센터 문을 두드리는 사람들도 많았다.

한 40대 가장이 '회사에서 은근한 따돌림을 당하고 있지만 아내에게 말할 수는 없다'며 전화를 걸기도 했다. 서울시는 이럴 때 어떤 역할을 해야 하는지 정확히 알고 있었다. 시민의 말을 그저 묵묵히 들어드렸더니 '마음이 편하다'라는 대답이 돌아왔다.

전화를 건 사람들의 63%가 중장년층, 31%가 청년, 5%가 노년층이었다. 그중 약 6,000건은 단순히 외로움을 느껴 이야기를 나누고 싶어서 걸려온 전화였다.

이것이 외로움안녕120의 존재 이유다. 우리는 거창한 해결책을 주지 않는다. 그저 '당신은 혼자가 아닙니다'라는 신호를 끊임없이 보낼 뿐이다. 그 작은 연결이 누군가에게는 죽음의 문턱에서 돌아올 명분이 되고, 누군가에게는 다시 살아갈 힘이 된다.

과거의 도시는 물리적 인프라(하드웨어)를 짓는 데 골몰했다. 도로를 넓히고 빌딩을 올리면 선진국인 줄 알았다. 그다음엔 문화와 복지(소프트웨어)를 채웠다. 하지만 그것만으로는 부족하다. 1인 가구가 전체의 40%를 넘고, 옆집에 누가 사는지도 모르는 이 '단절의 시대'에 필요한 것은 바로 '하트웨어(Heartware)'다.

서울은 외로움 없는 도시라는 인류의 난제에 도전한다. 이것은 서울이니까 시도할 수 있고, 서울이니까 해낼 수 있는 과제다. 당신은 지금 외로운가? 혹시 그렇다면 기억해 달라. 서울이라는 도시는 당신의 외로움을 가볍게 여기지 않는다. 언제든 마음편의점의 문을 두드려도 좋고, 120번을 눌러도 좋다. 서울은 언제나 당신을 기다리고 있다.

5

데이터로
판단하고
시스템으로
움직인다

01

리더는 시스템을 설계해
문제를 푸는 사람이다

정치인들은 눈에 보이는 것을 좋아하기 마련이다.

다리, 건물, 도로. 리본을 자르고 사진을 찍을 수 있는 것들.
물론 중요하다. 그러나 진짜 중요한 것이 눈에 보이지 않을 때가
있다.

시스템은 눈에 보이지 않는다. 하지만 매일 작동한다. 전화를
걸면 응답하고, 민원을 접수하면 처리하고, 위기가 와도 무너지지
않는다. 리더가 잠든 새벽에도, 리더가 바뀐 후에도, 멈추지 않고
돌아간다.

나는 눈에 보이는 것 못지않게 눈에 보이지 않는 것을 잘 설계하는 것도 중요하다고 믿는다. 손에 잡히지 않지만 모두가 기댈 수 있는 것, 영원히 작동하는 것.

리더에게는 두 가지 길이 있다.

하나는 리더 개인의 시간과 에너지를 투입해 문제를 해결하는 방식이다. 즉각적이고 따뜻한 반응을 줄 수 있다는 장점이 있다. 그러나 도시의 규모가 커질수록, 그 방식은 필연적으로 한계에 부딪힌다.

그 방식만으로는 천만 도시 서울의 문제를 해결할 수 없다. 리더 한 사람이 하루에 받을 수 있는 전화는 기껏해야 수십 통이다. 시장이 통화 중일 때, 회의 중일 때, 새벽 3시에 급하게 도움이 필요한 나머지 시민은?

시스템이 중요한 이유가 여기에 있다. 국외 출장이나 현장 방문, 회의 참석 등으로 자리에 없는 순간에도 천만 시민 누구에게나 공평하고 정확하게 응답하는 시스템을 만드는 것.

나는 '유능한 시스템을 남긴 설계자'가 되고 싶었다. 52개로 흩어진 전화번호를 120 하나로 통합하고, 67분의 기다림을 24초로 줄이고, 41점의 낙제를 95점의 만족으로 바꾸는 것. 이것이 시스템 설계자가 하는 일이다. 리더는 문제를 직접 푸는 사람이 아니라, 시스템을 설계해 그 시스템이 문제를 풀게 하는 사람이다. 다산 120은 그 철학의 결정체다.

67분의 기다림, 41점의 절망

2006년, 내가 처음 서울시장으로 취임했을 때 마주한 민원 행정의 현실은 시스템의 부재 그 자체였다. 당시 서울시와 25개 자치구, 산하기관들은 제각기 31개의 채널, 52개의 대표전화번호를 난립시킨 채 운영하고 있었다. 도로과, 청소과, 교통과, 복지과, 세무과… 각 부서마다 별도의 번호가 있었다.

문제가 생긴 시민은 스스로 판단해야 했다.

'내 민원이 시청 소관인가, 구청 소관인가?'

'도로과 문제인가, 청소과 문제인가?'

행정 편제를 알 수 없는 일반 시민이 '내 문제의 담당 부서'를 단번에 파악하기는 불가능에 가깝다. 전화번호부를 이리저리 뒤적이고, 인터넷을 검색하고, 이 부서 저 부서로 전화를 돌려가며 '담당 부서가 어딘가요?'라고 물어야 했다. 그렇게 수십 번의 뺑뺑이 통화를 거쳐 겨우 담당 부서를 찾아도, 돌아오는 건 허탈한 답변이기 일쑤다.

"담당자가 자리를 비웠습니다."

당시 데이터를 보면, 민원 상담을 위해 실무 담당 공무원과 통화가 연결되기까지 소요되는 시간이 평균 67분에 달했다. 한 시간이 넘는 시간 동안, 시민들은 수화기를 귀에 대고 신호음만 듣거나, '잠시만 기다려주십시오' 안내 멘트만 들으며 하염없이 기다려야 했다. 급한 일이 있어 전화했는데, 점심시간이 지나가고, 오후 회의 시간이 지나가고, 퇴근 시간이 다가와도 전화는 연결되지 않았다.

민원이 처리되는데 걸리는 시간은 평균 3.8일이었다. 간단한 질문 하나에 답을 듣는 데 거의 나흘이 걸렸다. 시민들은 기다리다 지쳐 포기하거나, 직접 구청·시청을 찾아가 줄을 서야 했다. 시민들이 체감하는 민원 만족도는 100점 만점에 41점. 그럴 수밖에. 행정의 비효율이라는 말로도 설명이 안 되는, 시민의 귀한 시간을 갉아먹고 행정에 대한 신뢰를 무너뜨리는 직무 유기였다.

서울시는 행정의 문법을 뿌리부터 다시 설계하기로 결심했다. 시스템 설계의 출발점은 명확했다. 행정이 편한 방식이 아니라, 시민이 편한 방식을 만든다. 행정 조직은 업무를 나누기 위해 부서를 쪼갠다. 도로과, 청소과, 교통과… 이것은 행정하는 조직의 논리다. 하지만 시민 관점에서 보면 그런 논리는 중요하지 않다. 시민은 그저 '내 문제가 해결됐으면 좋겠다'는 니즈만 있을 뿐이다. 그렇다면 시민이 굳이 부서 구분을 알 필요가 없도록 만들어야 한다.

서울시는 흩어져 있던 52개의 전화번호를 다 없애고, 단 하나의 번호 '120'으로 통일하기로 했다. 시민의 눈에 보이지 않는 곳에서, 복잡하게 얽힌 행정의 실타래를 풀어 하나의 매끄러운 시스템으로 재구성하는 작업. 시스템을 설계하는 작업이 필요했다.

　2007년, 통합 민원 서비스 120 다산콜센터가 출범했다. 핵심은 '통합'과 '데이터'였다. 120번으로 전화하면 상담사가 받는다. 시민은 자신의 문제를 말한다.

　"집 앞 가로수가 쓰러졌어요."

　"쓰레기 수거일이 언제인가요?"

　"여권 재발급은 어떻게 하나요?"

　상담사는 표준 상담 DB를 검색해 즉시 답변하거나, 해당 담당 부서로 민원을 바로 배분한다. 시민은 '이게 도로과 업무인지, 청소과 업무인지' 알 필요가 없다. 시민이 알아야 할 전화번호는 '120' 하나면 충분하다.

　복잡한 행정 프로세스를 시민의 눈앞에서 지워버리고, 오직 '해결'이라는 결과만 남기기 위해 서울시와 25개 자치구의 모든 행정 정보를 전산화해 '표준 상담 DB'를 구축했다. 주차, 교통, 복지, 세금, 건축, 환경, 문화, 교육… 서울시정 전 분야에 걸쳐 약 9,600종, 7만여 건에 달하는 상담 자료가 DB화되었다. 상담사는 전문 교육을 받고, 이 DB를 활용해 시민의 궁금증을 그 자리에서 즉시 해결해 주는 '즉시답변제'를 운영했다.

2009년에는 서울시뿐만 아니라 25개 자치구의 대표전화까지 모두 120으로 통합했다. 이전까지는 서울시 민원은 서울시로, 구청 민원은 구청으로 따로 전화해야 했다. 시민 입장에서는 "이게 시청 업무인지 구청 업무인지" 판단하기 어려웠다. 하지만 이제는 그럴 필요가 없어졌다. 주차 문제든, 여권 발급이든, 복지 신청이든, 시민은 120번만 누르면 된다. 뒤에서 시스템이 알아서 해당 부서로 연결해준다. 시민은 행정 조직도를 몰라도 된다. 시스템이 알아서 처리한다.

41점에서 95점으로

시스템을 도입하자 민원 처리 기간은 3.8일에서 2.7일로 줄어들었다. 거의 하루가 단축되었다. 통화 대기 시간은 67분에서 24초로 줄어들었다. 커피 한 잔 마실 시간도 안 되는 시간 안에 전화가 연결된다.

2007년 41점이었던 민원 만족도는 2025년 95점으로 치솟았다. 참담했던 수준이 세계적 수준으로 도약했다. 시민들이 행정을 다시 신뢰하기 시작했다는 뜻이었다. "120에 전화하면 해결된다"는 믿음이 있었다.

2009년 8월, 120 다산콜센터 신규 직원들에게 특강을 하는 자리에서 망설임 없이 무릎을 꿇고 큰절을 올렸다. 보이지 않는 곳에서 시장인 나보다 먼저 시민을 만나는 서울의 목소리들. 그들에게 전할 수 있는 최고의 경의였다. "힘들 때마다 오늘 시장이 올린 이 절을 기억해 주십시오." 그것은 쇼가 아니라 나의 뜨거운 진심이었다.

출처: 서울시

시스템이 제대로 작동하자, 시민들이 편하게 전화를 걸기 시작했다. 2007년 하루 4,800건이었던 민원 건수는 2025년 기준 일일 20,847건으로 4배 이상 늘어났다. 왜 민원이 늘어났을까? 과거에는 67분을 기다려야 한다는 생각에 전화조차 포기했던 시민들이, 이제는 궁금한 게 있으면 바로 120을 누른다.

잘 설계된 시스템의 진가는 위기의 순간에 더욱 빛을 발한다. 2020년 초, 코로나19 팬데믹이 한국을 강타했다. 사람들은 공포에 휩싸였다.

"확진자가 우리 동네에도 있나요?"

"선별진료소는 어디인가요?"

"백신은 언제 맞을 수 있나요?"

민원 전화가 쏟아졌다. 2021년 전체 상담 건수 중 약 26.5%인 199만 건이 코로나 관련 문의였다. 하루에도 수만 건의 전화가 울렸다.

만약 과거처럼 각 보건소나 구청으로 전화가 분산되었다면, 서울의 방역망은 마비되었을지도 모른다. 하지만 다산 120은 멈추지 않고 응답했다. 특히 2020년 도입된 AI 챗봇 '서울톡'이 24시간 대기 없이 시민들에게 정보를 제공했다. 반복되는 질문은 AI가 처리하고, 복잡하거나 긴급한 상담은 인간 상담원이 맡았다. AI와 인간의 협업이 코로나 위기 때 시민의 혼란을 줄였다.

시대가 변하고 기술이 발전함에 따라, 다산 120은 계속 진화하고 있다. 2025년에는 'AI 실시간 어시스턴트 시스템'을 구축했다. 상담사가 시민과 통화하는 동안, AI가 실시간으로 대화 내용을 분석하고 최적의 답변을 추천해 주는 시스템이다. 향후에는 전체 상담의 50% 이상을 AI가 처리하도록 시스템이 고도화될 예정이다.

다산 120은 전화만 받는 것이 아니다. 문자메시지, 실시간 채팅, 카카오톡, 수어 상담, 외국어 상담… 2025년 4월부터 10월까지, 실시간 채팅 상담이 12만 1,733건, 외국어 상담이 1만 7,340건, 수어 상담이 1만 6,913건에 달했다. 과거 같았으면 소외되었을지도 모를 시민들이 이제는 공평하게 행정 서비스를 받고 있다. 청각장애인도, 외국인도, 전화가 서툰 청년도, 모두가 120을 통해 서울시와 연결된다.

2021년 다시 시장직에 돌아오기까지 10년의 공백이 있었다. 그 사이 다산 120은 어떻게 되었을까? 멈추지 않았다. 새로운 후임 시장이 들어왔지만, 다산 120은 계속 작동했다. 이것이 시스템의 힘이다. 리더 한 사람의 선의나 개인기는 그 사람이 떠나면 사라진다. 하지만 잘 설계된 시스템은 다르다. 눈에 보이지 않는 이 시스템이야말로, 서울시가 남기고 싶었던 진짜 유산이다. 보이지 않지만 항상 작동하는, 손에 잡히지 않지만 누구나 기댈 수 있는, 그런 시스템. 이것이 내가 시스템 설계자로서 서울에 바친 사랑이다.

02
거부할 수 없는
유혹

여기 퀴즈 하나가 있다.

① 불규칙한 식습관 ② 과중한 스트레스 ③ 만성적인 운동 부족

이 세 단어를 하나로 줄이면?

정답은 '현대인'이다.

행정의 영역에서 건강은 철저히 개인의 몫이었다. 국가나 도
시는 시민이 병에 걸리면 병원을 지어주고, 전염병이 돌면 방역
을 하는 '사후약방문(死後藥方文)'에 머문다. 물론 건강보험 재정
을 관리하는 차원에서 거시적인 건강 정책을 다루기는 했지만, 대

부분 거기까지다. 시민 한 사람 한 사람의 일상 깊숙이 파고들어 구체적인 생활 습관을 챙기는 일은 감히 행정이 넘볼 수 없는 영역, 혹은 과도한 간섭이라고 여기기 때문이다. "운동하세요", "살빼세요"라고 캠페인은 할지언정, 개인의 일상적인 건강 관리까지 예산을 투입해 개입한다는 건 상상하기 어렵다.

늘 이 고정관념이 불편했다. 시민이 건강을 잃기 전에, 도시가 먼저 나서서 건강하게 만들 수는 없을까? 현대인에게 운동은 숙제처럼 느껴지고, 퇴근 후 파김치가 된 몸을 이끌고 헬스장에 가는 건 엄청난 의지력을 요하는 일인데 '실천'을 위해선 뭔가 장치가 필요하지 않을까?

국가가 감당해야 할 비용 구조 차원에서도 이는 해결해야 할 숙제다. 서울지역 3대 만성질환(당뇨, 고혈압, 고지혈증)의 1인당 직접의료비가 평균 326만원에 이르고, 한국의 1인당 의료비는 OECD 국가 중 가장 빠른 속도로 증가하고 있다. 한국인의 GDP 대비 경상 의료비 비율은, 9.7%로 집계된 2022년을 기점으로 OECD 평균을 추월했다. 고령화와 만성질환 유병률 증가가 겹치면서 2030년 의료비가 400조원을 넘어 GDP의 16%에 육박하게 될 것이라는 경고도 나온다.

질병이 생긴 뒤 치료하는 방식으로는 이 거대한 파도를 막을 수 없다. 의료 재정의 지속 가능성을 확보하려면, 치료 이전에 위험을 낮추는 예방 중심의 개입, 다시 말해 시민의 행동을 바꾸는 예방의학으로 정책의 무게중심을 옮길 수밖에 없었다. 필요한 것은 의지력에 호소하는 것이 아니라, 시민들이 당장 운동화 끈을 묶고 밖으로 나가게 만들 확실한 '유혹'이었다.

그래서 탄생한 것이 '손목닥터9988'이다. 이름에는 단순하지만 절박한 목표를 담았다. 서울시민 모두가 '99세까지 88(팔팔)하게' 살기를 바라는 마음이다. 핵심은 ICT 기술을 활용해 스스로 건강을 관리하는 시스템을 만드는 것이었다.

개념은 간단하다. 서울시가 스마트워치(밴드)를 빌려주거나 시민의 개인 워치를 앱에 연동한다. 이 작은 기기가 시민의 걸음 수, 운동 강도, 칼로리 소모를 실시간으로 체크한다. 그리고 가장 중요한 것, 걸으면 돈(포인트)을 준다. 하루 8,000보를 걸으면 포인트가 쌓인다. 이 포인트는 편의점, 약국, 병원 등에서 현금처럼 쓸 수 있다. 막연히 '건강해지세요'라고 말하는 대신, '걸으면 커피값을 드립니다'라고 제안하는 셈이다. 건강 관리라는 지루한 숙제를, 포인트가 쌓이는 신나는 게임으로 바꾸는 전략이었다.

이 아이디어를 구체화하고 시범 사업으로 옮기던 중 우리는 2022년 여름, 싱가포르행 비행기에 올랐다. 싱가포르는 이미 국가 차원에서 국민 건강 프로젝트인 '루미헬스(LumiHealth)'와 'NSC'를 성공적으로 안착시킨 나라였다. 내 손에는 질문지가 가득 들려 있었다. 서울시장 선거 공약으로 준비했던 '손목닥터 9988'의 모델이 바로 싱가포르의 국가 건강 프로젝트 '루미헬스'였기 때문이다.

싱가포르 옹예쿵(Ong Ye Kung) 보건부 장관과 마주앉은 자리에서 단도직입적으로 물었다.

"서울시도 시범사업을 시작했습니다만, 앞으로 전 시민으로 확대하려 합니다. 싱가포르가 수백만 명을 움직이게 만든 결정적 비결이 뭡니까? 최첨단 기술입니까?"

장관의 대답은 의외로 단순하고 명쾌했다.

"시장님, 비결은 기술이 아닙니다. 핵심은 동기부여입니다. 걷기 같은 신체 활동에 바로 쓸 수 있는 '포인트'를 지급한 것이 가장 큰 성공 요인이었습니다."

기술은 거들 뿐, 핵심은 인간의 욕망을 건드리는 '보상'에 있다는 것이었다. 막연히 "건강해지세요"라고 설교하는 대신, "걸으면 커피값을 드립니다"라고 유혹하는 것. 그것이 귀찮음을 이기고 사람을 움직이게 만드는 가장 강력한 엔진이었다.

싱가포르에서의 대화는 화기애애했지만, 내 마음 한구석은 무거웠다. 장관에게 솔직한 고민을 털어놓았다. "서울시는 이 사업을 전 시민으로 확대하고 싶은데, 혹시 싱가포르에는 의료비가 절감됐다거나 하는 구체적인 통계 데이터가 있습니까? 그걸로 설득을 좀 해야겠습니다."

그러자 장관이 눈을 동그랗게 뜨고 되물었다.

"이렇게 좋은 사업을 누가 왜 반대합니까?"

그 순진무구한 질문에 현장의 모두가 웃음을 터뜨렸다. 물론 의회는 행정을 견제하는 독립된 기관이며, 시정 운영의 중요한 파트너라는 점을 누구보다 잘 알고 있고, 존중하고 있다. 하지만 그 말을 하면서도 마냥 웃을 수만은 없었다. 이 사업을 처음 추진했을 때, 거대한 벽에 가로막혔던 기억 때문이다.

'손목닥터9988'은 2021년 서울시장 보궐선거를 준비할 당시부터 준비했던 공약이었다. 취임 직후 '스마트 헬스케어팀'을 만들어 추진했지만 시작부터 순탄치 않았다. 아니, 거센 파도 앞의 쪽배 같았다. 특히 당시 시의회 다수당이었던 민주당 의원들의 반대는 극렬했다. 그들은 이 정책을 '포퓰리즘'으로 규정하며 사업 중단을 요구했다. 의회 회의장에서는 날 선 비판들이 쏟아졌다.

"고작 만보기 같은 기계에 보건 예산을 쏟아붓는 것은 예산 낭비이자 시민에 대한 기만입니다! 당장 사업을 멈춰주세요!"

"서울시의 목표인 100만 명에게 포인트를 지급하려면 1년에 예산이 400억이 소요됩니다. 비용 부담을 생각하지 않을 수 없습니다!"

그들의 눈에 손목닥터는 시민의 건강을 챙기는 혁신적인 시스템이 아니라, 세금으로 전자 기기를 나눠주는 선심성 사업으로만 보였던 때문이다.

서울시 직원들이 의원실을 일일이 찾아가 문턱이 닳도록 설득 했지만, 벽은 높았다. 의회에 제출한 예산안은 번번이 삭감돼서 되돌아왔다. 앱을 개발하기 위해 필수 절차인 정보화전략계획수립(ISP)에 대해선 "왜 이렇게 급하게 서두르려고 하나"라는 지적과 함께 제동이 걸렸다. 계획이 한 번 고꾸라질 때마다 본 사업 출범은 수개월씩 속절없이 지연됐다. 그러다 2021년 11월, 5만 명을 대상으로 시범사업을 띄울 수 있었다.

물러설 수 없었다. 손목닥터9988 예방 행정의 미래로 내딛는 첫발이었다고 믿었기 때문이다. 고령화 사회로 진입하는 서울에서, 시민들이 아프기 전에 미리 건강을 챙기게 돕는 것이야말로 장기적으로 천문학적인 의료비를 줄이는 가장 확실한 투자임을 확신했다.

나는 이 사업이 꼭 필요하다고 생각했다. 그래서 싱가포르 출장 당시에도 장관과의 환담에 그치지 않고 배석해 있던 최고정보책임자(CIO) 콜린 림(Colin Lim)과 최고운영책임자(COO) 고 펭 켕(Koh Peng Keng)을 붙잡고 집요하게 파고들었다.

장관과의 약속된 일정은 끝났지만, 그와의 대화에 만족하고 일어날 수는 없었다. 실패하지 않는 정책을 만들고, 의회를 설득하기 위해서는 실무적인 '디테일'이 필요했다.

"앱 다운로드 대비 실제 활동 비율은 얼마나 됩니까?"

"포인트를 주면 어뷰징(부정 수급)하는 사람들은 어떻게 막습니까?"

"애플워치가 없는 노인들은 어떻게 참여시켰습니까?"

나의 집요한 질문공세에 싱가포르 실무진들도 처음엔 당황한 기색이었으나, 이내 서울시의 절박함을 읽고 자신들의 노하우를 하나하나 털어놓기 시작했다. 그들과의 치열한 토론 끝에 서울형 모델의 윤곽이 잡혔다. 특정 고가 기기(애플워치)가 없어도 누구나 참여할 수 있도록 전용 스마트밴드를 보급하고, 포인트는 '서울페이'로 지급해 동네 상권까지 살리는 '서울형 모델'은 그렇게 탄생했다.

온갖 반대와 지연을 뚫고 밀어붙인 결과는 어땠을까. 우리의 예상을 훨씬 뛰어넘었다. 2021년 11월 시범사업으로 출발한 손목닥터9988은 2025년 12월 기준 누적 가입자 260만 명을 넘어섰다. 서울시민 네 명 중 한 명이 경험한 생활 인프라로 자리 잡은 셈이다. 참여자의 절반 이상이 50대 이상 중·장년층이라는 점은 이 앱이 만성질환 위험이 본격화되는 연령대의 일상 행동을 바꾸

2024년 6월, '손목닥터9988' 참여자 100만 돌파를 기념해 광화문광장에 모인 시민들과 함께 트레드밀 위를 달렸다. 빌딩 숲속에서 함께 땀 흘리며 나눈 이 뜨거운 에너지가 바로 '건강 도시 서울'을 움직이는 원동력이다. 출처: 서울시

는 도구로도 작동하고 있음을 보여준다. 실제로 참여자들의 하루 평균 걸음 수는 8,606보에 달했고, 60대는 9,386보로 가장 많이 걸었다. 특히 18개월 이상 꾸준히 참여하며 목표 걸음 수를 90% 이상 달성한 '열정 참여자'는 하루 평균 1만 2,743보를 기록했다.

더 주목할 대목은 손목닥터9988이 실제 건강에 미치는 영향까지 가시적으로 나타나고 있다는 점이다. 국민건강보험공단 데이터를 활용해 앱 참여 전(2021년)과 참여 후(2023년)를 비교한 결과, 손목닥터9988 참여자는 비참여자에 비해 허리둘레와 공복혈

당 등 대사증후군 핵심 지표가 유의미하게 개선된 것으로 나타났다. 참여자들의 허리둘레 정상 비율은 증가한 반면 비참여자는 감소했고, 혈당 정상 비율 역시 참여자는 상승한 반면 비참여자는 정체됐다. 당뇨병과 고혈압 신규 발생률도 각각 낮아져, 걷기 중심의 생활습관 개입이 만성질환 예방으로 이어질 수 있음을 보여줬다.

의료비 측면에서도 효과는 분명했다. 2022년 참여자 8만7천여 명과 비참여자 87만여 명을 성향점수매칭으로 비교한 결과, 참여자의 연간 의료비 증가 폭은 비참여자보다 1인당 평균 4만5천 원 낮았다. 이를 현재 참여자 규모로 환산하면 연간 약 1,100억 원 이상의 의료비 증가 억제 효과에 해당한다. 특히 주 3회 이상 걷기를 실천한 적극 참여자는 그렇지 않은 참여자보다 의료비 증가 폭이 1인당 약 26만 원 더 적었다. 손목닥터9988이라는 행정 정책을 통해 의료비 구조 자체에 영향을 미칠 수 있다는 생각에 뿌듯했다.

손목닥터9988의 성공 비결은 거창한 목표가 아니라 '작은 성취'에 있다. 이 모델은 건강해지겠다는 비장한 결심 때문이 아니라, 오늘 쌓일 포인트가 주는 소소한 즐거움 때문에 작동한다. 이것이 바로 행동경제학에서 말하는 '넛지(Nudge)'다. 강요하지 않고 혜택을 주어 스스로 움직이게 만드는 힘.

'예산 낭비'라며 막아섰던 그 우려들은 이제 260만 시민의 힘찬 발걸음 소리에 묻혔다. 하루 8,000보를 걸으면 포인트가 쌓인다. 그 포인트로 편의점에서 물을 사 마시고, 동네 서점에서 책을 산다. '걷는 게 돈이 된다'는 직관적인 보상은, 귀찮음을 이기고 현관문을 나서게 만드는 가장 강력한 유혹이 되었다.

싱가포르의 낯선 회의실에서 실무자들을 붙잡고, 서울시의회의 높은 벽 앞에서 직원들과 함께 고민했던 그날의 절박함이 헛되지 않았다는 걸 이제는 안다. 서울시는 시민에게 '건강해지라'고 잔소리하지 않는다. 대신 걷고 싶게 만든다. 즐겁게 걷다 보니 어느새 건강해져 있는 도시, 건강 도시 서울 이야기다.

03

건강하게
오래 살고 싶으면?

"사장님, 혹시 잡곡밥은 없나요?"

점심시간, 서울 시내의 한 식당. 내가 조심스레 묻자 사장님은 난처한 듯 웃으며 손을 저으셨다.

"아이고 시장님, 저희는 흰 쌀밥밖에 안 해요. 잡곡밥 찾는 손님이 과연 얼마나 될까요."

그 순간, 숟가락을 들다 문득 멈칫했다. 건강을 위해 잡곡밥을 먹고 싶어도, 식당 메뉴판에는 선택지가 없다. 울며 겨자 먹기로 정제된 흰 쌀밥을 먹어야 하는 현실. 비단 나만의 문제가 아니었다. 매일 밖에서 끼니를 해결해야 하는 수많은 직장인, 학생, 택시 기사님들도 똑같은 상황일 터였다.

어느 날 본 섬뜩한 이야기가 떠올렸다.

"요즘 자라나는 젊은 친구들은 '마라탕후루'가 기본 코스랍니다. 맵고 짠 마라탕으로 위를 자극하고, 곧바로 설탕 시럽 가득한 탕후루로 혈당을 폭발시키는 게 유행이래요."

건강한 밥상은 찾기 힘들고, 자극적인 음식은 골목마다 넘쳐난다. 이것은 의지의 문제가 아니라 환경의 문제였다. 통계는 이미 경고음을 울리고 있었다. 30대 당뇨병 환자가 10년 새 80% 가까이 급증했다(건강보험심사평가원, 2024). 2030 세대 5명 중 1명은 이미 '당뇨 전 단계'다. 30세 이상 시민 5명 중 1명은 대사증후군 위험군이다(대한당뇨병학회, 2024). 우리 도시의 허리인 청년들이, 미래를 짊어질 아이들이 실제 나이보다 빠르게 늙어가고 있다는 명확한 징후다.

나는 스스로에게 묻지 않을 수 없었다. 도로를 닦고 건물을 올리는 것만이 시장의 일인가? 아픈 시민들이 가득한 도시가 과연 지속 가능할까? 아무리 화려한 스카이라인을 가진들, 그 안에서 살아가는 사람들이 병들어 있다면 그 도시는 죽은 도시다. 이제 서울시가 시민들의 밥상머리까지 챙기는 '오지랖'을 좀 부려야 할 때라고 생각했다.

과연 도시의 진짜 경쟁력은 어디서 나오는가? 과거의 정답은 하늘을 찌르는 마천루와 쉼 없이 돌아가는 공장이었다. 하지만 2020년대의 답은 다르다. 진정한 도시경쟁력은 시민의 건강수명에서 나온다.

현재 서울시민의 기대수명은 83.2세지만, 건강수명은 70.8세에 불과(2022년 기준)하다. 인생의 마지막 12년을 병마와 싸우며 병원 침대에서 보내야 한다는 뜻이다. 이 고통스러운 격차를 줄이는 것이야말로 서울의 미래를 지키는 가장 확실한 투자다. 아픈 시민들이 가득한 도시는 결코 지속 가능할 수 없기 때문이다.

손목닥터9988로 260만 명이 넘는 시민이 걷기 습관을 만들었다. 일평균 걸음 수도 14.2% 늘었다. 하지만 걷기만으로는 부족했다. 당뇨와 고혈압은 운동만으로 해결되지 않는다. 식습관, 근력, 생활 환경까지 바꿔야 한다.

그래서 탄생한 것이 '더 건강한 서울 9988' 종합계획이다. '3·3·3'. 2030년까지 시민의 건강수명을 3세 늘리고(74세), 운동 실천율을 3%p 올리고(30%), 체력등급을 3등급 향상하여, 평생 건강한 서울을 만들겠다는 약속이다.

그 시작은 내가 식당에서 느꼈던 갈증을 해소하는 것부터였다. 바로 '통쾌한 한 끼' 프로젝트다. 나는 몇 년 전부터 식당을 다닐 때마다 주인분들에게 넌지시 제안하곤 했다.

'통쾌한 한 끼'로는 건강을 채우고(왼쪽), 몸으로는 활력을 뿜어낸다(오른쪽). 2025년 가을, "확찐살, 확 빼자!"며 함께 땀 흘리는 시민들의 얼굴에 웃음꽃이 피었다. '9988'은 멀리 있지 않다. 잘 먹고 즐겁게 뛰는 우리의 오늘이 모여 건강한 서울의 내일이 된다. 출처: 서울시

"사장님, 메뉴에 잡곡밥을 한번 넣어보시면 어떨까요? 요즘 손님들은 돈을 조금 더 보태서라도 건강을 살 겁니다. 아주 인기 좋을 거예요"

식당 공깃밥은 당연히 백미라는 고정관념은 오랫동안 철옹성이었다. 하지만 최근 들어 건강에 대한 열망은 대한민국을 점점 휩쓸고 있다. 건강한 삶에 대한 갈망이 비단 노년층뿐 아니라 젊은 층에게도 시대적 흐름이 될 것이라 걸 나는 일찍부터 현장의 목소리를 통해 읽고 있었다.

그 구상이 정책이 되었다. 전체 곡물의 25% 이상을 잡곡으로 섞어 제공하는 식당에 서울시가 인증마크를 주고 홍보해 준다. 식

당에서 잡곡밥을 고르는 일이 더 이상 유난스러운 주문이 아니라 손쉬운 선택이 되는 순간, 흰 쌀밥만이 정답이라 여겼던 시민들의 인식도 놀라울 만큼 빠르게, 그리고 근본적으로 변화할 것이라 생각했다.

미래 세대를 위한 방어막도 세운다. 편의점이나 학교 매점에 가면 아이들의 눈높이에는 으레 달고 짠 과자가 놓여 있다. 우리는 이것을 뒤집기로 했다. 아이들의 시선이 머무는 곳에 과일이나 건강한 식품을 우선 배치하는 '우리아이 건강키움존'을 도입한다. 2026년 300곳을 시작으로 2030년까지 2,000곳으로 늘린다. "먹지 마"라고 잔소리하기 전에, 아이들이 자연스럽게 좋은 것을 집을 수 있도록 환경을 설계하는 것이 행정의 역할이라고 본다.

식탁을 바꿨다면, 이제 몸을 움직이게 해야 한다. 건강 도시의 또 다른 핵심축은 '근력'이다. 나이가 들수록 근육량이 줄어드는 근감소증은 만성질환을 악화시키는 주범이다.

그러던 어느 날 아침 간부회의였다. 국민체육진흥공단에서 시행하는 '국민체력 100' 사업에 대한 보고가 올라왔다. 만 11세 이상이면 누구나 전국 체력인증센터에서 무료로 근력, 근지구력, 심폐지구력 등 6개 항목을 과학적으로 측정하고 운동 처방을 받을 수 있는 훌륭한 제도였다.

보고를 듣는 순간, 회의 테이블에서는 좋은 아이디어가 쏟아져 나왔다.

"우리에게는 이미 260만 이상의 시민이 가입한 '손목닥터9988'이라는 압도적인 플랫폼이 있습니다. 이 훌륭한 인프라를 국가 정책인 '국민체력 100'과 유기적으로 결합해봅시다. 측정에서 끝나는 게 아니라, 시민들이 체력을 측정하면 9988 포인트를 지급하고, 그 데이터를 바탕으로 맞춤형 운동 목표를 세우게 하는 겁니다."

국가의 전문적인 시스템과 서울시의 대중적인 플랫폼을 하나로 묶어 시민들의 일상 속으로 깊숙이 침투시키자는 것이었다. 그렇게 탄생한 것이 바로 '서울체력9988'이다.

측정만 해도 5,000포인트를 지급하고, 전문 운동처방사가 상주하며 개인별 맞춤 프로그램을 제공하는 시스템을 구축했다. 시민 누구나 무료로 체력을 측정하고, 전문가로부터 "당신에게는 걷기보다 수영이 맞습니다" 같은 맞춤형 처방을 받는다. 측정 결과는 '서울체력9988' 시스템과 연동되어, 체력이 좋아지면 인센티브를 준다. 운동이 돈이 되고, 혜택이 되는 구조다. 2025년 12월 도봉구에 첫 센터가 문을 열었을 때, 예약 시작 2분 만에 마감되는 뜨거운 호응을 보며 다시 한번 자신감을 얻었다. 시민들은 이미 건강해질 준비가 되어 있었고, 행정가가 해야 할 일은 흩어져 있는 정책들을 하나로 이어 더 큰 가치를 창출하는 것이었다.

초고령사회는 피할 수 없는 미래다. 하지만 '아픈 노후'는 피할 수 있다. 나는 어르신들이 병원을 전전하지 않고, 건강하게 나이 드실 수 있기를 바란다. 이를 위해 시립병원에 '노인전문진료센터'를 신설해 여러 과를 돌 필요 없이 원스톱 진료를 제공한다. 동네 곳곳에는 '서울 건강장수센터'를 대폭 늘린다. 의사, 간호사, 영양사가 팀을 이뤄 어르신들의 운동과 영양, 정서까지 통합적으로 돌보는 거점이다. 특히 치매는 어르신들이 가장 두려워하는 질병이다. 서울시는 AI 기술을 활용해 '브레인핏 45' 플랫폼을 선보인다. 만 45세부터 미리 치매 위험도를 검사하고, AI가 맞춤형 뇌 훈련을 돕는다. 기술이 인간의 존엄을 지키는 도구가 되는 셈이다.

이 모든 구상의 중심에는 서울시민 260만 명 이상의 필수품이 된 '손목닥터9988'이 있다. 걷기 관리는 기본이고, 대사증후군 관리, 금연 클리닉, 복약 관리, 그리고 체력인증 데이터까지 한곳에 모이는 '시민 건강 슈퍼앱'으로 진화중이다.

그동안 건강은 오로지 개인의 책임이었다. 이제 서울에서의 건강은 '시스템의 보살핌'이다. 동네 식당을 가도 잡곡밥을 고를 수 있고, 동네마다 설치된 센터에서 내 체력을 과학적으로 점검하며, 걷는 발걸음마다 현금 같은 포인트가 쌓이는 곳이 서울이다. 건강한 습관이 특별한 결심이 아니라 생활의 일부가 되는 도시. 시민의 건강이 곧 서울의 경쟁력이다.

04

집 걱정을 줄여야
아이가 태어난다

"작년 출산율 '역대 최저' 0.78명…연간 출생아 25만 명 선 붕괴" (2023.2.22. 연합뉴스)

합계출산율 성적표를 받아들 때마다 나는 뼈아픈 질문을 스스로에게 던진다. 아이 낳으면 지원금을 준다는데 왜 출산율은 반등하지 않을까? 그동안 정부와 서울시는 수많은 대책을 쏟아냈다. 출산지원금, 부모급여 등… 분명 필요한 정책들이고, 아이를 낳기로 결심한 분들에게는 단비와 같은 도움이다. 하지만 냉정하게 돌아봐야 했다. 현금 지원이 양육의 부담을 덜어줄 수는 있어도, 아이를 낳겠다는 '결심'을 하게 만들 수 있을까? 때가 되면 전세금을 올려줘야 하는 불안함, 당장 다음 달 월세가 걱정되는 상황에서 통장에 들어오는 몇 푼의 지원금이 과연 미래에 대한 확신을 줄 수 있을까?

새도 둥지가 안전하지 않으면 알을 낳지 않는다. 하물며 인간은 오죽하겠는가. 지금 청년들이 주저하는 가장 큰 이유는 '오늘의 돈'이 부족한 것도 맞지만, '내일의 공간'이 불확실하기 때문이다. 주거라는 단단한 땅이 없이는 아무리 좋은 복지의 씨앗을 뿌려도 싹을 틔우기 어렵다. 근본적인 해법이 밑바탕에 깔려 있지 않으면 백약이 무효하다고 생각했다. 흔들리지 않는 '둥지'를 만들어주는 것, 그것이 서울시가 해야 할 가장 시급한 저출생 대책이었다.

그러던 어느 아침, 평소처럼 실국장들이 함께하는 아침회의.

"장기전세주택에 사는 가구의 평균 자녀 수가 2명이랍니다. 국민임대, 행복주택 등 다른 주택 유형의 평균은 1.7명이죠. 입주 후 출생 자녀수는 장기전세주택이 무려 27% 더 높다는군요."

우리는 데이터를 더 자세히 살펴봤다. 주택 유형별로 가구당 평균 자녀수를 봤더니 행복주택(1.3명), 전세 임대(1.6명), 국민임대(1.7명) 등에 비해 장기전세주택(2.0명)이 월등하게 높았다.

더 중요한 건 '입주 후 출생 자녀수'였다. 장기전세주택의 경우

입주 이후 출생 자녀수는 평균 0.75명으로 다른 유형 평균인 0.59명보다 높았다.

무릎을 쳤다. 답은 '주거 안정'이었다. 굳이 빚내서 집을 사지 않아도, 20년 동안 쫓겨날 걱정 없이 살 수 있다는 '확신'을 주면 아이가 태어나는 데 도움을 준다. 17년 전 서울시가 뿌린 씨앗이 옳았음을 증명한 순간이었다.

시간을 거슬러 2007년, 민선 4기 시장 시절 서울시는 주변 전세 시세의 80% 이하로 최대 20년간 거주할 수 있는 장기전세주택 'SHift' 정책을 처음 도입했다. 주로 소형 평형 위주의 주택을 보증부 월세 방식으로 공급하던 기존의 공공임대주택 사업에서 벗어나 중산층 및 실수요 무주택자들을 대상으로 중·대형 평형(전용면적 59㎡, 84㎡, 114㎡)을 공급하자는 취지였다. 저렴한 전세 보증금, 장기간의 거주 보장, 청약저축통장의 재사용 가능성 등 풍부한 장점으로 인해 안정적인 주거 환경을 원하는 중산층 및 실수요 무주택자들에게 큰 호응을 얻었다.

단칸방을 전전하며 포근한 보금자리를 꿈꾸던, 가난했던 어린 시절의 영향이었을까. 집을 사지 않고도 남부럽지 않은 집에 살 수 있다는 인식의 전환, 즉 '소유'에서 '거주'로 주택정책의 큰 물줄기를 과감하게 튼 도전이었다. 그때 열심히 씨앗을 뿌려놓았더니, 시간이 흘러 실제 출산율을 상승시킬 수 있다는 데이터로 돌아왔다.

이 데이터를 바탕으로 우리는 '미리 내 집(장기전세주택 시즌2)'을 설계했다. 앞으로 늘어날 장기전세주택 물량을 집 없는 신혼부부를 위해 저렴하게 10년 거주를 보장하기로 했다. 아이를 한 명 낳으면 20년으로 연장해 주며, 두 명을 낳으면 시세보다 저렴하게 그 집을 매수할 수 있는 권리까지 가질 수 있는 파격적인 혜택이다. 서울형 저출생 대책으로서 주거와 연계된 새로운 정책이 될 것이라고 판단했다.

우리의 판단을 뒷받침할 근거도 충분했다. 2022년 서울시 주거실태조사를 보니, 신혼부부가 자녀계획을 세울 때 가장 중요하게 고려하는 요소로 주거 문제(주택 마련, 주거비, 주택규모 등)가 51%로 가장 높은 비중을 차지했다는 것이었다.

그렇게 탄생한 미리 내 집 1호. 2024년 10월, 둔촌주공(올림픽파크포레온) 현장에서 만난 한 신혼부부는 이렇게 말했다.

"결혼하고 전세금 때문에 아이 계획을 미루고 있었어요. 그런데 당첨되자마자 식장 계약하고 왔습니다. 이제 2세 계획도 세울 수 있게 됐어요."

비로소 깨달았다. 청년들은 아이를 낳기 싫어하는 게 아니다. 낳을 수 있는 '환경'을 만들어주지 못한 기성세대의 책임이었을 뿐

아이들의 맑은 눈망울 앞에 절로 무릎이 굽혀진다. 2025년 7월 15일, 자양동 '미리 내 집' 집들이 현장. '미리 내 집'은 '내 집이 될 주택을 미리 마련한다'는 뜻을 담은 서울시 의 야심 찬 저출생 대책이다. 신혼부부가 걱정 없이 아이를 낳고 기를 수 있도록, 최 장 20년 거주와 내 집 마련의 기회(매수청구권)까지 가능한 이 공간에서, 서울의 미 래는 무럭무럭 자란다. 출처: 서울시

이다.

주거만 해결된다고 모든 게 끝나는 것은 아니다. 우리가 마주 한 현실은 훨씬 엄혹하다. 2023년 2월, 대한민국 합계출산율이 0.78명, 서울은 0.59명으로 전국 꼴찌라는 뉴스가 타전됐다. 옥 스퍼드대 데이비드 콜먼 교수가 "한국은 지구상에서 가장 먼저 사라질 나라"라고 경고했던 말이 현실화하는 건 아닐까 두려웠

다. 이대로 가면 복지도, 국가 시스템도 존속할 수 없다.

"백약이 무효인 상황일지도 모릅니다. 하지만 더 이상의 실험은 없습니다. 시민들이 정말 필요로 하고 가려운 곳을 긁어줄 수 있는 정책이라면, 관행을 깨고 무엇이든 시도해야 합니다."

우리는 현장으로 나갔다. 난임 시술을 받는 부부, 난자 냉동을 고민하는 미혼 여성, 전문가들을 만나 그들의 절절한 목소리를 들었다.

현장에서 만난 난임 부부들의 호소는 처절했다.

"시장님, 아이가 너무 갖고 싶어서 시험관 시술을 하는데, 비용이 감당이 안 됩니다. 그런데 소득 기준 때문에 지원을 못 받아요. 맞벌이해서 세금 꼬박꼬박 내는데, 정작 필요할 땐 혜택을 못 받는다니 너무 억울합니다."

"시술 때마다 200만 원 가까이 깨지는데, 횟수 제한 때문에 더 이상 지원도 안 된데요. 이제 포기해야 하나 봐요."

충격적이었다. 저출생이 국가적 재앙이라면서, 정작 아이를 낳겠다고 발버둥 치는 사람들에게 '소득이 높다'는 이유로, '횟수가 찼다'는 이유로 지원을 끊는 것이 과연 온당한가? 이것은 행정 편의주의가 만든 또 하나의 장벽이었다.

우리는 행정의 오랜 대원칙들을 과감히 깼다. 모든 칸막이를 허물어버리고, 적어도 아이를 낳겠다는 의지가 있는 분들은 끝까지 돕는 걸 원칙으로 삼기로 했다.

난임 시술비 지원의 소득 기준(중위소득 180% 이하)을 전격 폐지했다. 소득이 얼마든 아이를 원하는 서울시민이라면 누구나 지원받을 수 있게 했다. 시술별 횟수 제한도 없애고, 난임 시술의 가장 큰 장벽이었던 '거주 기간 요건'도 없앴다. 서울로 이사 온 날부터 바로 지원을 받을 수 있게 바꿨다. 45세 이상에게는 지원금을 줄이던 연령별 차등 지원 규정도 폐지했다. 늦은 나이에 용기를 낸 부부들에게 더 큰 응원이 필요하다고 판단했기 때문이다.

소득 기준이 폐지되자 난임 시술비 지원 건수는 2022년 2만여 건에서 2023년 3만 6천여 건으로 폭발적으로 늘었다. 비용 걱정 때문에 포기하려 했던 수많은 부부에게 다시 희망을 주었다는 증거다. 아이를 낳겠다고 결심한 분들에게만큼은, 서울시가 끝까지 함께하겠다는 약속을 지킨 것이다.

시야를 조금 더 넓혀보았다. 당장은 아니지만 언젠가 엄마가 되고 싶은 여성들도 있었다.

"지금은 결혼 계획이 없지만 나중에라도 꼭 아이를 낳고 싶어서 난자 동결을 생각 중입니다. 그런데 비용이 수백만 원이라 엄두가 안 나요. 저출생 대책이라면서 왜 미혼 여성은 지원해 주지 않나요?"

이 목소리도 놓칠 수 없었다. 건강한 난자를 미리 보관하는 것은 미래의 출산 가능성을 높이는 가장 확실한 보험이다. 우리는 전국 최초로 '난자 동결 시술비 지원'을 시작했다. 20대부터 40대 여성에게 최대 200만 원을 지원한다. 저출생 시대를 돌파할 새로운 '사회적 투자'라고 생각했다.

집 걱정을 덜어주고, 낳을 수 있게 도와주었다면, 그다음은 '키우는 기쁨'을 돌려주어야 한다. 그동안 우리 사회는 아이를 데리고 나가는 것조차 눈치가 보이는 곳이었다. '노키즈존'이 늘어나는 현실 속에서 부모들은 위축됐다. 서울시는 2022년 8월, '엄마아빠 행복 프로젝트'를 발표하며 "아이를 기르는 부모의 행복에 주목하겠습니다"라고 선언했다.

아이들이 눈치 보지 않고 뛰어놀 수 있는 '서울형 키즈카페'를 동네마다 만들었다. 민간보다 훨씬 저렴한 가격에 미세먼지 걱정 없이 놀 수 있는 공간이 생기자 1년 반 만에 이용자가 10만 명을 돌파했다. 아이 동반 손님을 환영하는 매장에 '서울키즈 오케이존' 마크를 붙여주었더니, 시행 9개월 만에 500개 넘는 업체가 동참했다.

2024년, 우리는 이 모든 정책을 아울러 '탄생응원 서울 프로젝트'라 명명했다. 예산 1조 8,000억 원을 투입해 결혼부터 임신, 출산, 육아, 그리고 주거까지 시민의 생애 주기 모든 순간에 서울시가 든든한 '뒷배'가 되어주겠다는 선언이다.

최근 반가운 소식이 들려온다. 2023년 대한민국 인구 통계 역사상 가장 어두운 해였던 것에 반해, 2024년 합계출산율은 0.75명으로 9년 만에 반등했고, 2025년에는 0.8명대 회복이 전망됐다. 서울시의 혼인 건수도 두 자릿수 증가율을 보이며, 굳게 닫혔던 산부인과 신생아실에 다시 울음소리가 들리기 시작했다는 뉴스가 줄을 이었다. 누군가는 "이제 바닥을 쳤다", "서울시 정책이 효과를 본다"며 환호성을 지를지도 모른다. 하지만 나는 오히려 지금이 가장 위험한 순간이라고 생각한다. 이 반짝이는 숫자에 취해 절박함을 잃는 순간, 우리는 다시 깊은 나락으로 떨어질 수 있기 때문이다.

냉정하게 말해서 이 반등은 2023년의 기록적인 저점(0.72명)에 따른 '기저효과(Base Effect)'이자, 코로나19 팬데믹으로 미뤄졌던 결혼이 일시적으로 몰린 '지연된 수요'의 결과일 수 있다. 주식시장에서 폭락장 뒤에 잠시 오르는 '데드캣 바운스'일지도 모른다는 경고를 뼈아프게 새겨야 한다. 지금 결혼 적령기에 들어선 이른바 '2차 에코붐 세대(1991~1996년생)'가 지나가고 나면, 인구 절벽은 더 가파르게 우리를 기다리고 있을 수 있다.

그렇기에 나는 지금의 반등을 우리에게 허락된 마지막 골든타임으로 해석한다. 지금의 흐름을 구조적인 대반전으로 굳히기 위해서는, 우리는 더 치밀해야 하고, 더 과학적이어야 한다. 데이터를 기반으로 마련된 '미리 내 집'과 같이 주거 사다리를 더 튼튼하게 놓고, 난임 부부와 청년들을 위한 지원 역시 멈추지 말아야 한다. 신발 끈을 다시 동여매고, 더 치열하게 저출생과의 투쟁을 이어가야 할 때다.

17년 전 '시프트'라는 씨앗이 '미리 내 집'이라는 숲이 되었듯, 지금 우리가 뿌리는 난임 지원과 양육 지원의 씨앗들도 언젠가 서울을 아이들의 웃음소리로 가득 채울 울창한 숲이 될 것이다. 집 때문에, 돈 때문에, 눈치 때문에 아이를 포기하는 일만큼은 없도록 하겠다는 것. 그것이 소멸의 위기 앞에 선 서울이 내놓은 가장 절박하고도 진심 어린 해법이다.

05

부실공사?
눈은 속여도 영상은 못 속여!

"공사현장의 모든 장면을 동영상으로 남깁시다."

예상치 못한 단호한 주문에 회의실은 일순간 정적에 휩싸였다. 참석한 실·국장들의 얼굴에는 곤혹스러움이 스쳐 지나갔다. 아마 속으로는 '모든 장면을 동영상으로 찍으라니, 거친 공사 현장의 현실을 모르고 하는 소리 아닌가'라는 의문을 품었을지도 모른다. 누구도 선뜻 입을 떼지 못하는 무거운 침묵이 흘렀다.

하지만 내겐 물러설 수 없는 이유가 있었다. 2022년 연초, 광주 아이파크 아파트 붕괴 사고가 발생했고, 3월에는 보수공사를 끝낸 지 1년도 안 된 성산대교 바닥판에 균열이 생겼다. 민간과 공공을 가리지 않고 터져 나오는 후진적 사고들. '이대로는 안 된다'는 절박감이 나를 짓눌렀다. 도대체 세계 최고층 빌딩을 짓는 기술력을 가진 나라에서, 왜 이런 붕괴 사고가 끊이지 않는 것인가?

건설은 본질적으로 '가리는 예술'이다. 콘크리트를 붓는 순간, 그 안에 철근이 제대로 들어갔는지, 불량 자재가 섞였는지는 어둠 속으로 사라진다. 감리 일지에 적힌 '이상 없음'이라는 텍스트와 형식적인 사진 몇 장만으로는 진실을 담보할 수 없다. 사고가 터지고 나면 이미 늦다. 원인을 규명하려 해도 증거는 이미 단단한 콘크리트 잔해 속에 묻혀버린 뒤다. 비행기 사고를 분석하는 블랙박스를 떠올렸다. 이제는 일반 승용차에게도 필수인 장비이므로 건설 현장에서도 역할을 할 수 있겠다 싶었다.

"대형공사부터 해봅시다. 시공 단계마다 동영상과 사진 촬영을 의무화합시다."

시공사와 감리가 안전 규정을 어겨 사고가 반복되는 상황에서, 동영상은 가장 강력한 '제3의 안전장치'가 될 수 있다고 판단했다. 기록이 남아 있다면 언제든 현장 상황을 재검증할 수 있다. 무엇보다 영상은 거짓말을 하지 않는다. 안전총괄실장은 즉각 '건설혁신 TF'를 구성해 동영상 기록을 포함한 재발 방지 대책을 마련하겠다고 말했다. 서울시의 '건설 현장 동영상 기록'은 이렇게 첫발을 뗐다.

건축 사고는 광주 아이파크 사례처럼 시공 중에 발생하기도 하지만, 때로는 완공 후 수십 년이 지나서야 터지기도 한다. 그러나 지금까지 건설 현장은 사진이나 작업 일지, 혹은 극히 제한적인 영상 자료에만 의존해 왔기에 사고가 발생해도 정확한 원인을 밝혀내는 데 한계가 있었다. 2019년 잠원동 철거 현장 붕괴와 2021년 광주 학동 붕괴 사고 역시 원인 규명에 오랜 시간이 걸렸다. 만약 지나가던 차량의 블랙박스 영상이나 작업자가 우연히 찍은 휴대폰 영상이 없었다면, 붕괴의 결정적 원인을 찾기는 훨씬 더 어려웠을 수 있다. 기록이 있었기에 진실이 밝혀진 셈이다.

그렇다면 만약 모든 공정이 체계적으로 촬영되고 보관된다면 어떨까? 사고 발생 시 원인 규명 속도와 정확성이 획기적으로 높아질 것으로 본다. 아니, 그보다 더 중요한 효과가 있다. 사고가 나기 전에, 시공 주체들이 스스로 안전 규정을 훨씬 더 민감하게 지킬 수밖에 없다는 점이다. 자신의 작업이 고스란히 기록되고 있다는 사실만으로도 강력한 통제 효과가 발생하기 때문이다. 건설 현장의 동영상 촬영은 꼬일 대로 꼬인 안전 불감증의 고리, 그 '고르디우스의 매듭'을 단칼에 끊어낼 알렉산더의 검이자 '치트키'나 다름없다.

관행이라는 내부의 적과 맞서다

사고는 광주 아이파크와 성산대교 외에도 잇따랐다. 노량진 배수지, 방화대교 접속도로, 신월 빗물저류조, 서부간선 지하도로 등 곳곳에서 문제가 터져 나왔다. 조사 결과, 관리 감독의 책임이 있는 공무원들이 안전 관리나 품질 관리 역량이 부족했거나 업무를 소홀히 했던 점이 드러났다. 2022년 4월, 나는 간부들이 모두 모인 자리에서 작심하고 강도 높게 지적했다.

"지금 언론에 나오는 비판 중에 억울하거나 과도한 부분이 있습니까?"

아무도 대답을 하지 못했다.

"(공직자들이) 최소한의 직업관도 없고 규정과 원칙도 없고 문제의식도 없는 게 드러났습니다. 무너지면 대형사고가 나는 다리 공사가 이 정도인데 일반 건축물은 어느 정도일지 상상이 안 됩니다."

그러면서 건설 현장 동영상 촬영을 강력히 주문했다. 기존의 CCTV에 더해 캠코더·바디캠 등으로 시공 전 과정을 기록해 공사장의 '블랙박스' 시스템을 구축하자는 생각이었다. 비행기 사고 조사에서 블랙박스를 열듯, 건설현장 동영상이 원인 규명의 열쇠가 될 것이라 봤다.

새로운 정책을 추진할 때 가장 먼저 마주치는 장벽은 외부가 아니라 내부에 있다. 실행 주체인 직원들이 '과연 이 낯선 정책이 현장에서 제대로 작동할까?'라는 의문을 품는 순간, 실행 동력은 떨어지고 발걸음은 더뎌질 수밖에 없다. 나는 그들의 막연한 불안을 지워내고 확신으로 바꿔주고 싶었다.

"모든 공사현장과 시설 관리상태가 전부 기록되어 누구나 언제든지 재점검할 수 있도록 자료를 관리하고 매뉴얼로 만들어야 합니다. 건설은 작업의 특성상 특정 단계가 지나면 가려지거나 덮여지기 때문에 검증이 불가능하지만 동영상이나 사진으로 촬영해 놓으면 사고가 발생했을 때 원인을 따져볼 수 있게 됩니다."

서울시 차원에서 할 수 있는 모든 방안을 검토했다. 소관 부서에서는 '건설 안전'과 관련해 필요한 전권을 쥔 채 실질적인 대책 마련에 들어갔다.

서울시 '건설혁신 TF'는 두 달간 여덟 차례 회의를 열고 방안을 다듬었다. 혁신안 회의에서 큰 방향성과 함께 디테일까지 세밀하게 챙겼다. 우리는 대한민국 건설수준을 일류로 만들기 위해 서울시 공무원들만 해낼 수 있다는 생각으로 사명감을 가지고 임했다.

치열한 논의 끝에 7월, 서울시는 '건설혁신 추진방안'을 발표했다. 공공 공사의 현장 감독 강화와 전 공정 동영상 기록 의무화가 핵심이었다. 우선 100억 원 이상 공공 공사부터 적용하기로 했다.

하지만 대부분의 건설 공사는 민간 영역에서 이뤄진다. 당시 민간 현장은 16층 이상, 5,000㎡ 이상 등 일부 건축물에 한해서만, 그것도 전 공정이 아닌 극히 일부만 동영상으로 남기는 수준이었다. 형식적인 기록에 그쳐 검증 도구로서의 실효성은 턱없이 부족했다. 이에 서울시는 2022년 11월, 민간 확대를 위한 준비 회의를 열고 세 가지 핵심 사항을 논의했다. ① 공사 종류별, 단계별로 무엇을 기록할지 기준을 명확히 하고 ② 핵심 공정을 빠짐없이 기록·보존하는 기술적 방법을 강구하며 ③ 필요할 때 즉시 열람할 수 있는 시스템을 마련하자는 내용이었다.

이러한 준비 과정을 거쳐 2023년 3월, 마침내 '동영상 기록관리를 통한 건설현장 안전품질관리 혁신방안'을 세상에 내놓았다. 핵심은 전 공정을 동영상으로 기록해 현장 상황실, 서울시 상황실, 감독관 사무실에서 동시에 실시간으로 관리하는 시스템이었다. 기존에는 현장 감리가 철거, 해체 등 주요 이벤트에 대해서만 촬영하고 그 기록을 관할 구청에 제출해 서울시에 보고하는 수동적인 방식이었다. 현장에는 누구나 쉽게 따라 할 수 있도록 촬영 절차와 기준을 상세히 담은 매뉴얼을 배포했다.

하늘에는 드론, 가슴에는 바디캠…
안전을 위한 빈틈없는 기록

구체적인 방식은 이렇다. 현장 전경은 고정식 CCTV와 드론을 활용해 전체 구조물이 올라가는 과정을 타임랩스로 담는다. 동시에 작업자의 몸에 부착한 바디캠 등으로 근접 촬영을 하여 작업의 세세한 과정과 근로자의 움직임까지 놓치지 않고 기록한다. 이모든 데이터가 모여 안전사고 발생 시 시시비비를 가리고 원인을 규명할 수 있는 완벽한 '현장 블랙박스' 역할을 하게 되는 셈이다.

일각에서 제기된 동영상 촬영에 따른 작업자 인권 침해 우려에 대해서는, 이것이 감시가 아니라 근로자 본인의 생명 안전과 공사장의 품질 향상을 위해 필수적인 협조 사항임을 충분히 설명하고, 촬영 동의서를 받는 절차를 마련해 합리적으로 풀어냈다.

물론 장애물도 있었다. 기존 법령의 벽이었다. 민간 확대를 위해 건축 법령 소관 부처인 국토교통부에 2022년 7월과 10월, 두 차례에 걸쳐 법령 개정을 건의했으나 반응은 미지근했다. 정부만 쳐다보고 있을 수는 없었다. 서울시는 2023년 7월, 도급액 상위 30대 민간 건설사에 직접 서한을 보내 참여를 호소했다. 결과는 예상을 뛰어넘었다. 모든 건설사가 동의 의사를 밝혀왔고, 이어진 정책 설명회에는 무려 75개사가 참석해 성황을 이뤘다. '부실공사와의 전쟁'에 민간 기업들도 기꺼이 동참을 선언한 셈이다.

기록은 기억을 지배하고, 행동을 바꾼다

2023년 4월 발생한 인천 검단신도시 아파트 주차장 붕괴 사고는 온 국민에게 큰 충격을 안겼다. 공기업인 LH가 시행하고 대형 건설사인 GS건설이 시공한 현장이었음에도 설계, 감리, 시공 등 총체적 부실이 드러났다. 이 참담한 사건을 지켜보며 '만약 서울시가 도입한 동영상 기록 시스템이 저 현장에 있었다면, 이 끔찍한 사고를 막을 수 있지 않았을까' 하는 깊은 아쉬움이 남았다.

서울시는 2022년 7월부터 100억 원 이상 공공 공사(민자사업 포함) 전 과정 촬영을 시작했고, 2024년 3월부터는 1억 원 이상 서울시, 투자출연기관, 자치구 발주 공공 공사로 확대했다. 2025년 상반기 기준, 100억 원 이상 87개소, 1억 원 이상 1,299개소에서 촬영이 진행됐다.

또한 2023년 9월부터 모든 민간 건축허가 현장에 동영상 촬영을 인허가 조건으로 부과했다. 2025년 상반기 기준 751개소에서 시행 중이다. 이제 서울은 공공과 민간 모두에서 건설현장 블랙박스를 갖춘 셈이다.

기록은 기억을 지배하고, 나아가 행동을 바꾼다. 우리 아이들이 살아갈 미래의 서울은 '건물이 무너질까 봐 불안해하는 도시'여서는 안 된다. 지금 우리는 '안전한 서울'이라는 미래 유산을 남기기 위해 가장 기초적이면서도 단단한 벽돌을 하나하나 쌓고 있다. 누군가는 이를 두고 사소한 디테일에 불과하다고 말할지 모른다. 하지만 이 사소해 보이는 기록 하나가 훗날 수백 명의 소중한 생명을 지켜내는 열쇠가 될 것임을 나는 믿어 의심치 않는다.

Chapter

6

서울에
미치다

01

한강,
원석에서 다이아몬드로

'서울' 하면 딱 떠오르는 게 뭐지?

도시의 품격은 그 도시만의 독보적인 이미지에서 시작된다. 시드니를 떠올리면 하얀 조개껍질을 닮은 오페라하우스가, 뉴욕을 생각하면 자유의 여신상이 떠오른다. 런던의 템즈강변을 따라 늘어선 역사적 건물들, 홍콩 야경의 현란한 빛줄기까지. 도시의 매력은 그 도시만의 고유한 상징 없이는 완성되지 않는다.

그런데 서울은? 2000년대만 해도 서울에는 이렇다 할 상징이 없었다.

'서울 하면 떠오르는 것이 무엇입니까?'라는 질문에 시민들의 답은 제각각이었다. 남산타워, 케이블카, 김치, 경복궁, 63빌딩, 광화문, 포장마차 등 수십 가지 대답이 흩어진 퍼즐조각처럼 나뒹굴었다. 서울은 하나의 강렬한 이미지로 수렴되지 않았다.

누군가는 물을 것이다. 상징 하나 없는 게 뭐가 그리 대수냐고. 먹고살기도 바쁜데 랜드마크 타령이냐고. 하지만 냉정하게 말해, 도시의 상징 이미지는 곧 그 나라의 가격표다.

사람들이 프랑스의 핸드백을, 이탈리아의 명품지갑을 비싼 값에 사는 이유가 무엇인가. 파리와 밀라노라는 도시가 뿜어내는 고품격, 세련됨, 문화라는 이미지가 그 제품에 덧씌워져 있기 때문이다. 반면, 도시 이미지가 '무채색의 공장'이나 '특색 없는 회색 도시'에 머물러 있다면? 그 나라 기업이 아무리 휴대폰을 잘 만들고 자동차를 잘 만들어도 제값을 받기 힘들다. 소위 말하는 '코리아 디스카운트'다.

내가 도시 브랜드에 집착하고, 서울만의 상징, 랜드마크를 갈구했던 이유는 명확하다. 그것이 우리 기업들이 해외 시장에서 1달러라도 더 비싸게 물건을 팔게 해줄 경제적 배경이 되기 때문이다. 랜드마크가 뿜어내는 도시의 아우라는 그 나라 수출 경쟁력의 최전선에 있는 무기다.

우리에게 한강은 거대한 '원석(原石)'이었다. 세계 어느 대도시를 가봐도 도심 한복판을 이토록 웅장하고 넓게 가로지르는 강은 드물다. 파리의 센강보다 5배나 넓고, 런던의 템스강보다 3배나 큰 물길. 그것은 신이 서울에 선물한 축복이자, 값을 매길 수 없는 보물이었다.

하지만 그 보석은 오랫동안 흙먼지와 콘크리트 속에 파묻혀 있었다. '치수(治水)'라는 이름 아래 높게 쌓아 올린 제방은 시민의 눈을 가렸고, 강변을 점령한 도로는 시민의 발길을 끊어놓았다. 사람들은 강을 바라보는 대신 잿빛 옹벽을 보며 살아야 했다. 한강은 그저 물을 흘려보내는 거대한 수로(水路)이거나, 강남과 강북을 가르는 경계선에 불과했다.

안타까웠다. 그리고 아까웠다. 저 거대한 원석을 그대로 방치하는 것이 과연 보존일까? 아니다. 흙 속에 묻힌 보석을 꺼내지 않는 것은 직무유기다. 닦지 않은 보석은 돌멩이와 다를 바 없다. 나는 확신했다. 저 칙칙한 콘크리트 껍질을 벗겨내고 정성스럽게 갈고 닦으면, 한강은 세계를 홀릴 다이아몬드가 되어 찬란하게 빛날 것이라고.

과거에는 서울을 처음 찾는 외국인들은 한강을 보고 두 번 놀랐다. 먼저 '도심 한복판에 이렇게 거대한 강이 흐르냐'며 그 압도적인 규모에 감탄한다. 뒤이어 무언가 생소하다는 듯 의아해하며 묻곤 했다.

이곳이 반포한강공원이라면 믿을 수 있겠는가? 잘 정비된 지금의 모습과는 달리, 1990년대 중반의 한강은 시민들이 머물며 쉴 공간이 턱없이 부족했다. 회색빛 하늘 아래 덩그러니 놓인 흙밭은, 한강이 단순히 바라보는 강이 아니라 '시민이 누리는 강'으로 변화해야 할 필요성을 웅변하고 있다. 출처: 서울시

"그런데, 왜 강에 아무것도 없죠?"

세계 도시 경쟁력에서 서울을 앞서가는 싱가포르, 상하이, 런던을 보라. 이들 도시는 모두 물과 사랑에 빠졌다. 싱가포르는 마리나베이를, 상하이는 와이탄을 중심으로 수변 공간을 도시의 심장으로 만들었다. 반면 우리는 천혜의 자원인 한강을 방치했다. 정치인들과 행정가들의 직무유기였다. 한강을 '물길'에만 머물게 할 게 아니라, 서울의 잠재력을 폭발시킬 문화와 경제의 중심축으

로 바꿔야 한다고 판단했다. 그것이 서울의 브랜드 가치를 높이고, 나아가 대한민국의 경쟁력을 견인할 해법이었다. 나에게 한강은, 이를테면 닦을수록 빛나는 보석이었던 셈이다.

요한 슈트라우스 2세의 불멸의 왈츠 '아름답고 푸른 도나우강'은 100년이 넘는 세월 동안 전 세계인의 사랑을 받고 있다. 언젠가 부다페스트의 다뉴브강변에 서서 오랫동안 강을 바라본 적이 있다. 수세기 동안 유럽인들의 삶과 함께 해온 다뉴브강은 도시의 심장이자 영혼이었다. 강을 따라 이어진 역사적 건축물들, 문화예술 공간들, 그리고 시민들의 일상이 자연스럽게 어우러진 모습이 인상적이었다. 이것이 바로 '강의 문화적 재발견'이다.

뚝섬이 본적지였던 나는 한강과 함께 자랐다. 어린 시절, 한강변에서 뛰어놀던 기억이 아직도 생생하다. 성수동에 살 때면 한강을 찾아 한참이나 바라보기도 했다. 국회의원 시절에는 일주일에 한 번씩 한강변을 따라 자전거로 출퇴근했다. 한강과 함께할 때마다 생각했다. 이 강이 더 많은 시민과 함께했으면. 때로는 안타까움을, 때로는 무한한 가능성을 발견한 곳이 한강이었다.

그러나 우리의 한강은 1980년대에 멈춰 있는 듯했다.

1960년대와 80년대, 두 차례에 걸친 한강종합개발은 '한강의 기적'을 이끌었다. 제1차 한강종합개발(1968~1979)은 제방을 쌓고 둔치를 정비해 강변북로를 만들었고, 공유수면 매립을 통해 여의도와 잠실 아파트단지를 조성했다. 제2차 한강종합개발(1982~1986) 때는 올림픽대로를 건설하고 저수로를 정비했으며, 9개의 한강공원을 조성했다.

그러나 '한강의 기적'은 역설적이게도 '한강의 병'을 낳고 말았다. 수해 피해를 막았지만 시민의 발도 함께 막았다. 강변을 따라 솟아난 아파트 단지들은 한강을 일부 주민들의 전유물로 만들었고, 자동차 전용도로는 시민과 한강 사이에 거대한 장벽이 되었다.

특히 한강은 시민들의 접근성 측면에서도 낙제였다. 시민들은 한강에 접근하기 위해 강변도로 아래 나 있는 통로를 거쳐야 했다. 좁고 어두운 이 길은 통로라기보다 동굴에 가까웠다. 밤이면 깨진 술병이 나뒹굴고 축축한 벽에서는 곰팡이 냄새가 풍겼다. 사람들은 이곳을 '토끼굴'이라 불렀다.

도정일 경희대 명예교수의 말처럼 한강은, '있으면서 동시에 없는' 강이 되어버렸다. '물리적 대상은 있으나 사람들과 교섭하는 존재로서는 우리 마음과 기억에서 떠난 지 오래'인 존재가 됐다.

'한강이라는 보석을 잘 활용하려면?'

2006년 서울시장 선거 준비 과정에서 나는 이 질문을 끊임없이 던졌다.

무엇보다 강을 대하는 사고의 전환이 필요했다. 홍수를 막기 위해 둑을 쌓고 그 위에 도로를 내던 발상, 즉 '치수(治水)' 중심의 접근으로는 더 이상 앞으로 나아갈 수 없었다. 한강이 가진 넓은 강폭과 풍부한 수량을 자원으로 삼아야 했다. '이제는 치수(治水)가 아닌 이수(利水)의 시대'라는 선언이 필요했다.

서울시장 취임 100일을 맞은 2006년 9월, 시민들 앞에서 선언했다.

"21세기는 도시 브랜드의 시대입니다. 한강은 서울의 새로운 얼굴이 될 것입니다. 과밀화로 숨 쉴 곳 없는 이 도시에서, 한강은 우리가 가진 마지막 보물입니다."

이 구상을 현실로 옮기기 위해 지혜를 모으는 작업부터 시작했다. 2007년 두 차례 국제심포지엄을 진행했고, 전문가 워크숍도 개최했다. 천 명에 가까운 일반시민들과 80여 명의 전문가들이 참여해 머리를 맞대고 한강의 미래를 그려나갔다.

마침내 2007년 7월, 서울시는 '회복'과 '창조'를 기치로 내건 마스터플랜을 발표했다. 한강의 자연성과 역사성 회복, 접근성 향상, 문화기반 조성, 경관 개선, 수상이용 활성화 등 5개 분야를 지정해 총 33개 사업을 추진하는 대규모 프로젝트였다. 구체적으로 여의도 샛강 생태공원화, 수상교통수단 도입, 한강변 경관수준 향상, 항구도시 개발 등의 내용을 담았다.

이 프로젝트의 핵심은 한강 주변 공간의 대대적인 변화였다. 특히 마곡, 용산, 여의도, 반포, 뚝섬 같은 주요 지역을 수변 도시형 복합공간으로 탈바꿈시키는 것이 주요 과제였다. 이를 위해 재건축과 도시개발사업을 적극 활용하고자 했다.

더불어 한강변의 획일적인 아파트 경관을 개선하고, 서울을 항구도시로 발전시키기 위한 서해 뱃길 회복까지 포함하는 종합적이고 대규모적인 개발계획이었다.

이 원대한 프로젝트에 '르네상스'라는 이름을 붙였다. 중세 피렌체가 르네상스를 통해 문화와 예술의 도시로 거듭났듯, 서울도 한강르네상스를 통해 새로운 변화를 시작해야 했다. 현재 한강의 모습은 한강르네상스의 구상이 발현된 것이다.

그러나 한강르네상스 계획은 시작부터 거센 반발에 부딪혔다.

"멀쩡한 한강을 왜 건드립니까? 시장님, 한강 좀 그냥 내버려두세요!"

"어떻게 환경운동가 출신이 이럴 수 있습니까?"

"환경을 지키겠다던 오세훈이 환경을 파괴하고 있습니다!"

1991년, 30대 젊은 변호사 시절 나는 인천 부평의 한 아파트 일조권 문제로 대기업과의 소송을 맡으며 이름을 알리기 시작했다. '일조권'이라는 말 자체가 생소했던 시기, 승소를 장담할 수 없었던 사건임을 잘 알고 있었지만, 외로운 싸움에 지친 사람들을 외면할 수 없었다. 해외 판례를 공부하며 1~2년 밤낮으로 매달린 결과 결국 대기업의 배상금 지급 판결을 받아냈고, 이는 대한민국 최초로 헌법상 일조권을 환경권으로 인정하는 판례가 됐다.

이후의 삶은 자연스럽게 환경운동과 함께였다. 환경운동연합 창립멤버로 법률위원장 겸 상임집행위원을 맡았고, 전국의 환경 분쟁 현장을 누볐다. 그러나 이번엔 상황이 달랐다. 나의 생각은 분명했다. 한강은 충분히 생태를 살리면서도 시민들의 품으로 돌려줄 수 있었다. 오히려 방치된 한강을 그대로 두는 것이 더 큰 파괴였다.

고민이 깊어졌다. 과거 두 차례의 한강종합개발로 이미 훼손된 생태계, 콘크리트에 갇힌 물길, 단절된 보행로, 방치된 수변 공간. 이걸 보고도 그대로 두는 게 과연 환경을 위하는 길일까? 오히려 적극적으로 개입하지 않으면 한강의 자연도, 시민의 삶도 되살릴 수 없는 것 아닌가?

서울시의 의지는 확고했다. 단순히 과거로 돌아가자는 것도, 무작정 개발을 추진하는 것도 아니었다. 우리에게 필요한 것은 새로운 길, '창조적 회복'이었다. 한강의 생명력을 되살리면서도 시민의 삶의 질을 높이는 길은 분명히 존재했다.

첫걸음은 반대하는 이들과의 대화였다. 환경단체들을 만나 설득하는 일부터 시작했다. 생태 전문가 자문단을 구성했고, 환경단체가 우려하는 준설 작업과 철새도래지 보호 문제를 꼼꼼히 검토했다. 최신 친환경 건설기술을 도입하고, 공사 구간을 세분화해 단계적으로 진행하기로 했다. 특히 강서습지생태공원의 경우, 조류 개체 수가 가장 적은 시기를 골라 공사를 진행하고, 수로를 기준으로 A지역과 B지역으로 나누어 시기별로 순차적으로 작업하는 방식을 택했다.

무엇보다 모든 과정은 투명하게 공개했다. '시민들과 함께 만들어가는 한강'이라는 기조 아래 정기적으로 주민설명회를 열었고, 환경영향평가 결과를 실시간으로 공유했다. 시민자문단을 구성해 실질적인 의견을 수렴했고, 시민 모니터링단이 현장을 직접 점검했다.

그다음 우리에게 필요한 것은 이 철학을 구체적으로 구현할 수 있는 가시적인 실험장이었다. 시민들이 직접 보고 느끼고 평가할 수 있는 공간. 바로 4대 특화지구였다.

한강르네상스 프로젝트 성과가 가장 상징적으로 드러나는 곳을 꼽으라면 시민들은 단연 반포한강공원을 꼽는다.

2009년 4월, 세계 최장 교량분수라는 기네스북 기록을 가진

칠흑 같은 어둠 속에서 피어오른 무지개가 지친 하루를 위로한다. 삭막한 도시라고 누가 말했나. 화려한 물줄기가 쏟아지는 반포대교 아래서, 서울은 세상에서 가장 로맨틱한 무대로 변신한다. 한강의 기적은 경제 성장을 넘어, 우리 일상의 기적으로 흐르고 있다. 출처: 서울시

달빛무지개분수가 첫선을 보였다. 38대의 수중펌프가 끌어올린 한강물이 다시 한강으로 내뿜어지는 장관은 한여름 무더위에 지친 시민들에게 시원한 위안이 되었다. 밤이면 LED 조명과 음악이 어우러진 퍼포먼스는 한강의 밤을 더욱 아름답게 물들였다.

이 반포의 중심에는 세빛섬이 자리하고 있다. 우여곡절을 안고 2014년에 전면 개장한 세빛섬은 세계 최초의 인공섬으로, 한강 위에 떠 있는 세 개의 빛나는 섬으로 구성돼 있다. GPS 좌표로 정확한 위치를 잡아 떠내려가지 않도록 하는 첨단 시스템, 수위 변화에 따라 자동으로 떠오르는 부체, 섬을 완벽하게 지탱하는 특수 설계된 쇠사슬 등 세계 어디에서도 찾아볼 수 없는 특별한 기술이 이 섬에는 숨어 있다.

2007년 여름, 우리는 12개 한강공원 중 시민 발길이 가장 잦은 네 곳을 '특화지구'로 선정했다. 반포, 여의도, 뚝섬, 난지. 각기 다른 개성을 지닌 네 공간이 한강의 새로운 얼굴이 되어 시민들의 놀이터가 됐다.

대신 그 외의 지역은 주로 자연성 회복에 초점을 맞추기로 했다. 암사 지구와 그 상부는 상수보호구역이자 자연친화지역이니 최대한 자연 그대로의 모습을 살리고, 양화나 이촌 등은 갈대를 많이 심어 생태를 복원하는 방식이었다.

금융의 중심지 여의도는 도시와 자연이 조화를 이루는 공간으로 탈바꿈했다. 과거 모래섬이었던 이곳의 서정을 되살리기 위해 콘크리트 호안을 허물고 자연스러운 물가를 만들었다. 특히 '물빛광장'은 여의도공원에서 한강으로 직접 이어지는 물길로, 삭막한 도심 속 오아시스가 되었다. 더운 여름날이면 아이들은 옷을 적시며 뛰어놀고, 어른들도 신발을 벗고 발을 담그며 동심으로 돌아간다.

여의도의 매력은 문화와 축제에서 빛난다. 매년 봄이면 벚꽃축제가 열려 수많은 방문객들이 한강변의 화려한 풍경을 즐기며 걸음을 옮기고, 가을의 불꽃축제는 밤하늘을 아름답게 수놓으며 한강에서 가장 많은 사람들이 모이는 장소로 만든다. 플로팅스테이지는 물방울을 형상화한 독특한 디자인으로, 수변을 배경으로 다양한 공연이 펼쳐지는 문화의 장을 시민들에게 선사한다.

뚝섬은 독특하다. 청담대교 아래로 긴 유선형의 건축물이 자리잡고 있는데, 사람들은 이것을 '자벌레'라 부른다. 이곳에서는 책을 읽고, 커피를 마시며, 예술을 감상할 수 있다. 여름이면 수영장이, 겨울이면 눈썰매장이 시민들의 놀이터로 변신한다. 2024년에는 이곳에 자라나는 아이들이 한강을 조망하며 마음껏 뛰어놀 수 있는, 최대 규모의 서울형 키즈카페 '꿈틀나루'가 문을 열었고, 2025년에는 복합문화공간 '한강플플'로 새롭게 태어났다.

난지는 가장 극적인 변화를 보여준 곳이다. 과거 쓰레기 매립장이었던 이곳은 도심 속 자연의 숨결을 되찾았다. 강변북로와 자유로에 막혀 접근성이 좋지 않았던 단점을 극복하기 위해 노을공원, 하늘공원, 평화의공원, 난지천공원과 자연스럽게 이었다.

'4대 특화지구'를 선정해 시민의 발을 붙잡자는 전략은 우리 바람대로 한강르네상스의 성공을 이끈 주역이 됐다. 각기 다른 매력을 가진 이 네 공원은 한강의 새로운 얼굴이 되었고, 이제 한강은 서울시민의 생활에 깊숙이 스며들었다.

난지의 대표적인 시설인 난지캠핑장은 여름이면 예약이 어려울 정도로 인기가 높다. 5만7천 평방미터에 이르는 생태습지원에는 수생식물 50여 종과 수목 14종이 어우러져 울창한 숲을 이루며, 난지는 이제 자연과 사람이 공존하는 특별한 공간으로 거듭났다.

한강공원 특화 사업 이전인 2008년, 한강공원의 연간 이용객은 약 5,600만 명이었으나, 2025년에는 연간 8,600만 명으로 크게 늘었다. 한강르네상스가 시민들의 생활 속에 깊이 자리 잡았음을 명확하게 보여주는 수치다.

우리는 여기에 그치지 않고 서울을 가로지르며 아름다운 경치를 만끽할 수 있는 한강공원 자전거도로도 조성했다. 그 결과 2010년에는 자전거 이용자수 1,000만 명을 돌파했고, 더 이상 한강은 '갈지 말지'를 망설이는 곳이 아니다. '가서 뭐 하고 놀지'를 고민하는 곳이다. 이제 우리의 관심은 마지막 남은 숙제, 생태계 회복으로 자연스레 이어졌다.

2011년 7월, 서울시민들의 가슴을 뛰게 하는 기사 하나가 발표됐다.

"한강공원에 사는 멸종위기종 맹꽁이 급증"

멸종위기종 2급인 맹꽁이는 환경 변화에 매우 민감한 생물이다. 생태계의 건강성을 이야기할 때 맹꽁이 개체수는 매우 중요한 지표다. 맹꽁이가 돌아온다는 말은, 한강르네상스 프로젝트가 진행되면서 한강의 습지가 살아있고, 물과 땅이 건강하게 회복되고 있다는 의미였다. 우리가 그토록 꿈꾸던 자연과 사람의 공존이 가능해지고 있다는 자연의 증언이었다.

생명의 귀환은 계속됐다. 수달이 물살을 가르고, 삵이 물가를 어슬렁거리고, 황조롱이가 하늘을 맴돌았다. 서식하는 생물종은 2007년의 1,608종에서 2022년에는 2,062종으로 크게 늘었다. 같은 기간 동안 식물종 역시 719종에서 1,299종으로 점프했다.

이 변화의 시작은 나무였다. 한강변에 심은 나무가 370만 그루(2024년 기준). 2005년 85만 그루에 비하면 4배나 늘어난 숫자다. 딱딱한 콘크리트 호안은 사라지고, 57.1km 물길의 90%가 자연형 호안으로 바뀌었다. 인공의 벽이 무너지자 나무데크와 자연석이 그 자리를 채웠고, 시민들은 강변을 더 가깝게 거닐 수 있게 됐다.

이 모든 변화는 저절로 발생한 것이 아니다. '자연과 공존하는 한강'이라는 핵심 전략 아래, 시민 모두가 한강 생태 보존을 위해 피나는 노력을 지속한 결과다. 2012년에는 밤섬이 람사르 습지로 지정된 데 이어 암사생태공원과 강서습지생태공원이 '생태경관보전지역'으로 지정됐다.

"한강르네상스가 한강 생태계를 망친다"며 매일같이 시위를 벌인 '환경단체'들. 그들에게 이제 맹꽁이가 직접 답했다. 자연은 결코 거짓말을 하는 법이 없으니까.

서울 전역에 흐르는 물길은 332km[3] 가까이 된다. 물길 주변 500m~1km에 달하는 수변 공간을 모두 합하면 서울시 면적의 절반쯤 된다. 4대 특화지구의 성공은 이 거대한 잠재력을 활용했다. 수변 공간을 바꾸는 것이 서울을 가장 확실하게 바꾸는 방법인 이유다.

르네상스 프로젝트 시행 이후, 한강은 명실상부 시민의 삶에 깊숙이 녹아든 서울의 중심축이 됐다. 이제 시민들은 '서울' 하면 가장 먼저 '한강'을 떠올린다. 시민 중 88.85%는 6개월 동안 여가를 위해 공원을 방문했고, 수변 공간을 포함하는 '하천'은 서울시민의 3명 중 2명(68.6%)의 여가 생활이 이루어지는 공간이 됐다.

---

[3] 하천, 소하천, 배수로 등 모든 인공·자연 수로를 포함한 총 길이

한강은 더 이상 지도 위의 푸른 선이 아닌, 시민의 일상이 되었다.

사실 서울은 언제나 물길의 도시였다. 조선시대 한성부에는 크고 작은 물길이 거미줄처럼 얽혀 있었고, 왕이 직접 하천의 치수를 살피러 나섰다는 기록도 남아 있다. 수원화성으로 행차하는 왕의 행렬이 한강을 건너는 모습을 담은 그림이 보여주듯, 한강은 늘 우리 역사 중심에 있다.

한강르네상스 1기가 '자연의 회복'과 '시민의 귀환'을 이뤄냈다면, 이제는 더 큰 도약이 필요했다. 런던의 템스강처럼, 파리의 센강처럼 수상 교통이라는 새로운 영역을 개척해야 했다. 한강이 시민의 발이 되고, 일상이 되고, 미래가 되어야 했다.

한강이라는 원석을 보석으로 만들겠다던 첫 다짐. 그 꿈은 이제 서울의 새로운 미래를 그리는 청사진이 되어 돌아왔다. 푸른 물길을 따라 흐르는 역사와 문화, 그리고 시민의 일상이 어우러진 도시. 한강의 재발견은 서울의 재발견, 아니 대한민국의 재발견이 될 것으로 확신한다.

02
성장통 없는
성장은 없다

사람들은 묻는다. 왜 그렇게까지 하냐고. 적당히 관리만 해도 칭찬 들으면서 일할 수 있는데, 왜 굳이 긁어 부스럼을 만들고 욕을 사서 먹느냐고. 심지어 나를 오래 지켜봐온 보좌진들도 나의 속마음을 다 알지는 못할 수도 있다.

2021년 4월 내가 다시 서울시로 돌아온 이유는 단 하나다. '미완(未完)의 서울'에 대한 안타까움, 아니 지독한 사랑 때문이다. 10년 만에 돌아와 마주한 한강은 나를 아프게 했다. 내가 떠나 있던 그 10년 동안, 도시는 정체됐다. 한강르네상스의 꿈은 멈췄고,

강변은 다시 적막에 휩싸였다. 세계의 도시들이 물 위에서 춤추며 미래로 나아갈 때, 우리만 뒷걸음질 치고 있다는 자괴감이 나를 괴롭혔다.

서울은 내 영혼이 숨 쉬는 곳이고, 대한민국을 먹여 살릴 심장이다. 서울이 바뀌어야 대한민국이 바뀐다. 서울이 글로벌 TOP 5 도시가 되어 전 세계의 자본과 인재를 빨아들이는 매력적인 도시가 되지 못하면, 대한민국의 미래도 없다. 이것이 내가 정치를 하는 이유이자, 서울에 '집념'을 갖는 이유다.

새로운 일을 벌이면 탈이 난다. 욕도 먹는다. 한강에 교통수단을 띄우겠다고 하니 '안전은 어쩔 거냐', '돈 낭비다'라는 비난이 빗발쳤다. 시운전 중에 배가 부딪혔다는 뉴스가 나오자 반대파는 더 매섭게 공격했다. 물론 아프다. 시장으로서 시민들에게 완벽한 모습만 보여주고 싶은 욕심이 왜 없겠는가. 하지만 나는 담당자들에게 단호하게 말했다. 욕먹는 게 두려워서 아무것도 안 하는 것이야말로 직무유기다.

아무것도 하지 않으면 비난도 없다. 하지만 성장도 없다. 나는 '관리형 시장'으로 남고 싶지 않다. 온갖 비난의 화살을 내 몸으로 받아내더라도, 서울의 심장을 다시 뛰게 만들 수만 있다면 기꺼이 그 길을 가겠다. 성장통 없는 성장은 없다.

"10여 년 전 심혈을 기울여 추진하던 한강르네상스가 갑작스러운 저의 사퇴로 인해 가슴 아프게 중단됐습니다. 그 이후 한강 시민공원은 거의 달라진 모습이 없었는데, 많은 서울시민들이 아쉬움을 느꼈다고 생각합니다."

2023년 3월, 서울시는 10년 동안 멈춰 있던 한강의 시계태엽을 다시 감기 시작했다. 2006년 시작된 한강르네상스 프로젝트는 거대한 콘크리트 장벽에 가로막혀 있던 한강을 다시 시민의 품으로 돌려주겠다는 약속이었다. 여의도·뚝섬·반포·난지 4대 특화지구는 그렇게 시민의 일상속으로 스며들었다. 이제 한강공원은 일상에서 없어서는 안 될 소중한 존재가 됐다.

하지만 한강은 다시 적막에 휩싸였다. 후임 시장은 취임과 동시에 한강르네상스 프로젝트에 대한 대대적인 감사를 벌였다. 그 모든 꿈은 '전시행정'이라며 난도질당했다. '오세훈 지우기'라고 받아들일 수밖에 없었던 일들이 이어졌고 프로젝트들은 중단됐다. 어언 10년의 표류였다. 그사이 한강시민공원은 큰 변화 없이 정체됐고, 시민들의 삶은 다시 삭막해졌다.

뜻밖에도 코로나19 팬데믹은 한강의 진정한 가치를 재발견하는 계기가 됐다. 도시가 봉쇄돼 갑갑해지고 일상이 무너질 때, 한강은 시민들에게 유일한 숨구멍이자 탈출구가 되어주었다.

"산책로와 자전거 도로, 녹지공간이 없었다면 3년이나 지속된 코로나19 팬데믹 기간을 시민들이 어떻게 버틸 수 있었을까요.

풍성한 문화공간의 필요성에 많은 시민들이 동의하실 것입니다."

한강르네상스의 가치와 철학은 10년의 일시정지에도 불구하고 전혀 빛을 잃지 않았다. 아니, 한강의 가치를 드높일 프로젝트의 중요성은 10년 사이 더 자랐다. 이제는 한강르네상스를 넘어설 때였다. 그래서 탄생한 것이 한강르네상스의 2.0 버전, '그레이트한강 프로젝트'다. 과거의 시행착오를 교훈 삼아 환경성과 경제성을 모두 고려했다. 생태 복원, 수상 교통, 문화공간 조성, 경제활성화라는 4대 전략 아래 55개 사업을 이우르는 55개의 정교한 퍼즐을 맞추기 시작했다.

이 원대한 계획을 완성하기 위해 서울시 간부들은 2023년 3월 9박 11일간 유럽의 수변도시들을 누볐다. 런던, 함부르크, 코펜하겐… 템스강의 리버버스는 수상교통의 새로운 기준을 보여줬고, 하펜시티의 수변 복합개발은 한강의 무한한 가능성을 확인시켜 주었다. 이를 바탕으로 우리는 이제까지 한국에 없었던, 더욱 체계적이고 혁신적인 수상교통 시스템을 구상했다. 바로 한강버스다.

전 세계 어느 대도시의 강에도 한강처럼 배가 없는 적막한 강은 없다. 한강이라는 소중한 자원을 활용해서 수상 교통을 활성화한다면 도심 교통체증을 일부 분담해 줄일 수 있고, 친환경 교통

상상 속에만 머물던 '수상 대중교통'의 시대가 드디어 열렸다. 한강의 물결 위로 미끄러지듯 달리는 저 배를 보라. 지하철과 버스를 넘어 이제는 강길이 서울의 새로운 동맥이 된다. 우리가 꿈꾸던 '그레이트 한강'은 이렇게 시민의 일상 깊숙이 들어왔다. 출처: 서울시

수단으로서의 기능도 할 수 있었다. 이제 시작이다. 1차적으로 마곡에서 잠실까지 7개 선착장을 연결하며, 출퇴근 시간대에는 15분 간격으로 운행되도록 설계도를 그렸다. 한강을 중심으로 한 새로운 교통 네트워크를 구축해 시민들에게 편리하고 쾌적한 이동 수단을 제공하자는 구상이었다.

　하지만 2025년 9월, 본격적으로 한강버스를 띄우며 마주한 현실은 그리 녹록지 않았다.

　"시운전 중에 배가 부딪혔다는데 이대로 운행해도 괜찮은 겁

니까?"

"한강 수심도 이렇게나 얕은데 제대로 운행이 가능한가요?"

한강은 역시 극복할 것이 많은 장애물 경기장 같은 자연적 요소가 많은 곳이다. 기다렸다는 듯이 비난이 쏟아졌다. 특히 초기 운행 과정에서 발생한 크고 작은 시행착오들은 나에게도 뼈아픈 대목이었다. 집중 호우와 팔당댐 방류 증가로 운행이 일시중단되기도 했다. 하지만 우리에게 그 고통스러운 순간들은 사업의 중단을 검토해아 힐 이유가 이니라, 더 완벽한 시스템을 구축하기 위한 필수적인 데이터이자 수업료였다. 아이가 걸음마를 배울 때 수없이 넘어지듯, 이전에 없었던 새로운 시스템이 도시에 뿌리내리기 위해서는 필연적으로 겪어야 할 '성장통'이 있다.

세상은 우리에게 완벽한 보고서가 나온 뒤에야 움직이라고 말한다. 이 성장통을 피하려고 시도조차 하지 않는다면, 서울은 영원히 지하철과 버스에만 의존하는 2차원 도시에 머물게 된다. 오늘날 연간 1,000만 명이 이용하는 런던의 리버버스(River Bus)도 처음부터 승승장구했던 것은 아니다. 뉴욕 허드슨강을 누비는 페리 역시 초기에는 막대한 시행착오를 겪어야만 했다. 나는 참모들을 다독였다.

"기죽지 맙시다. 문제를 발견한 것은 다행입니다. 지금의 비난은 우리가 일하고 있다는 증거입니다. 고치고, 보완하고, 더 완벽하게 만들면 됩니다."

우리는 문제를 숨기지 않았다. 오히려 공개하고, 전문가들을 불러 모아 원인을 분석하고, 설계를 뜯어고쳤다. 선착장의 접안 시설을 강화하고, 시스템을 안정화했다. 이 치열한 과정을 통해 한강버스는 더 안전하고 튼튼한 시민의 발로 자리 잡아 가고 있다.

저녁 퇴근길, 꽉 막힌 올림픽대로를 바라보며 한숨짓는 대신, 시원한 강바람을 맞으며 배를 타고 이동하는 서울시민의 모습을 꿈꾼다. 잠실에서 여의도까지 배를 타고 이동하며 여유를 즐기는 일상. 전 세계에서 온 관광객들이 멋진 한강변 야경을 여유있게 즐기는 모습. 이미 세계적 도시들이 누리고 있는 현실이며, 서울도 마땅히 누려야 할 권리다.

도시는 상상하는 만큼 진화한다. 20년 전, 서울시가 DDP를 짓겠다고 했을 때도, 세빛섬을 띄우겠다고 했을 때도 세상은 비웃었다. "미친 짓"이라고 했다. 하지만 지금 그곳은 어떤가? 서울을 먹여 살리는 랜드마크가 되었다. 그때의 비난을 견뎌낸 서울시와 시민들의 '집념'이 없었다면, 지금의 DDP도 세빛섬도 없었다. 한강버스도 마찬가지다. 지금은 낯설고 불안해 보일지라도, 10년 뒤 서울시민들은 '한강버스 없는 서울은 상상할 수 없다'고 말할 수도 있다.

서울의 물길은 한강 본류 41.5km에 그치지 않는다. 실개천과 소하천을 모두 합치면 총 332km에 달한다. 이 거대한 수변 네트워크야말로 서울의 핏줄이다. 이 핏줄을 활용하기 위해 한강을 중심으로 한 서울의 대변혁, '그레이트한강 프로젝트'가 본격적으로 닻을 올렸다. 한강이라는 대동맥을 중심으로 중랑천, 안양천, 홍제천 등 크고 작은 물길들이 도시 구석구석을 적시고 있다. 서울이 가진 또 하나의 숨은 보물이다.

한강르네상스는 서울의 중심축인 한강을 시민이 품으로 돌려줬다. 4대 특화지구를 중심으로 한 수변공간의 혁신은 시민들에게 친근하고 일상적인 휴식처를 제공했고, 도시의 브랜드 가치를 한층 높였다. 하지만 한강 본류에 집중된 개발을 서울 전역에 뻗어 있는 하천까지 확산해야 한다.

지난 10년간 서울시민들이 생활 속에서 더 절실하게 필요로 했던 것은 강변 조망권뿐 아니라, 가까이에서 쉽게 접근할 수 있는 휴식과 문화의 공간이었다. 3년간의 팬데믹을 거치며 한강공원에 대한 시민들의 이용률이 증가했고, 우리는 이 흐름을 보다 촘촘한 도시재생 전략으로 연결할 필요성을 절감했다.

그래서 우리는 한강이 지닌 가치를 지천으로 확장하기로 했다. 이른바 '지천르네상스'였다. 한강과 연결된 하천들은 더 이상 방치된 채로 남아 있지 않아야 한다.

지천은 물길 이상의 의미를 지닌다. 도시의 온도를 낮추고, 미세먼지를 줄이며, 생태계를 살리는 환경적 가치를 내뿜는다. 동시에 주변 상권을 활성화하고 지역 균형 발전을 이끄는 경제적 동력이 될 수 있다. 무엇보다 시민들에게 일상 속 쉼터이자 문화공간으로 기능할 수 있다는 점이다. 청계천의 성공 사례가 이를 증명한다. 청계천 복원으로 도시 열섬효과는 5℃ 낮아졌고, 미세먼지는 10% 감소했으며, 주변 지역은 새로운 활력을 되찾았다.

"서울은 332km 하천으로 이루어진 수변 도시이지만, 한강 위주의 개발로 그 잠재력을 제대로 활용하지 못했습니다. 이제 지천 르네상스로 새로운 활력 거점을 만들어갈 것입니다."

2023년 4월, '서울형 수변감성도시' 사업의 첫 결실로 홍제천 중류 수변테라스 카페가 개장했다. 오래된 주차장과 창고였던 이곳은, 인공폭포를 감상하며 커피 한 잔을 즐길 수 있는 서울 최초의 수변 노천카페로 탈바꿈했다. 개장 이후 월 10만 명 이상의 시민이 이곳을 찾았고, 누적 방문객은 354만 명을 돌파했다. 특히 외국인 관광객들이 찾는 글로벌 명소로 자리매김했고, 수변공간이 도시에 미칠 수 있는 변화를 몸소 증명했다.

'물멍하며 커피 한 잔, 내 일상의 힐링타임'

홍제천 테라스 카페에서 만난 시민들이 미소로 화답했다. 도심 속에서 흐르는 물길과 여유로운 휴식이 얼마나 큰 차이를 만드는

지, 이 작은 공간이 증명했다.

이후, 서울시는 보다 적극적인 계획을 추진했다. 종로구 홍제
천 상류, 관악구 도림천, 강남구 세곡천, 동작구 도림천, 은평구
불광천 등 18개소(2025년 말 기준)의 수변활력거점이 운영되고 있
다. 각 하천의 특성을 반영하여, 역사적 의미가 있는 곳에는 문화
예술 공간을, 시장과 맞닿아 있는 곳에는 지역 경제를 활성화할
수 있는 공유형 수변테라스를 조성하는 등 맞춤형으로 개발하기
로 했다. 서울을 보다 지속 가능한 도시로 만들고, 도시민들에게
실질적인 여유와 삶의 질을 제공하는 미래지향적 프로젝트였다.

내가 정치를 하는 이유는 상대 진영을 이기기 위해서가 아니
다. 다음 선거에서 표를 더 많이 얻기 위해서도 아니다. 내 목표는
오직 하나, 서울을 더 아름다운 도시로 만드는 일이다. 서울이 살
아야 대한민국이 살고, 지방이 산다. 서울의 경쟁력이 곧 국가의
경쟁력이다. 그러기 위해서는 누군가는 욕을 먹더라도 총대를 메
고 변화를 끌어내야 한다.

나는 기꺼이 그 '욕먹는 시장'이 되기로 했다. 오늘 우리가 겪는
이 진통이, 내일 서울시민이 누릴 행복의 밑거름이 된다면, 나는
백 번이라도 다시 그 길을 갈 생각이다. 이것이 내가 서울을, 그리
고 대한민국을 사랑하는 방식이다.

03

산을
옆으로 오른다고?

　서울은 잠들지 못하는 도시다. 천만 시민의 역동적인 에너지는 서울을 세계적인 메가시티로 키워냈지만, 그 대가로 우리는 진정한 휴식을 잃어버렸다. 서울에는 늘 스포츠와 레저 공간이 부족했고, 시민들은 숨 가쁜 일상 속에서 자신을 돌볼 여유를 잃어갔다. 나는 시장으로서 서울의 이 빽빽한 문장 사이에 '쉼표'를 찍어주고 싶었다.

　불과 얼마 전까지만 해도 산은 정복의 대상이었다. 주말이면 알록달록한 등산복을 갖춰 입은 인파가 북한산과 도봉산의 좁은

능선을 따라 줄지어 정상을 향해 치달았다. 턱 끝까지 차오르는 숨을 몰아쉬며 비석이 세워진 꼭대기에 발을 디뎌야만 비로소 '산을 탔다'고 말할 수 있던 시절이었다. 수직으로 치솟는 그 열기는 마치 '빨리빨리'와 '고도성장'이라는 우리 시대의 자화상을 그대로 옮겨놓은 듯했다.

늘 의문이었다. 다들 정상을 향해 일직선으로 경주하듯 오를 때, 뒤처지고 소외되는 이들은 없는가. 체력이 약한 노인, 어린아이를 동반한 부모, 몸이 불편한 장애인들에게 저 높은 봉우리는 넘을 수 없는 차별의 벽이 아닐까. 산의 허리를 부드럽게 감고 도는 길, 높이가 아닌 너비를 즐기는 길, '정복'이 아닌 '공존'의 길은 없을까.

아침저녁으로 남산을 오르내리며 이 고민에 빠져 있을 때, 영감을 준 것은 제주도의 '올레길'이었다. 끊어진 길을 잇고 잊힌 옛길을 찾아내 시민에게 돌려준다는 그 철학에 나는 깊이 매료되었다.

하지만 솔직히 고백하자면, 올레길에 대한 내 첫 기억이 마냥 낭만적이었던 건 아니다. 서울시장 1기 시절, 가족과 함께 휴가차 제주도를 찾았을 때다. 나는 화제의 올레길을 직접 체험해 보겠다며 야심 차게 가족들을 이끌고 트래킹에 나섰다. 그러나 한여름 뙤약볕 아래, 그늘 한 점 없는 길을 하염없이 걷게 된 가족들의 인내심은 그리 오래가지 못했다. 결국 낭만적인 산책은 가족들의 '폭발'과 원성으로 막을 내려야 했다.

"아빠! 제주도에 왔으면 바다를 가야지 왜 땡볕에 데려왔어요?"

그때 나는 깨달았다. '걷는 길'이 성공하려면 두 가지가 필수적이라는 것을. 하나는 풍성한 나무 그늘이 주는 쾌적함이고, 또 하나는 누구나 일상에서 쉽게 닿을 수 있는 접근성이다. 서울시민들에게 이 같은 쾌적한 길을 선사할 수 있을까? 잘못했다간 '쉼표'를 주려다 분노의 '느낌표'를 얻어맞는 건 아닐까? 고민을 가슴 한켠에 묻어둔 채 서울로 돌아왔다.

2007년, 대한민국의 등산 문화는 전환기를 맞았다. 국립공원 입장료가 폐지되면서 탐방객이 폭발적으로 늘어났다. 하지만 기쁨도 잠시, 정상을 향해 수직으로 치닫는 '정복형 등산' 문화는 산길을 훼손했고 안전사고는 나날이 늘어갔다.

그러던 어느 날 이재오 선배님의 말이 내 머리를 강하게 때렸다.

"서울의 산을 정복의 대상으로 보지 마세요. 산자락을 옆으로 이어 남녀노소 누구나 편하게 걸을 수 있는 길을 만들어 봐요."

2008년 18대 총선 낙선 후 미국으로 건너간 그는 존스홉킨스대 객원교수로 지내며 미국의 레저 문화를 직접 체험했다. 자전거로 대륙을 횡단하고, 국립공원 트레일을 걸었다고 한다. 이 전 의원이 전한 그곳의 등산 문화는 우리의 것과 달랐다. 우리가 정상을 향해 일직선을 오를 때, 서구 사람들은 산허리를 감고 자연 그 자체를 즐겼다. '수평 등산'이었다. 이 전 의원의 제안은 내 고민을 단번에 해결해줬다. 우선 접근성. 급경사 등산로는 노인, 어린아이, 장애인 등 이동약자에게 장벽이다. 수평 둘레길은 약자도 함께 산림을 누릴 수 있게 한다. 둘째, 쾌적함. 정상으로 집중되는 탐방객을 산 하부로 분산시켜 산림 훼손을 줄일 수 있다.

서울은 축복받은 도시다. 도심 어디서든 고개만 들면 산이 보이고, 그 산들은 이미 울창한 숲을 품고 있다. 굳이 제주도까지 가지 않아도, 우리 곁의 산자락을 옆으로 길게 잇는다면 세계 어디에도 없는 최고의 숲길이 탄생할 수 있겠다는 확신이 들었다. 2009년 5월, 서울시는 '서울둘레길 조성 기본계획'을 수립하고 본격적인 사업에 착수했다.

하지만 157km라는 거대한 고리를 잇는 작업은 결코 만만한 일이 아니었다. 지도를 펼쳐놓고 선을 긋는 건 쉬웠지만, 실제 현장은 8개 자치구의 행정 구역과 얽히고설킨 사유지, 단절된 도로와 하천으로 가로막혔다.

이 난관을 뚫어낸 주역은 당시 서울시 직원들이었다. 우리는 단순히 시설을 만드는 '토목 행정'을 넘어 시민의 이용 문화를 고민하는 '소프트웨어 행정'을 펼쳤다. 끊어진 길을 잇기 위해 사유지 소유주들을 일일이 찾아가 설득했고, 도로 위에는 생태 연결 통로를 놓아 숨통을 틔웠다. 그 정성이 모여 2014년 11월, 마침내 서울 외곽을 하나로 묶는 서울둘레길 1.0 시대가 열렸다.

서울둘레길은 개통하자마자 서울시민의 여가 문화를 뒤바꿔놓았다. 우체통 모양의 스탬프 시설을 찾아 도장을 찍으며 완주를 꿈꾸는 이들이 늘어났다. 10년 동안 누적 완주자는 6만 명을 넘어섰다. 파편화되어 있던 동네 뒷산이 하나의 거대한 그린 네트워크로 연결된 모습을 보니 걷는 걸 즐기는 나 자신부터 매우 뿌듯했다.

하지만 시간이 흐르며 시민들의 목소리는 좀 더 정교해졌다. 8개 코스로 구성된 1.0 체제는 코스당 평균 길이가 20km에 달했다. 성인 기준으로도 8시간 이상 꼬박 걸어야 하는 대장정이었다. 어느덧 둘레길은 가벼운 산책을 원하는 시민이 아니라, 고가의 장비를 갖춘 '전문 트레커'들만의 전유물이 되어가는 듯했다.

어린아이의 손을 잡고 나온 부모는 중간에 갈등이 일기 일쑤였고, 체력이 약한 어르신들에게 20km는 또 다른 의미의 높은 벽이었다. 지하철역 근처라는데 입구를 찾지 못해 헤매는 시민들을 보며 우리는 다시 고뇌에 빠졌다. 서울시가 만든 이 길이 시민들에게 여전히 '불친절'하다는 증거였다. 쉼표를 주겠다는 약속이 누군가에게는 또 다른 숙제로 작용했다.

2024년, 서울둘레길도 개통 10주년을 맞아 '서울둘레길 2.0'을 선언했다. 길의 무게를 덜어내어 시민의 일상 속으로 더 깊이 침투하겠다는 취지였다. 기존에 8개였던 코스를 21개 구간으로 더 세밀하게 쪼갰다.

평균 20km였던 길이는 8km로 줄였고, 소요 시간은 3시간 내외로 단축됐다. 이제 서울둘레길은 마음먹고 준비해서 떠나는 행사가 아니라, 주말 오전이나 퇴근 후 짬을 내어 언제든 발을 들일 수 있는 진정한 일상이 되었다.

특히 최근 서울을 휩쓸고 있는 달리기 문화는 서울둘레길 2.0과 만나 시너지를 냈다. 딱딱한 아스팔트가 아닌 푹신한 흙길을 달리고 싶어 하는 러너들에게 8km 내외의 단축 코스는 완벽한 트랙이 되어주었다. 등산복 대신 가벼운 러닝화를 신고 숲길을 질주하는 청년들의 모습은 서울이 '뛰기 좋은 도시'로 진화하고 있음을 보여주는 가장 활력 넘치는 장면이다.

길의 친절함도 획기적으로 개선했다. 지하철역이나 버스정류장에서 둘레길 입구까지 이어지는 이른바 '라스트 마일(Last Mile)' 안내가 부족하다는 시민들의 지적을 무겁게 듣고 있던 터였다. 43개 지하철역과 20개 버스정류장 주변에 안내 표지를 촘촘히 세워, 초행길인 시민도 헤매지 않고 숲길로 들어설 수 있게 했다. 네이버, 카카오 등 지도 서비스 제공 업체들과도 적극적으로 소통해 집에서도 미리 코스를 답사해 볼 수 있는 디지털 로드뷰 환경을 구축한 것도 같은 맥락이다.

안전 역시 당연히 타협할 수 없는 요소였다. 인적이 드문 구간마다 지능형 CCTV와 비상벨 시스템을 도입했다. 혼자 걷거나 뛰더라도, 혹은 산행 중 갑작스러운 응급 상황이 발생하더라도 즉시 관제센터와 연결되는 지능형 안전망을 숲속에 심었다.

디지털 시대에 발맞춰 종이 스탬프북 대신 모바일 앱 인증 체계도 구축했다. 2.0 개편 이듬해인 2025년 연간 서울둘레길 완주자는 개통 이래 최대인 12,972명을 기록했는데, 이는 코스 단축과 디지털 편의성이 젊은 층과 새로운 유입층의 마음을 움직였다는 명확한 증거다.

둘레길이 서울의 외곽을 감싸는 동맥이라면, 도심의 심장인 남산에도 새로운 변화가 필요했다. 남산은 서울의 상징이지만, 가파른 경사는 누군가에게 여전히 거부하기 힘든 장벽이었다. 우리는 조선일보에서 환경칼럼을 오래 써온 한삼희 칼럼니스트의 제안을 모티브로 삼아 남산도서관에서 남산야외식물원을 잇는 '남산하늘숲길(스카이워크)'을 조성해 이 문제를 해결하고자 했다.

지상에서 떨어져 하늘 위를 걷듯 조성된 이 길은 고령자나 휠체어를 탄 사람도 큰 제약 없이 남산의 비경을 누릴 수 있게 한다.

울창한 숲 사이로 난 데크길을 따라 걸으면, 손에 잡힐 듯 선명한 남산타워와 마주한다. 휠체어도, 유모차도, 거동이 힘든 시민도 편안하게 숲의 눈높이에서 걷는 1.45km의 무장애 길. 공중에 떠 있는 듯한 전망대에서 노을을 보고, 소나무 쉼터에서 숨을 고른다. 빡빡한 도심 속에서 잠시 하늘을 올려다볼 여유를 선물하는 곳, 여기는 서울의 허파 '남산 하늘숲길'이다. 출처: 서울시

숲의 훼손을 최소화하면서도 시민들에게는 압도적인 조망권을 선사하는 것. 서울시가 추진 중인 남산 곤돌라 사업까지 연계돼 남산의 접근성이 획기적으로 개선되면, 남산은 이제 '바라보는 산'을 넘어 전 세계인이 '경험하는 명소'로 거듭날 것이라는 생각에 매우 기뻤다.

서울둘레길과 하늘숲길은 그저 산책로 몇 개를 더 추가하자는 기획이 아니다. 그것은 거대 도시를 살고 있는 현대인에게 더 많은 길을 걸을 기회, 뛸 기회를 제공하고 나아가 고립과 질병을 치유하는 일종의 '사회적 처방'이다.

실제로 서울시는 고립되고 은둔했던 청년들이 둘레길을 함께 걸으며 세상 밖으로 다시 걸어나오는 프로그램을 운영하고 있다. 자연 속에서의 발걸음과 완주의 성취감은 그 어떤 약보다 강력한 치유의 힘을 발휘한다. 또한 건강 관리 앱 '손목닥터9988'과 연계해 둘레길을 걸을수록 포인트가 쌓이는 시스템 역시 마련했다.

서울시는 지금도 최고의 조망 지점마다 거점형 휴양 시설을 확충하며 길의 매력을 더하고 있다. 새로운 시작을 앞두고 두려운 분들, 혹은 인생의 어두운 터널을 지나고 있는 분들이 있다면 기꺼이 서울의 숲길로 나오시라 권하고 싶다. 신발 끈을 묶고 첫발을 내딛는 순간, 당신의 삶에도 새로운 희망의 문장을 쓰게 될 수도 있다는 점이다. 길은 늘 그 자리에서, 당신을 기다리고 있다.

04

지구도 살리고,
돈도 아끼고

　기억하는가? 2000년대 초반, 남산타워가 스모그에 가려 보이지 않던 날들을. 헬기에서 찍은 서울 상공에는 늘 잿빛 띠가 둘러졌다. 와이셔츠는 하루만 입어도 목이 새까매졌고, 외출 후 돌아온 콧속에는 시커먼 먼지가 가득했다. 당시 서울의 미세먼지 농도는 도쿄나 파리의 두세 배였다. 서울의 공기는 경유차, 도시 미세먼지로 '침묵의 살인자'라고 불릴 만했다. 사람들은 그 공기를 그냥 참고 마셨다.

　2006년 서울시장 취임 이후, 나는 종종 이상한 물건 하나를 만

나는 분들에게 보여주곤 했다. 360㎖짜리 투명한 병이었다. 그 안에는 시커먼 가루가 가득 차 있었는데, 뚜껑을 열면 매캐한 냄새가 진동했다. "그게 뭡니까?"라는 질문에 나는 병을 흔들어 보이며 대답했다.

"이게 경유 버스 배기구에서 단 1시간 만에 모은 매연 덩어리입니다. 이 검은 가루를 우리 아이들의 폐 속에 계속 쌓이게 둘 겁니까?"

언론 설명, 강연, 시의원 면담 자리마다 꺼냈다. 눈앞에서 보이는 매연 찌꺼기는 말보다 강력한 증거였다.

우리는 버스 회사들을 찾아다니며 "모든 시내버스를 천연가스(CNG) 버스로 바꿀 수 있도록" 설득했다. 시커먼 매연을 뿜으며 달리는 경유 버스 문제를 해결하지 않고서는 서울의 공기를 바꿀 수 없었기 때문이다.

비용 문제 때문에 반발은 거셌지만, 물러설 수 없었다. 집요하게 현장 실험을 강행했다. 경유 버스와 매연저감장치(DPF)를 단 버스의 배기구에 각각 하얀 천을 매달고 달리게 했다. 경유 버스의 천은 시커멓게 변했지만, 저감장치를 단 버스의 천은 하얬다. 눈으로 확인한 버스 회사 사장들도 더 강하게 반대하지는 못했다.

그리고 4년, 서울의 버스를 천연가스 버스로 싹 바꿨다. 2006년 59μg/㎥였던 미세먼지 농도는 내가 물러날 즈음 40μg/㎥대로

2006년 어느 날, 양복을 입은 채 주저 없이 경유 버스 밑으로 들어갔다. 오직 서울의 공기를 바꾸겠다는 일념뿐이었다. 수십만 대에 달하는 노후 차량을 정비하고 교체해 온 끈질긴 노력. 시민이 마음 놓고 숨 쉴 수 있는 도시를 만들겠다는 집념은 한 번도 멈춘 적이 없다. 출처: 서울시

떨어졌다. 남산에서 인천 앞바다가 보인다는 말이 들리기 시작했다. 문제를 해결하고자 하는 서울시의 집념이 만들어낸 승리였다.

일조권 소송부터 대기환경특별법까지

환경은 나를 정치로 이끈 매개체이자 세상과 소통하는 창이었다. 30대 변호사 시절, 나는 국내 최초로 '일조권(日照權) 침해 소

송'을 대리해 승소했다. 당시만 해도 "햇빛을 쬐는 게 무슨 권리냐"며 비웃던 시절이었다. 하지만 나는 쾌적한 환경에서 살 권리는 인간의 존엄과 직결된 기본권이자, 타협할 수 없는 자부심의 영역이라고 믿었다.

2000년, 국회에 입성해서도 나는 비인기 상임위인 환경노동위원회를 자원해 지켰다. 당시 수도권의 대기오염은 한계 상황이었다. 피해 비용만 연간 10조 원. 하지만 법은 무기력했다. 오염물질의 '농도'만 사후적으로 체크하는 방식으로는 폭증하는 자동차와 공장을 감당할 수 없었다.

답은 명확했다. 배출량을 사전 '총량'으로 규제하고, 수도권을 하나의 권역으로 묶어 통합 관리하는 법안이 필요했다. 밤을 지새우며 법안을 다듬었다. 기업들은 "공장 문 닫으라는 거냐"며 집요하게 반대했고, 경제 부처들은 "우리 권한 침해하지 마라"며 철옹성을 쌓았다.

물러설 수 없었다. 끈질긴 설득 끝에 2003년 12월, '수도권 대기환경 개선 특별법'이 국회 본회의를 통과했다. 164명 중 158명 찬성. 압도적인 가결이었다. 15년 뒤 유엔환경계획(UNEP)은 "수도권 대기질은 세계적으로 감탄할 만큼 개선됐다"고 평가했다. 그때 나는 환경을 지키기 위해 기득권과 싸우고 낡은 제도를 부수는 '투사(Fighter)'였다.

맑은서울추진본부: 법을 현실로 만들다

2006년 7월, 서울시장에 취임한 나는 곧바로 시험대에 올랐다. 국회에서 내가 만든 '특별법'이 막 시행되던 참이었다. 법을 만든 당사자가 이제 그 법을 집행하는 책임자가 된 셈이다. 운명과도 같은 타이밍이었다.

취임 직후, 서울시는 조직도에 없던 새로운 부서를 하나 만들었다. 바로 '맑은서울추진본부'였다. 기존의 환경국 산하에 있던 대기과 정도로는 이 거대한 전쟁을 수행할 수 없다고 판단했다. 본부장에게 국장급 권한을 부여하고, 교통·환경·도시계획을 아우르는 전권을 쥐여주었다. 서울의 공기를 바꾸는 것을 시정의 제1목표로 삼겠다는 강력한 의지의 선포이자, 칸막이 행정을 부수는 시스템 디자인의 시작이었다.

우리는 전장에 나가는 군대처럼 움직였다. "모든 시내버스를 천연가스(CNG) 버스로 바꾸겠다"고 선포하자 버스 회사들은 비용 문제로 난색을 표했다. 시의회는 "검증 안 된 정책에 예산을 쏟아붓는다"며 반대했다. 2008년에는 예산이 삭감되는 수모도 겪었다. 미세먼지 수치가 꼼짝도 하지 않던 그해, 나는 벼랑 끝에 선 심정이었다. 하지만 서울시는 타협하지 않았다. 경유차에 매연저감장치(DPF)를 달지 않으면 서울 진입을 막는 강수를 뒀고, 남산순환도로에 세계 최초의 전기버스를 투입했다. 임기 말쯤 되니, 미세먼지 농도는 획기적으로 줄어 있었다.

기후위기의 시대, 투사를 넘어 '설계자'가 필요하다

2021년 서울시장으로 돌아왔을 때, 전선은 바뀌어 있었다. 서울시장 1기 시절 미세먼지와의 전쟁이 '대기질'의 문제였다면, 이제는 폭우·폭염·에너지 위기가 동시다발로 삶을 위협하는 '기후위기' 시대였다.

2020년대의 해법은 달라야 했다. 과거처럼 기업을 규제하고 버스를 강제로 바꾸는 '하향식' 방식만으로는 한계가 있었다. 이제는 시민 한 사람 한 사람의 행동이 변해야 했다. 그렇다고 지친 시민들에게 "환경을 위해 불편을 감수하세요", "지구를 위해 차를 타지 마세요"라고 도덕적 설교만 늘어놓을 수는 없었다. 당위만으로는 시민의 지친 출근길을 바꿀 수 없다는 점을 잘 알고 있었다.

나는 2022년 독일의 '9유로 티켓' 실험을 떠올렸다. 환경을 구하자고 호소하지 말고, 시민의 지갑을 구해주자. 사람들은 '환경보호' 때문이 아니라, '싸고 편하니까' 차를 두고 지하철을 탄다. 이것이 행동경제학에서 말하는 '넛지(Nudge)'다. 강요하지 않고 이익을 주어 행동을 자연스럽게 바꾸는 부드러운 개입. 우리는 투사의 갑

옷을 벗고, 시민의 삶 속에 스며드는 '설계자'가 되기로 결심했다.

시스템 디자인의 결정체: 기후동행카드

"한 달에 6만 2천 원만 내면, 서울의 모든 대중교통이 무제한!"

이 단순하지만 강력한 제안이 바로 '기후동행카드'다. 복잡한 마일리지 적립도, 까다로운 조건도 없다. 그냥 한 장 사면 끝이다. 따릉이까지 포함해도 6만 5천 원. 한 달 교통비 걱정에서 해방된다.

이 카드의 핵심 작동 원리는 '본전 생각'이다. 이미 돈을 냈으니 지하철을 한 번이라도 더 타게 되고, 애매한 거리는 택시 대신 따릉이를 이용하게 된다. 승용차를 타는 것이 손해라고 느껴지게 만드는 것, 이것이 바로 시스템의 묘미다.

하지만 이 혁신적인 카드가 세상에 나오기까지의 과정은 순탄치 않았다. 인접한 경기도와 인천시는 난색을 표했고, 국토부는 "성급하다"며 견제했다. 하지만 지체할 수 없었다. 기후위기는 기다려주지 않기 때문이다. 완벽한 합의를 기다리다간 지구가 먼저 망가지게 생겼다. 서울이 먼저 총대를 메야 했다.

2024년 1월 기후동행카드가 세상에 나왔다. 출시 70일 만에 100만 장이 팔려나갔다. 시민들은 이 '이익의 논리'에 뜨겁게 반응했다. 인근 지자체들도 하나둘 동참하기 시작했다. 서울의 결단

2024년 1월 29일, 시청역 개찰구에서 "삑–" 경쾌한 태그음과 함께 서울의 교통 혁명이 시작됐다. 월 6만 원대로 누리는 '기후동행카드'를 직접 들고 지하철에 몸을 실었다. 이 작은 카드 한 장이 기후 위기를 막고 시민의 가계 부담을 더는 든든한 방패가 되기를. 불편함은 줄이고 혜택은 늘리는 고민은 지금도 계속되고 있다. 출처: 서울시

이 수도권의 변화까지 이끌어낸 셈이다.

기후동행카드 출시 1년을 기해 발표된 서울연구원 분석에 따르면, 이용자들은 월 평균 약 11.8회 승용차 이용을 줄였다. 규제로 차를 못 타게 한 것이 아니라, 혜택을 주어 자발적으로 차를 쉬게 만들었다. 이를 통해 연간 3만t가량의 온실가스를 감축한 것으로 분석됐다. 이는 30년생 나무 300만 그루가 한해 흡수하는 탄소량과 맞먹는다. 시스템 디자인의 위대한 힘이다.

이득이 되는 친환경 도시를 디자인하다

30년 전 변호사 오세훈은 '일조권'을 위해 싸웠다. 20년 전, 국회의원 오세훈은 '특별법'을 만들었고, 초임 시장 오세훈은 매연 병을 들고 사람들을 설득했다. 그때 나는 세상을 바꾸기 위해선 집요하게 싸워야 한다고 믿는 투사였다.

지금은 한 단계 진화했다. 지금의 오세훈은 시민들의 주머니를 채워주며 자발적 참여를 꿈꾸는 '설계자'다. 혜택은 참여를 부르고, 참여는 변화를 만든다. 서울시가 쏘아올린 작은 공은 이제 대한민국 전체를 움직이는 거대한 표준이 됐다. 기후 위기 대응과 교통 복지라는 두 마리 토끼를 잡기 위해 고안해낸 기후동행카드가 2026년부터 정부의 '모두의 카드'라는 이름으로 전국화된다는 소식은, 서울의 시스템 디자인이 단순한 지역 실험을 넘어 국가의 표준 모델로 자리 잡았다는 것을 뜻한다. 서울시의 혁신이 중앙 정부의 정책을 견인하고 대한민국 전체의 삶을 바꿀 수 있다는 사실에 깊은 자부심을 느낀다. 지구를 지키는 일이 고통스러운 의무가 아니라, 내 돈을 아끼고 내 삶을 윤택하게 하는 '득(得)'이 되는 도시. 투쟁의 시대를 넘어 설계의 시대로. 서울시와 대한민국의 혁신은 멈추지 않는다.

Chapter

7
___

집념과
예술

01

이념이 망친 10년,
사라진 집들

　나는 전임 시장의 임기 10년을 주저 없이 '잃어버린 10년'이라
부른다.

　누군가는 이 표현이 정치적이라고 비판할지도 모르겠다. 하지
만 시장으로서 내가 마주한 서울의 주거 현장은 그보다 더한 수식
어로도 설명하기 부족한 참담함 그 자체였다. '잃어버렸다'고 단언
하는 이유는 명확하다. 전임 시장이 서울을 이끌던 10년, 서울의
주택 정책은 시민의 삶이라는 '현실'이 아니라, 시장의 낡은 '관념'
과 '이념'에 저당 잡혀 있었기 때문이다.

전임 시장의 주택 정책 이면에는 재개발과 재건축을 지역 고유의 특성과 공동체를 파괴하는 '폭력'으로 보는 시각이 깔려 있었다. 정비사업은 기존 원주민을 내쫓고 토지 소유자들에게 불로소득을 안겨주는 '불온한 욕망'의 분출구로 치부되었다. 건강한 커뮤니티를 유지하기 위해서는 정비사업을 활성화하는 것이 아니라, 오히려 최소화하고 억제해야 한다는 것이 당시 서울시의 정책 방향이었다는 것은 누구도 부정할 수 없다.

　이러한 철학은 취임 직후인 2012년 1월, 「뉴타운·재개발 新정책구상」이라는 이름으로 실체화되었다. 겉으로는 실태 조사를 표방했지만, 실상은 시장의 철학에 맞지 않는 정비사업을 솎아내고 막으려는 거대한 '가위질'이었다.

　결과는 숫자로 고스란히 드러난다. 주민들이 자진 해산한 구역은 60개에 불과했지만, 시장의 '직권해제' 권한을 동원해 강제로 멈춰 세운 구역은 무려 81개소에 달했다. 일몰제 적용 등을 포함해 총 697개 정비구역 중 389개소가 해제되었다. 전체 구역의 50% 이상이 한순간에 증발해 버린 셈이다. 서울의 미래 주거 공급망 절반이 그렇게 잘려나갔다.

　잘못된 철학은 기존 구역을 없애는 데 그치지 않고, 새로운 길을 만드는 작업마저 원천 봉쇄했다. 그 대표적인 도구가 바로 '주거정비지수'였다. 노후도와 주민 동의율 등을 복합적으로 평가해

70점이 넘어야만 구역 지정을 가능하게 함으로써, 실질적으로 정비사업을 시작조차 할 수 없도록 거대한 '허들'을 세운 셈이다.

데이터를 보면 그 참혹한 결과가 더욱 선명해진다. 전임 시장 시기 연평균 신규 구역 지정 건수는 약 16.4건에 불과했다. 나의 1기 시기 서울시 지정 건수가 연평균 61.7건이었던 것과 비교하면 4분의 1 토막이 난 셈이다.

대규모 정비사업이 멈춘 자리는 '보존'과 '재생'이라는 그럴듯한 수식어로 채워졌다. 화재가 나도 소방차 한 대 진입하지 못하는 좁고 가파른 골목길은 '주민들이 정을 나누는 공간'으로 미화되었고, 낡고 병든 주택과 열악한 기반 시설은 방치된 채 벽화를 그리고 공동체 공간을 만드는 수준에 머물렀다.

더 나은 주거 환경에서 살고 싶어 하는 주민들의 본능적인 욕구는 개발 이익을 쫓는 탐욕으로 매도되었다. 심지어 아궁이, 연탄과 같은 근현대 한국인의 생활양식 흔적을 '역사문화유산'이라는 이름으로 남겨야 한다는 명목으로 정비사업 진행 중인 아파트 단지 한가운데 낡은 건물 한 동을 흉물처럼 남겨두는 해괴한 정책이 추진되기도 했다.

참혹했다. 전면 철거를 통해 도로와 공원 같은 기반 시설을 확보해야 할 지역들이 재생으로 묶이면서, 개별 필지마다 난개발식 원룸과 다세대가 들어찼다. 도로는 더욱 복잡해졌고, 시민들이 쉴 공원은 더욱 부족해졌다. '재생'이라는 이름 아래 서울의 주거 환경은 오히려 퇴보했다.

아이러니한 것은, 정비사업을 그토록 반대했던 전임 시장이 정작 자신의 임기 내에는 정비사업의 결실을 가장 풍족하게 누렸다는 사실이다. 주택 사업은 기획부터 준공까지 긴 시간이 걸리는 법이다. 그의 임기 중 준공된 221개소의 정비사업 중 17%는 이명박 시장 시절에, 그리고 무려 54%는 나의 1기 임기 당시에 지정된 구역들이었다. 앞선 시장들이 닦아놓은 길 위에서 정작 본인은 길을 끊으며 그 혜택만을 누린 셈이다.

이는 곧 그 실책의 결과가 뒤를 이은 나의 임기에 터져 나온 원인이기도 하다. 전임 시장 시절 해제된 389개 구역이 정상적으로 추진되었다면, 서울에는 약 21만 호의 신규 주택이 공급되었을 것으로 추산된다. 지난 몇 년간 서울의 집값을 폭등시킨 근본 원인인 '공급 절벽'은, 결정권자의 잘못된 철학이 아니었다면 나타나지 않았을 인재(人災)였다. 10년이 지난 지금, 결과는 서울 부동산 시장의 극심한 대혼란이라는 부메랑으로 돌아왔다.

더 가슴 아픈 사실은 이 실책이 강남북 격차를 더욱 심화시켰다는 점이다. 해제된 389개 구역 중 64%인 250개 구역이 강북권

〈재개발사업 구역지정 및 해제현황〉

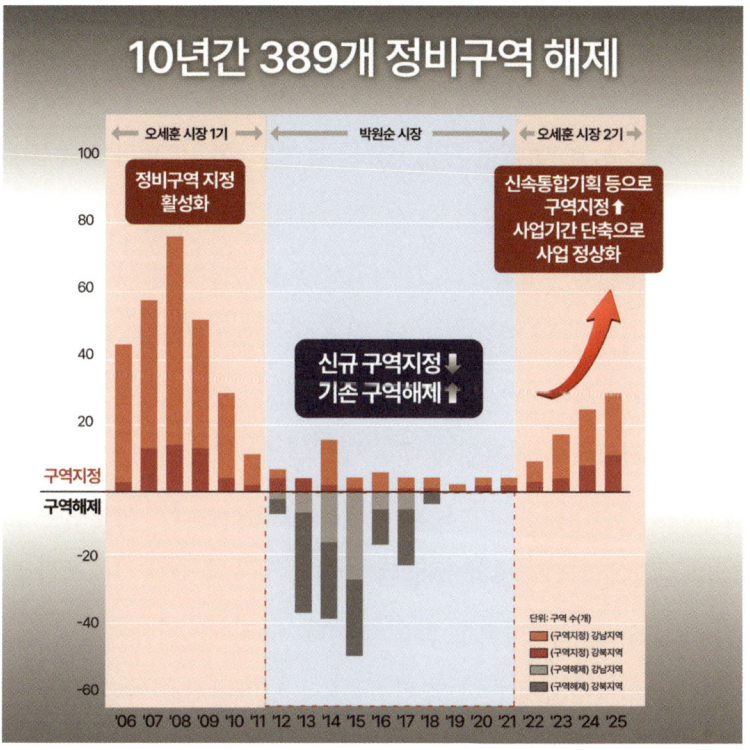

지난 10년간 정비구역 해제로 침체기를 겪었던 서울의 재개발 현황. 그래프는 거짓말을 하지 않는다. 출처: 서울시

에 몰려 있었다. 만약 정비사업 기조가 일관되게 유지되었다면, 오늘날 강북은 과거의 전성시대를 넘어 새로운 명품 주거지로 탈바꿈해 있었을 가능성이 높다.

서울시장에게 주택 정책은 결코 이상과 관념의 대상이 되어서는 안 된다. 그것은 시민의 가장 소중한 자산이자 삶의 터전을 다루는 지극히 '현실적'이고 '실용적'인 영역이어야 한다.

지금 서울시는 '신속통합기획'을 도입해 정비사업의 시계를 앞당기고 있다. 하지만 아무리 속도를 높여도, 한 번 무너진 공급망을 회복하는 데는 여전히 긴 시간이 필요하다. 주택 정책은 어느 한 개인의 얄팍하고 낭만적인 사고로 흔들기에는 그 무게가 너무나 무겁다. 오늘의 실책은 10년 뒤 시민들에게 반드시 뼈아픈 고통으로 돌아오기 때문이다.

주택 시장과 정비사업에 대한 탈이념적 사고는 서울시장의 필수 자격 요건이다. 내가 서울시장직을 수행하는 한, 서울시는 그 어떤 순간에라도 이념의 늪에 빠져 있던 서울의 주거 사다리를 복원하는 데 모든 에너지를 쏟을 것이다. 그것이 다시는 '잃어버린 10년'을 되풀이하지 않는 길이며, 천만 시민에게 안정된 삶의 터전을 돌려드리는 유일한 방법이라 믿기 때문이다.

행정은 숫자를 넘어 시민의 삶을 바꾸는 예술이어야 하며, 그 예술의 기초는 언제나 단단한 현실 위에 서 있어야 한다.

02

18년의 기다림을
12년의 설렘으로

"시장님, 이 동네를 사람들이 뭐라고 부르는지 아십니까? '똥 간'이라고 부릅니다. 서울 한복판에 이런 곳이 또 어디 있습니까."

창신동에서 만난 60대 주민의 절규는 분노를 넘어 체념에 가까웠다. 사람 한 명이 겨우 지나갈 좁고 가파른 계단, 금방이라도 무너질 듯 위태로운 지붕들. 화재가 나도 소방차가 들어올 수 없어 속수무책인 그곳은, 21세기 서울이라고 믿기 힘든 풍경이었다.

2007년 뉴타운으로 지정됐을 때만 해도 주민들은 희망에 부풀어 있었다. 하지만 2013년, 전임 시장은 이곳을 뉴타운에서 해제하고 '도시재생 1호' 지역으로 지정했다. 막대한 예산이 투입됐다. 언덕길에는 예쁜 벽화가 그려졌고, 꼭대기에는 그럴듯한 전망대가 세워졌다. 하지만 정작 주민들이 먹고 자는 집은 그대로였다. 겨울이면 수도관이 얼어터지고, 비가 오면 천장에서 물이 샜다.

"벽화가 밥 먹여줍니까? 보존이요? 그건 우리 보고 그냥 낡은 집에 갇혀 죽으라는 소리입니다."

행정이 보존이라는 낭만적인 이념에 취해 벽화 그리기에 몰두하는 동안, 시민의 삶은 '똥간'이라 불릴 만큼 비참한 지경으로 내몰렸다. 정책이라는 이름으로 행해지는 '고문'이었다. 나는 창신동의 가파른 계단을 내려오며 주먹을 꽉 쥐었다.

'이 지독한 희망 고문을 반드시 끊겠다.'

공급 절벽과 1호 공약의 탄생

2021년, 서울시장 보궐선거 캠프의 밤은 매일 전쟁터였다. 야인(野人)으로 지낸 10년의 세월을 건너 다시 링 위에 올랐지만, 나를 짓누른 것은 선거의 승패가 아니었다. 현장에서 마주한 서울의 현실, 특히 시민들의 '주거 절벽'이 주는 공포감이었다.

당시 서울의 부동산 민심은, 아니 대한민국의 부동산 민심은 폭발 직전이었다. 2020년 서울 가구 수는 약 8만 6천 명 늘었지만, 주택은 4만 호 증가에 그쳤다. 내가 재임했던 1기(2006~2011년) 시기 서울시가 지정한 정비사업 물량이 2019년까지 서울 주택시장을 간신히 지탱해왔으나, 전임 시장 10년간 신규 지정이 멈추고 389곳이 해제되면서 공급의 동맥경화가 왔다. 전세가는 뛰었고, 청년들은 '영혼까지 끌어모아서' 겨우 살집 하나를 얻거나, 서울을 떠나갔다. 선거 운동 과정에서 마주한 시민들은 내 손을 움켜잡으며 절규했다.

"후보님, 제발 집 좀 짓게 해주세요. 이이는 크는데 갈 데가 없습니다."

선거 캠프 회의실, 참모들이 핏발 선 눈으로 토론을 이어갔다. 도시계획 전문가 유창수 전 정책보좌관과 이광석 전 보좌관 등 정책 공약 담당이 내놓은 지도는 온통 붉은색이었다. 서울 시내 곳곳에 멈춰선 재개발·재건축 현장들이었다.

"서울에 더 이상 빈 땅은 없습니다. 유일한 해법은 재개발·재건축인데, 전임 시장 10년 동안 인허가가 꽉 막혀 공급이 사라졌습니다. 이걸 뚫지 않으면 백약이 무효입니다."

기존 방식대로 하면 구역 지정부터 입주까지 평균 18.5년이 걸린다. 아이가 초등학교 때 시작하면 시집—장가갈 때나 끝난다는 이야기다. 우리는 문제의 본질을 직감했다. 주택 공급 문제는 집을 짓는 '건설'의 문제가 아니었다. 집이 진행되는 것을 가로막고

〈'16~'25년 준공물량의 임기별 구역지정 물량〉

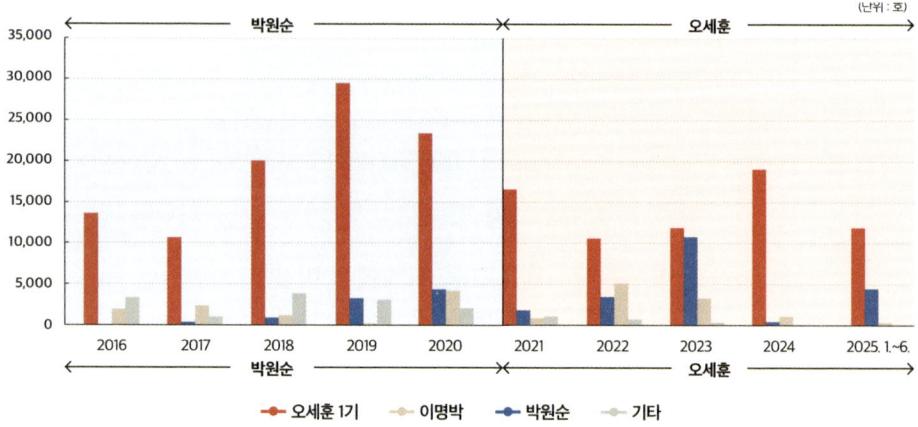

(단위 : 호)

있는 '보이지 않는 시스템'의 문제였다.

　사람들은 눈에 보이는 건물과 도로를 보지만, 행정가는 그 이면에 깔린 복잡한 인허가 배관을 본다. 그 배관 어딘가가 꽉 막혀 흐름이 멈춰 있다. 혈관이 막히면 피가 돌지 않아 괴사가 일어나듯, 행정의 프로세스가 막히면 도시의 공급 생태계가 죽는다. 엉키고 낡은 행정의 회로를 뜯어내고 흐름이 원활하도록 구조를 재편하는 '시스템 재설계'가 절실했다.

　유능한 행정이란 무엇인가. 책상에 앉아 규정집을 읊는 것이 아니다. 정책의 혈관 어디가 막혀 있는지를 예민한 눈으로 찾아내, 그 '병목(Bottleneck)'을 과감하게 깨부수는 일이다. 누군가 이 병목을 뚫어내지 않으면, 10년이고 20년이고 시간은 그냥 흘러

간다. 그 꽉 막힌 시간을 뚫어 시민에게 '삶의 시간'으로 돌려주는 것, 그것이야말로 행정이 해야 할 책무라고 믿었다.

"절차는 지키되, 관(官)이 개입해서 불필요한 핑퐁 게임을 없앱시다. 기간을 획기적으로 줄입시다. 그게 우리의 1호 정책입니다."

캠프의 불은 새벽까지 꺼지지 않았다. 그렇게 우리는 이 안을 최우선 정책, '스피드 주택공급'으로 확정했다. 무너진 주거 사다리를 복원하겠다는, 서울시민을 향한 피 맺힌 약속이었다. '신속통합기획'은 그렇게 2021년 봄, 주택공급 재시동 의지에서 태어났다.

핑퐁 게임을 끝내고 '원팀'으로

왜 서울의 정비사업은 그동안 하염없이 늘어졌을까?

이유는 행정의 '핑퐁 게임'에 있었다. 과거에는 이런 식이었다. 주민들이 몇 년을 고생해 정비계획안을 가져오면, 서울시 공무원은 팔짱을 끼고 앉아 "교통 대책이 부족하네요"라며 반려한다. 고쳐서 다시 가져가면 이번엔 "환경 평가가 미흡하다"며 또 돌려보낸다. 행정이 일의 진행을 도와주는 존재가 아니라, 트집 잡는 심판관이었다.

우리는 "서울시가 처음부터 함께 뛴다"는 것을 신속통합기획의 핵심 작동 원리로 삼았다. 주민이 헤매도록 두지 않고, 기획 단계부터 서울시와 자치구, 전문가가 '원팀'이 되어 가이드라인을 제시한다. "용적률은 이 정도, 공공기여는 이렇게 하면 됩니다"라고 미리 답을 제시하고 시행착오를 줄인다. 5년 넘게 걸리던 정비구역 지정이 2년으로 단축되는 마법은, 이렇게 행정의 태도를 '통제'에서 '지원'으로 바꾼 데서 시작됐다.

〈심의절차 개선〉

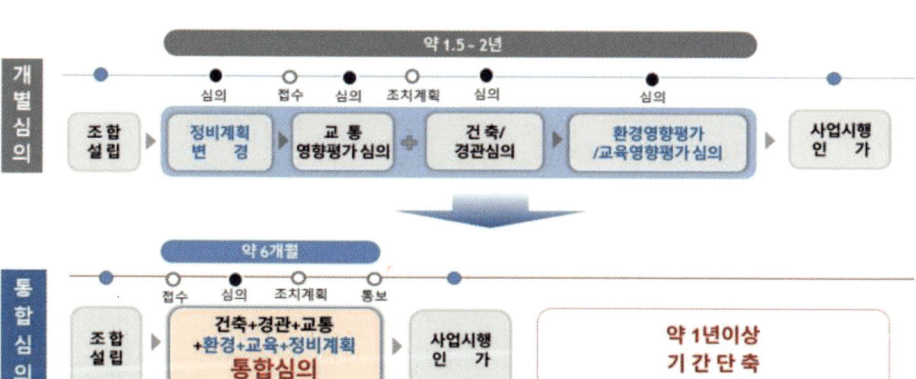

심의 구조도 바꿨다. 기존에는 건축, 교통, 환경 심의를 줄줄이 사탕처럼 차례로 받아야 했다. 마치 은행 창구가 하나뿐이라

손님들이 한 줄로 서서 하염없이 기다리는 꼴이었다. 우리는 이것을 '통합심의'로 바꿨다. 건축, 교통, 환경 등을 병렬적으로 동시에 심의한다. 은행 창구를 여러 개로 늘려 동시에 처리하는 것과 같다.

불가능을 가능으로 바꾼 현장들

신속통합기획이 시민의 삶을 얼마나 구체적으로 바꾸고 있는지, 그 답은 현장에 있다. 기존 방식으로는 도저히 불가능해 보였던 곳, 시간이 멈춰 있던 그곳들이 다시 힘차게 고동치기 시작했다. 그중 세 곳의 이야기를 하려고 한다.

창신·숭인동은 도시재생 1호라는 이름 아래 10년을 허비했던 곳이다. 신통기획은 보존할 건 보존하되 사람이 사는 집은 바꾸는 방식으로 접근했다. 낙산의 경관을 해치지 않으면서도 다채로운 스카이라인을 형성하고, 단절된 지역을 잇는 입체보행로를 설계했다. "그놈의 재생 때문에 막혔는데 이제 서울시가 뚫어준다니 믿어보겠다"는 주민의 말씀에 가슴이 먹먹해졌다. 서울시가 이번에는 벽화가 아니라 진짜 집을 바꿔드리면 좋겠다 생각했다.

용산구 서계동의 경우엔 노후주택 비율이 87%에 달했지만 재개발이 불가능했다. 과거 지어진 집들이 이미 법적 용적률 상한을 넘겨 있어, 현행법대로 다시 지으면 오히려 집을 줄여야 하는 '사업성 제로' 상태였기 때문이다. 신통기획은 '현황 용적률 인정'이라는 묘수로 이 난제를 풀었다. 1종 일반주거지역 용적률을 150%에서 190%까지 인정해주고 법적 상한을 유연하게 적용해 사업의 길을 터줬다. "이젠 손해 안 보고 새 집을 지을 수 있게 됐다"며 안도하는 주민들의 얼굴에서, 서울시가 약속을 지켰다는 보람을 느꼈다.

강북구 번동은 오패산 터널이 동네 한복판을 가로질러 구역이 두 동강 난 탓에 사업성이 없어 2013년 구역 해제된 후 방치된 곳이었다. 신통기획은 위기를 기회로 바꿨다. 터널 상부를 덮어 공원으로 조성하고, 이를 통해 양쪽으로 나뉜 마을을 연결하는 보행축을 만들었다. 용적률 상향과 인센티브를 통해 사업성을 확보하자 10년 묵은 절망이 희망으로 바뀌었다.

신통기획 도입으로 5년여 만에 200곳이 넘는 후보지를 선정하고 38만호 공급의 기반(2025년 12월 기준)을 닦았다. 하지만 만족할 수 없었다. 구역 지정 이후 입주까지 남은 과정들도 여전히 산 넘어 산이었기 때문이다. 2025년 여름, 서울시는 '주택공급 촉진 방안'과 '주택공급 활성화 방안'을 연달아 발표했다. 구역 지정~조합설립 단계의 속도를 높여 주택공급을 촉진하겠다는 방안이었다. 이어 같은 해 9월에는 '신통기획 시즌 2'를 통해 구체적인 인

창신·숭인동의 시간은 멈춰 있었다. '도시재생 1호'라는 허울 좋은 이름 아래, 주민들은 화재가 나도 소방차조차 들어오지 못하는 불안을 견뎌야 했다. 2023년 7월, 낡은 골목 앞에 펼쳐진 조감도를 보며 서울시는 약속했다. 주민들의 열망에 최대한 빠른 속도로 답하겠다고. 출처: 서울시

허가 절차를 줄여 공급을 획기적으로 늘리기로 했다.

'신속통합기획 1.0' 도입과 제도 개선으로 정비사업 기간을 18.5년에서 13년으로 5.5년 단축한 데 멈추지 않고 인허가 개선과 규제혁신을 통해 기간을 1년 추가로 줄여 최대 6.5년 앞당겨 12년으로 낮추는 것이 핵심이다. 2031년까지 31만 호 착공이 목표다.

"시민들이 내 집 마련의 꿈을 포기하지 않도록, 행정의 모든 단계에서 병목을 깨부수겠습니다."

6.5년이라는 기간이 갖는 의미는 매우 크다. 이전에는 갓 초등학교에 입학한 아이를 둔 부모가 재개발을 시작했을 때, 과거에는 아이가 대학을 졸업해야 새 집에 들어갈 수 있었다. 하지만 이제는 그 아이가 중학교를 졸업할 때쯤이면 새 아파트에 입주할 수 있게 된다. 행정의 속도는 곧 시민의 삶의 시간이므로 단 하루도 허비할 수 없다.

민간의 활력 vs 공공의 한계

2025년 9월과 2026년 1월, 정부 역시 주택공급 대책을 발표하며 공공주도 공급을 강조했다. 하지만 서울의 해법은 '관(官) 주도'가 아니라 '민간 주도 + 공공 지원'이어야 한다. 지난 문재인 정부의 공공주도 공급은 이미 실패를 맛봤다. 민간의 역동성을 무시한 채 LH가 주도하면 속도가 날 수 없다. 게다가 정부안은 유휴부지 위주의 공급에 치중해 있다. 시민들은 외곽의 유휴부지가 아니라, 도심지에 살고 싶어 한다.

서울의 신통기획은 민간이 사업을 주도하되, 공공이 촉매제가 되어 절차를 묶고 시간을 줄여주는 방식이다. 민간은 시장을 읽고 수요가 있는 곳에 집을 짓는다. 공공은 그 과정에서 소외되는 이가 없도록 세입자 대책과 공공기여를 조율하고, 막힌 길을 뚫어주면 된다. 이것이 서울의 시장 구조와 시민의 욕구에 부합하는 가장 현실적인 해법이다.

서울에 남은 빈 땅은 그리 많지 않다. 좋은 입지의 빈 땅이 이유 없이 빈 땅으로 남아 있을 리가 없다. 산과 강으로 둘러싸인 이 도시에서 주거 안정의 유일한 길은 낡은 곳을 새 집으로 바꾸는 정비사업뿐이다. 행정의 역할은 시민이 필요한 시기에 원하는 장소에 집을 공급하는 것이다. 5년의 지연은 한 사람에게는 5년이지만, 1만 명이 기다린다면 5만 년의 고통이 누적되는 것과 같다.

신통기획의 효과는 향후 20년 서울을 지탱할 것이다. 20년 전 서울시가 뿌린 씨앗이 지금의 민생을 받치고 있듯이, 시민이 더 이상 기약 없이 기다리지 않게 하는 것. 그것이 신통기획이 걸어가는 길이다.

시민사회와의 동반?
세금이 줄줄 샌다

고대 로마의 정치가 키케로(Marcus Tullius Cicero)는 『국가론』에서 "공화국은 소수의 이익이 아니라 공동의 이익을 위해 존재한다"고 설파했다. 민주주의의 근간이 되는 이 금언은 공직자가 가슴에 새겨야 할 제1의 원칙이다. 우리 헌법 제7조 역시 "공무원은 국민 전체에 대한 봉사자"라고 명시한다. 이는 나를 비롯한 공직자 모두가 갖춰야 할 품성이며, 공직이 특정 집단의 사적 이익이나 이념 실현의 도구가 되어서는 안 된다는 엄중한 경고다.

하지만 2021년, 10년 만에 돌아온 서울시의 풍경은 충격 그 자체였다. '시민사회와의 동반'이라는 그럴듯한 명분 뒤에서, 시민의 혈세는 특정 단체들의 전유물로 전락해 있었다. 전임 시장 10년, 특정 세력은 거대한 카르텔을 형성해 서울시 예산과 조직, 나아가 정책 결정 과정까지 깊숙이 잠식했다. 그 수법은 내가 상상했던 것보다 훨씬 더 조직적이고 치밀했다.

공화국의 적(敵), 사유화된 공공

이 거대한 카르텔의 작동 원리는 '다단계 위탁 구조'로 요약된다. 과정은 이렇다. 먼저 사회적 경제, 마을 공동체, 도시재생 등의 명목으로 정책 분야를 신설하고 막대한 예산을 배정한다. 그리고 이 사업을 총괄할 '중간지원조직(센터)'을 설립해 특정 시민단체에 운영을 위탁한다. 여기서 끝이 아니다. 이 수탁 기관들은 세부 사업을 쪼개어 또 다른 시민단체들에게 '재위탁'이나 '보조금' 형태로 뿌린다.

서울시 본청에서 시작된 이 다단계 구조는 25개 자치구, 나아가 동 단위까지 모세혈관처럼 뻗어 나갔다. 이 과정에서 시민을 위한 서비스는 뒷전이 되고, 오로지 자신들의 '사상적 동지'들을 위한 공공 일자리 만들기, 즉 '자기 식구 챙기기'가 최우선 목표가 되었다. 정작 평범한 시민들은 존재조차 모르는 각종 사업 명목으로 조 단위의 혈세가 그들만의 생태계로 흘러 들어갔다. 그 돈이면 낙후된 도심을 재정비해 도시경쟁력을 높이거나, 집 없는 청년과 신혼부부를 위한 보금자리를 마련할 수 있었다.

나는 시민사회와의 동행 명분으로 과도하게 뿌려진 시민의 혈세를 보며 분노를 참기 어려웠다. 그들이 독식했던 예산의 규모가 컸기 때문이 아니다. 시민의 삶의 질과는 동떨어진 자신들만의 놀이터에서 아주 오랫동안 불공정과 특혜, 그리고 방만한 예산 나눠 주기가 반복되고 있었기 때문이다. 서울시는 지난 10년 동안 특정 세력을 위한 거대한 'ATM(현금지급기)'에 불과했다.

대표적인 사례가 '마을공동체 사업'이다. 전임 시장은 서울시민의 공동체성을 강화하겠다는 목표로 마을공동체 사업 분야에 막대한 예산을 투입했다. 10년간 특정 사단법인이 서울시 센터 운영을 독점했고, 자치구별 센터는 물론 동 단위 '자치지원관'까지 만들어 활동가들을 공무원처럼 채용해 파견했다. '특혜 위에 특혜'가 쌓이고, 서로 보조금을 밀어주고 당겨주는 '품앗이 지원'이 만연했다. 그러나 10년이 지난 지금, 과연 서울시민의 공동체성은 얼마나 회복되었는가? 남은 것은 활동가들의 인건비 명세서뿐이다.

'도시재생사업' 또한 마찬가지였다. 재개발·재건축을 틀어막고 '보존'에만 집착했던 도시재생사업은 전문성 없는 특정 시민단체

출신들이 장악했다. 도시재생은 고도의 전문성이 요구되는 분야임에도, 이념적 편향성을 가진 인사들이 자리를 꿰차고 앉아 벽화 그리기 수준의 사업에 예산을 낭비했다.

태양광 보조금 사업, 사회주택 공급을 비롯해 서울로 7017 사업, 노들섬, 서울숲, 창동 플랫폼, 공공 급식사업, 텃밭 사업, 협동조합 지원사업, 남북 교류사업, 환경 사업 등 서울시정의 거의 모든 분야에 '빨대'가 꽂혔다. 애시당초 다단계 위탁 구조가 생기기 이전에는 시 공무원이나 사지구 딤딩 공무원들이 치질 없이 했던 일들이다. 공무원 한두 명이 효율적으로 처리할 수 있는 업무를 굳이 민간 위탁으로 돌려 다수가 쪼개 가져가는 식으로 설계했으니, 비효율은 말할 것도 없고 세금 나눠먹기의 극치였다.

관료 조직의 정치화

예산 낭비보다 더 심각한 문제는 '인사 시스템의 붕괴'였다. 그들은 카르텔을 영구적으로 유지하기 위해 서울시 내부 조직까지 손을 댔다. 시장과 가까운 단체 출신 인사들을 '임기제 공무원'이라는 이름으로 대거 채용해 주요 보직에 앉혔다. 마을공동체 센터장이 소관 부서 과장으로, NPO(비영리단체) 출신이 관련 팀장으로 들어오는 식이었다. 심지어 국·실장급 고위직까지 자신들의 입맛에 맞는 인사들로 채워졌다.

　그렇게 늘려가다 보니 임기제 공무원은 전임 시장 시절 무려 45.1%가 증가했다. 더 큰 문제는 이들을 '철밥통'으로 만들기 위해 복무 규정까지 뜯어고쳤다는 점이다. 당초 '2년+2년+1년'이었던 계약 기간을 '2년+3년'으로 늘리고, 5년 근무 후에는 공개 채용 절차 없이 5년을 더 연장할 수 있도록 문턱을 낮췄다. 그뿐 아니라 10년이 지난 임기제 공무원은 최대 5년 추가 약정이 가능하게 했다. 처음에는 보조금 사업 정도로 시작했던 시민단체 지원이 10년간 서울시 예산, 조직, 고위직 간부 자리까지 거위털을 하나씩 뽑듯 그 영역을 넓혀가며 커지더니 급기야 서울시 전체를 서서히 잠식했다.

　이는 묵묵히 일하는 직업 공무원들에게 씻을 수 없는 박탈감을 안겨주었다. 누군가는 공무원이 되기 위해 노량진 고시촌에서 수년을 인내하지만, 누군가는 특정 단체 활동 이력만으로 과장, 팀장 자리를 꿰찼다. 정상적인 조직이라면 업무 성과나 근무 태도가 기준에 못 미치면 C, D등급을 주어야 하지만, 대부분 시장 측근들이 포진해 있어 그 누구도 그런 평점을 부여하지 못하는 것이 현실이었을 것으로 의심된다. 인사상 특혜가 만연한 상황을 목도하며 일반 공무원들의 사기 저하와 좌절감이 어느 정도였을지 짐작이 갔다. 공직 기강은 무너졌고, 조직의 활력은 사라졌다.

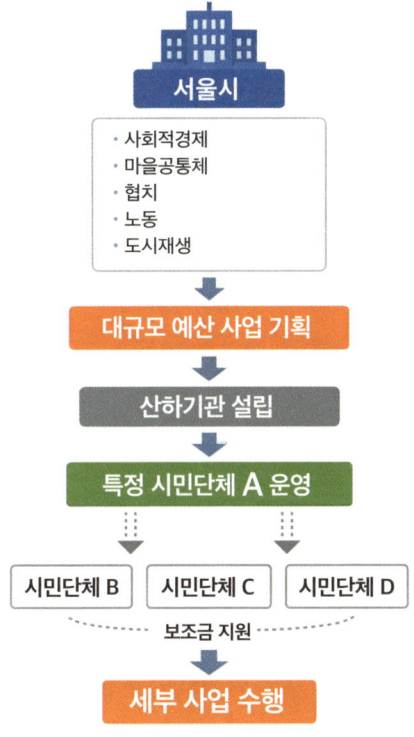

시민을 위한 서울로 돌아가기 위한 분투

이것이 2021년 서울시장 보궐선거로 취임하자마자 서울시가 가장 먼저 '서울시 바로세우기'를 과제로 천명할 수밖에 없는 이유였다. 서울 전역을 잠식한 이 거대한 카르텔을 걷어내고, 파이프라인을 뽑지 않고서는 줄줄 새는 서울시 재정을 막고 시정 운영을 정상화할 길이 없었다.

취임 당시 시의회의 90% 이상이 민주당(국민의힘 소속 7명, 민주당 소속 101명)인 척박한 환경 속에서도 이것만큼은 이를 악물고 반드시 해내야 했다.

우선 특정 단체가 독점하던 민간위탁·보조금 사업을 전수 조사하고 막대한 규모로 빠져나가던 지출 구조를 과감히 틀어막았다. 그 결과 83개의 민간위탁·보조사업에서 총 832억 원을 절감했다. 불공정한 과정으로 독점 수탁된 사업에 대해서는 사기죄 및 업무상 횡령 등 타협 없이 엄정한 법적 조치를 취했다.

무너진 인사 시스템도 바로잡았다. '어공(어쩌다 공무원)'이 서울시의 주인 행세를 하는 일을 막기 위해 임기제 공무원 평가 기준을 대폭 강화했다. 기존의 느슨했던 연장 규정을 폐지하고, 업무 실적이 객관적으로 입증된 경우(S등급)에만 인센티브를 부여하도록 했다. 특히 5년 근무 후 추가 연장을 하려면 근무 기간 중 S등급을 5회 이상 받아야 한다는 엄격한 기준을 세워, 실력 없는 낙하산 인사들이 설 자리를 봉쇄했다.

보궐선거 취임 후 1년여간의 '서울시 바로세우기'는 비정상을 정상으로 돌려놓는 고통스러운 수술 과정이었다. 기득권을 뺏긴 세력들의 저항은 집요했고, 지금 이 순간에도 그들은 '세금 빨대'를 복원하기 위해 호시탐탐 기회를 엿보고 있다.

그러나 우리는 단호하다. 공공이 사유화되고, 시민의 혈세가 특정 세력의 쌈짓돈으로 쓰이는 일은 두 번 다시 없어야 한다. 공직은 오직 시민을 위해 존재해야 하며, 서울시의 주인은 시민단체가 아니라 천만 서울시민이다. 이것이 서울시가 시민들과 맺은 가장 엄중한 약속이며, 어떤 외풍에도 흔들리지 않고 지켜나갈 원칙이다.

04
작을수록
아름답다

　2022년 7월, 서울역 앞 쪽방촌. 겉으로 보기엔 여느 평범한 편의점과 다를 바 없었다. 진열대 사이를 오가는 사람들이 신중하게 물건을 고르고 장바구니에 담고 있었다. 흔한 풍경 같았지만, 사실 그곳에선 '조용한 혁명'이 일어나고 있었다.

　과거 구호품을 받기 위해 길게 줄을 서던 풍경은 사라졌다. 정해진 시간에, 정해진 순서대로, 정해진 물품을 받아가야 했던, 알게 모르게 자존감을 깎아내리던 그 낡은 방식이 완전히 바뀐 것이다. 이제 쪽방촌 주민들은 매달 정해진 한도 내에서, 자신이 원하는 시간에, 꼭 필요한 물품을 '스스로 선택'해 가져간다. 작은 시도였지만, 주민들의 삶에는 큰 변화가 일어났다. '온기창고'가 문을 연 순간이었다.

'그래, 이런 것이야말로 창의행정이지.'

가슴 벅찬 감동이 밀려왔다. 개소식에 모인 분들과 나는 이 작은 깨달음을 나누었다.

"오면서 그런 생각을 했습니다. 아주 간단한 발상의 전환인데, 우리는 왜 오랜 세월 동안 생필품을 받기 위해 줄 서서 기다리는 분들의 심정을 헤아리지 못했을까요. 그저 도와드린다는 생각에 빠져, 정작 받으시는 분들의 마음은 놓치고 사는 착각을 범하고 있었던 건 아닐까요."

창의행정의 주는 사람의 편의가 아니라, 받는 사람의 마음을 먼저 헤아리는 일이다. 그 마음을 정확히 담아내야 서로 통하고, 비로소 받는 사람이 진정으로 만족하는 정책이 된다.

돌아보면 '서울시 시정'은 행정에 창의를 접목하기 위한 무진 (無盡) 투쟁의 역사였다. 지금도 그 싸움은 현재진행형이다. '투쟁'이라는 거친 표현을 쓸 정도로 공직 사회에 창의행정을 뿌리내리게 하는 일은 무척이나 어렵다. 어쩌면 '창의행정'이라는 단어 자체가 형용모순에 가까울 정도로 부자연스러운 조합이기 때문일지도 모른다.

행정 조직의 DNA는 본능적으로 공급자를 향해 있다. 그러나 내가 말하는 '창의'의 나침반은 철저히 시민을 가리킨다. 방향이 정반대다. 민간 기업은 고객의 호평이 곧 생존과 직결되기에 고객 중심의 사고가 필연적이다. 반면 행정은 시민의 불만이 조직의 존폐로 직결되지 않는다. 이러한 구조적 안온함 탓에 공무원들은 시민의 눈높이보다 인사권자의 의중을 살피는 데 익숙해지기 쉽다. 또한 법과 규정이라는 테두리는 변화보다 안정을, 사람보다 절차를 앞세우게 만든다. 이것이 굳어지면 조직은 '복지부동'하고 시민의 요구에 무뎌진다. 또 행정은 법의 테두리 안에서 움직인다. 변화보다는 안정과 질서를 중시한다. 사람보다 법과 규정을 우선하기 쉽다. 이게 지나치면 '복지부동'이고, 시민 요구에 둔감한 조직이 된다.

내가 그리는 서울시청은 다르다. 시민이 감동하고, 나아가 도시의 미래 경쟁력을 끌어올리는 행정이어야 한다. 이는 공급자 마인드로는 결코 도달할 수 없는 고지다. 내가 2006년 처음 시장이 되자마자 '창의행정'을 화두로 꺼내 든 이유가 바로 여기에 있다.

방아쇠는 병사가 당긴다: 실행의 힘

전쟁의 큰 그림은 장군이 그리지만, 결국 방아쇠를 당기는 건

병사다. 회사에선 경영자가 비전을 세우지만, 제품을 만드는 건 직원이다. 행정도 마찬가지다. 시장이 방향을 제시해도, 실행은 공무원 한 사람 한 사람이 한다. 직원 각자가 이 철학을 이해하고 체화하느냐에 서울의 성패가 갈린다.

흔히 프로야구 감독을 지장·덕장·용장으로 나누고, 김성근 감독을 '야신(野神)', 염경엽 감독을 '염갈량'이라 부르며 감독의 역량을 칭송한다. 모두 감독의 전략적 역량을 부각하는 별칭이다. 그런데 실제로 감독이 성적에 미치는 영향은 어느 정도일까.

미국 데이터 저널리즘 매체 파이브서티에이트닷컴(FiveThirtyEight.com)이 메이저리그 감독 172명의 30년 치 성적을 분석한 결과, 시즌 162경기 중 감독이 승패에 결정적 영향을 미치는 경기는 고작 2경기, 약 1.2%에 불과했다. 나머지 98% 이상은 선수들의 역량에 달렸다는 뜻이다. 공무원 조직과 야구가 같을 수는 없지만, 정책 성공의 열쇠가 결국 현장 직원의 동기부여와 실행력에 있음을 이보다 직관적으로 보여주는 통계는 없다고 본다.

상상이 경쟁력이다: 창의시정 1.0

'창의시정'은 오세훈 시정 1기(2006~2010)의 대표 브랜드다. 취임사에서 '창의'를 아홉 번이나 언급했다.

"새로운 생각으로 창의적인 상상력을 발휘하여 세계적인 도시들과 경쟁해야 합니다… 창의적 상상력이 우리를 변화시키고, 그 변화가 서울을 바꿔나갈 것입니다."

취임 일성으로 창의라는 화두를 던졌을 때 당혹스러워하던 서울시 직원들의 표정이 아직도 생생하다. '개혁이나 혁신은 알겠는데 창의는 도대체 뭔가', '법의 틀 안에서 안정성을 추구해야 하는 행정과 새로움을 지향하는 창의가 어울리나'라는 의문이 가득했을지도 모른다.

그러나 창의시정은 어느 날 갑자기 나온 즉흥적인 산물이 아니었다. 당선 직후 인수위가 꾸려지기도 전에 참모들과 '어떻게 하면 복지부동 문화를 자율과 신바람으로 바꿀까'를 놓고 아이디어 회의를 했다. 대한민국이, 그리고 서울이 한 단계 더 도약하기 위해서는 반드시 넘어야 할 산이었다. 그래서 취임 전부터 참모들과 민간경제연구소를 찾아다니며 경영 트렌드를 익혔고, 취임과 동시에 '100일 창의서울추진본부'를 꾸려 구체적인 실행 방안을 디자인했다.

공직사회가 규정에 기대어 변화를 거부하면 국가경쟁력은 정체된다. 당시 한국은 1인당 GDP 2만 달러를 넘기고, '샌드위치 위기론'에 직면했다. 2001년 세계무역기구(WTO)에 가입한 중국은 '세계의 공장'으로 급부상했고, 한국은 저가 제조 중심의 추격

모델로는 답이 없었다. 행정도 규제 중심에서 벗어나 트렌드에 발빠르게 대응해야 했다.

창의시정 도입 초기, 서울시의 분위기는 혼란 그 자체였다. 미지의 대상을 접했을 때의 충격이었다. 갈피를 못 잡고 부담스러워하는 직원들에게 나는 거듭 강조했다.

"창의시정은 각자 주어진 일을 하면서 어떻게 하면 조금이라도 시민들을 편하게 할 수 있을까. 어떻게 하면 시민 행복을 증진시킬 수 있을까, 시민의 입장에서 창의력과 상상력을 발휘해 아이디어를 내고 개선하는 겁니다."

작은 웅덩이의 미꾸라지를 손으로 잡으려면 어렵지만, 물을 퍼내면 손쉽게 잡을 수 있다는 '미꾸라지론'을 들어 발상의 전환을 독려하기도 했다.

멍석을 깔아주자 변화가 시작됐다. 2006년 7월, 아이디어 플랫폼 '상상뱅크'를 열었다. 서울시 공무원·산하기관 직원이 언제든지 온라인으로 자유 형식의 개선안을 올리도록 했다. 반응은 폭발적이었다. 3개월 만에 2만 건, 2009년 5월까지 3년이 조금 안 되는 기간 동안 14만4000건이 접수됐다. 하루 평균 140건. 과거 일반적인 업무 개선 제안이 하루 평균 1.3건에 그쳤던 것에 비하면 100배 이상 폭증했다.

양만이 아니라 질도 달랐다. 서울시 산하 서울신용보증재단은 중소 자영업자 신용대출 서류를 8종에서 4종으로 줄이고, 심사기간을 한 달에서 일주일로 단축했다. 주머니 사정이 좋지 않은 시민들에게 세종문화회관 공연을 천 원에 개방한 '천원의 행복', 한강 반포대교 '달빛 무지개 분수'도 상상뱅크에서 나왔다. 모두 시민 시각에서 출발해 시민 만족도를 크게 높인 아이디어들이다.

확실한 보상도 따랐다. 반포대교 분수 제안자는 7급에서 6급으로 특진했고, '서울 창의상'을 통해 파격적인 포상금을 지급했다. 제안자 최대 300만 원, 실행자 최대 600만 원, '서울창의대상' 수상자는 1천만 원을 받았다.

시민 참여 플랫폼으로 '천만 상상 오아시스'도 만들었다. 2006년 10월 개설 후 2011년까지 5년간 전체 시민 정책제안 건수는 13만6000건이었다. 대표작 '세빛섬'을 비롯해 정책에 반영된 건수도 320건을 넘는다. 청각장애인을 위한 120다산콜센터 화상상담 서비스나 청계천 '청혼의 벽'이 시민 아이디어로 만들어진 대표적인 정책들이다. '천만 상상 오아시스'는 2009년 세계 공공행정 분야에서 가장 권위 있는 'UN 공공행정상' 우수상을 받았다.

창의는 '거창한 발명'이 아니라 '사소한 발견'이다

이런 치열한 과정을 거쳐 '창의'가 서울시의 DNA로 자리 잡았다고 믿었다. 하지만 10년 만에 돌아와 마주한 서울시는 안타깝게도 그 색채가 많이 퇴색해 있었다. 실망감도 컸지만, 포기할 수 없었다. 세상은 AI, 자율주행, 플랫폼 경제 등 빛의 속도로 변하고 있는데 행정이 멈춰 설 수는 없었다. 2023년 신년 직원조회에서 나는 다시 한번 '창의행정'을 화두로 던졌다.

"올해를 과감하게 저지르는 해로 만듭시다."

'창의'라는 말을 들으면 직원들은 으레 표정이 굳어진다. '또 무언가 획기적인 걸 만들어내야 하나?', '어렵고 골치 아픈 숙제가 생겼구나'라고 생각하는 듯하다. 그럴 때마다 나는 직원들의 눈을 보며 이렇게 강조한다.

"창의는 결코 거창한 것, 없었던 것을 발명해 내는 게 아닙니다. 여러분이 각자 맡은 업무 중에서 가장 사소한 것, 가장 작은 불편을 찾아내어 그것을 고치십시오. 그게 바로 창의시정의 본질입니다. 그건 여러분이 가장 잘할 수 있는 일이기도 합니다. 공무원 개개인이 자신의 책상 위에서 그 작은 변화를 만들어내면, 천만 시민의 삶은 놀라운 속도로 바뀔 것입니다."

대표적인 창의행정의 사례인 동행식당과 올빼미버스, 그리고 지하철 15분 무료 재승차 제도를 보자. 하늘 아래 없던 신기술을 쓴 것도, 엄청난 예산을 들인 발명품도 아니다. 현장에서 시민들이 겪는 불편을 놓치지 않고, 기존 정책을 살짝 비틀고 보완해 해결책을 냈을 뿐이다. 창의행정은 '어제와 같은 오늘'을 거부하는 태도, '작년과 똑같이 답습하는 올해'를 부끄러워하는 마음가짐이다. 그 태도가 변화를 낳는다.

따뜻한 밥 한 끼, 줄 서지 않는 존엄 '동행식당'

2022년 6월, 복지 부서와 머리를 맞댔다. 우리 사회에서 가장 고단한 이들인 노숙인과 쪽방촌 주민들에게 '매일 따뜻한 밥 한 끼'를, 그것도 '자존심 상하지 않게' 대접하고 싶다고 했다. 기존 급식소의 긴 대기 줄이 주는 낙인감을 없애보자는 주문이었다. '따뜻한 밥 한 끼'와 '줄 서지 않는 식사'. 이것이 내가 던진 화두이자 목표였다.

복지실 직원들은 현장 조사와 아이디어 회의를 거쳐 '동행식당'이라는 해법을 찾아냈다. 창의행정의 공식은 명쾌하다. ① 문제 상황 인식 ② 치열한 해결책 고민 ③ 정책 도출. 동행식당의 경우 ①은 시장인 나도 함께 고민할 수 있지만, 구체적인 ②와 ③을 완성한 건 담당 부서의 직원들이었다. 때로는 부서와 부서, 직원과 직원이 벽을 허물고 머리를 맞댈 때 더 좋은 정책이 탄생한다. 칸막이가 낮아질수록 창의의 탑은 높이 솟는 법이다.

미국 전력회사 퍼시픽 파워 앤 라이트(Pacific Power & Light)의

차가운 바람을 맞으며 한 끼를 위해 길게 줄을 서야 했던 거리의 풍경(왼쪽). 하지만 '온기창고'에서는 눈치 보지 않고 마트에서 장을 보듯 필요한 물건을 직접 고른다(오른쪽). '온기창고'는 이름 그대로다. 물건을 쌓아두는 창고가 아니라, 사람의 마음을 덥히는 난로 같은 공간이다. 출처: 서울시

일화는 이 집단지성의 힘을 잘 보여준다. 겨울마다 전선 위 눈과 결빙 때문에 나는 단전사고가 큰 골칫거리였다. 이 문제 해결을 위해 모인 회의에서 한 직원이 말했다.

"곰을 훈련시켜 전봇대를 흔들게 하면 어떨까요?"

다소 황당한 아이디어에 모두 웃었지만 다른 직원이 의견을 보탰다.

"곰이 전봇대를 흔들게 하려면 전봇대에 꿀단지를 올려놓으면 되겠네요."

그러자 또 다른 직원이 다시 말을 이었다.

"꿀단지를 수많은 전봇대에 일일이 가져다 놓으려면 회사의

헬리콥터를 이용해야겠는걸요?"

그 말을 듣고 있던 다른 직원이 나섰다.

"그렇군요. 헬리콥터를 전봇대 근처에 날게 함으로써 진동과 바람을 이용해 전선 위의 눈을 제거하면 되겠어요."

황당한 농담에서 시작된 대화가 꼬리에 꼬리를 물더니, 결국 헬기를 이용한 제설이라는 기발한 해결책으로 이어졌다. 사소한 아이디어라도 함께 고민하고 발전시키면 훌륭한 창의행정이 될 수 있음을 보여주는 사례다.

서울에는 쪽방촌이 다섯 군데 있다. 서울시는 쪽방촌 별로 10 개 내외의 식당을 동행식당으로 선정했다. 이용자가 취향대로, 입맛대로 골라먹을 수 있게 하기 위해서다. 주민들은 무료급식소 시절 줄을 서서 끼니를 해결하는 게 부끄러웠는데 동행식당이 생기고 난 뒤로는 그렇지 않다고 한다.

그러자 의외의 선순환이 일어났다. 동행식당으로 선정된 식당들이 쪽방주민들의 사랑방 역할을 하기 시작했다. 마음 둘 곳 없었던 분들에게 정을 느끼는 공동체가 탄생하며, 마음의 허기를 채우기 시작했다. 갈 곳 없었던 주민들은 식당에 들러 서로 안부를 물으며 커피도 한 잔씩 하며 이야기꽃을 피운다. 어떤 식당 주인은 쪽방 주민의 끼니가 걱정돼 명절에도 문을 닫지 않는다. 어떤 쪽방주민은 점심시간에 가면 다른 손님이 불편해할까 걱정스러워

오후 2~3시쯤 되어서야 식당을 찾는다. 서로가 서로를 배려하는 모습이다.

몸이 아주 불편한 주민에게는 도시락 배달을 해주는 식당도 생겼다. 이렇게 배달을 하다가 응급상황에 처한 주민을 발견하고 구급차를 불러 생명을 살린 경우도 있다. 그 뒤 식당 사장은 몸이 불편한 주민에게 매달 후원금을 제공한다. 쓰러졌다 살아난 분도 시간이 날 때마다 식당에 들러 함께 나물 다듬고 커피 한잔씩 한다. 이분들이 진짜 이웃이고, 식구 아닌가. 예상외의 정책 효과에 나도 공무원들도 놀랐다. 쪽방촌에 갈 때마다 보이던 성마른 행패가 이제는 더 이상 보이지 않는다.

꼭 이런 극적인 사례가 아니더라도 매일 한 끼를 제공하는 동행식당의 존재는 쪽방촌 주민들의 삶의 방식을 긍정적인 방향으로 되돌렸다고 한다. 골방에 틀어박혀 술로 세월을 보냈던 어떤 주민은 식당에 들르기 위해 절주를 하게 됐다. 하루 한 번은 식당에 가기 위해 바깥에 나와 생활하다 보니 이전보다 건강해졌다는 분들이 많다고 한다.

지역사회 돌봄 시스템 구축이라는 부수 효과도 생겼다. 동행식당 이용자에게 처음에는 종이로 된 이용권을 나눠주었는데 나중에 신용카드 방식으로 바꾸었다. 카드 방식으로 바뀌고 난 후 쪽방상담소는 주민들의 식당 이용을 전자 집계할 수 있게 됐다. 주

1회 모니터링을 해서, 3일 연속으로 이용 실적이 없는 주민이 있으면 현장 방문을 하기로 했다. 위험 징후 포착을 통해 지역 사회 돌봄 수준이 한 단계 높아지는 계기가 되었다.

자존감을 채우는 '온기창고'

"주민들을 높여드리고 싶었어요."

온기창고 아이디어를 내고 실행한 복지정책실의 이신옥 주무관은 소설『불편한 편의점』에서 영감을 받았다고 한다. 소설 속 주인공은 노숙인인데 우연한 계기로 한 편의점에서 일하게 된다. 알코올성 치매로 어눌한 주인공이지만 작은 편의점에 모인 사람들을 오히려 위로하고 웃음도 나눠주는 존재가 된다는 이야기를 보며 쪽방촌에 그런 공간을 만들어주고 싶다는 생각을 했다고 한다. 이신옥 주무관의 말이다.

"후원자 중심이 아니라 주민 중심으로 이 정책에 관심을 기울였어요. 후원물품을 받는 분들도 줄 서서 받지 말고, 소비자처럼 높여드리는 시스템이 좋겠다고 생각했어요."

과거의 방식은 철저히 공급자 편의 위주였다. 관공서는 배급을 통해 통제하기 쉬웠고, 후원 기업은 길게 늘어선 줄을 보며 '우리가 이만큼 돕는다'는 홍보 효과를 누렸다. 하지만 그 줄 끝에 선

주민들의 자존감은 무너져 내렸고, 선착순이다 보니 이웃끼리 경쟁하고 다투는 일도 비일비재했다. 몸이 불편한 사람은 아예 줄조차 서지 못해 소외되곤 했다. 공급자에게는 '꽤 괜찮은 방식'이 수요자에게는 '최악의 방식'이었던 셈이다.

온기창고는 이 시선을 180도 뒤집었다. 공급자의 눈이 아닌 수요자의 눈으로 문제를 바라보고 편의점 모델을 적용했다. 이것이야말로 내가 강조한 '사소한 것의 변화', 창의행정의 전형이다. 온기창고 도입 후 변화는 놀라웠다. 무조건 많이 받아다 쟁여두거나 내다 팔던 모습은 사라졌다. 필요한 만큼만 가져가는 합리적인 소비문화가 정착됐고, 남는 포인트로 더 어려운 이웃의 물건을 사주는 배려가 생겨났다. 직원으로 채용된 쪽방 주민은 일하는 보람을 느끼고, 전용 카드를 사용하며 주민들에게 경제 관념도 생겼다. 입안자조차 예상하지 못한 선순환이다. 한 달에 한 번, 정해진 물품만 받아야 했던 기존 '푸드마켓'의 한계도 뛰어넘었다. 좁은 방에 물건을 쌓아둘 필요 없이, 냉장고가 없는 주민도 그때그때 필요한 신선식품을 가져갈 수 있는 온기창고는 쪽방촌 생활 양식에 딱 맞는 맞춤형 해법이었다.

정책의 완성은 '진심'이다

과거의 쪽방은 낡고 불편한 공간일 뿐 아니라 단절된 공간이었다. 그러나 동행식당과 온기창고가 생긴 뒤로는 온기가 돌고 주민도 지역사회에 조금씩 녹아들고 있다.

정책은 선의만으로는 부족하다. 수요자 중심의 사전 조사와 정교한 설계가 있어야 실효성이 생긴다. 여기에 하나가 더 있다. 사람은 '진심'에 반응한다. 어떤 현장 공무원은 "시민 · 민원인은 공무원이 어떤 마음인지, 존중의 마음이 있는지, 순간적으로 알아챈다"고 말했다.

창의의 근본은 '사람을 대하는 마음'이다. 동행식당과 온기창고는 공급자가 아닌 '받는 사람'의 관점에서, 어떻게 진심을 담아 전달할지 고민한 정책들이다. 진심으로 따뜻하게 시민을 배려하고 존중하는 방식. 그런 가치와 철학이 담겨 있기에 시민들이 동행식당과 온기창고를 받아들였을 것으로 본다. 모든 정책의 성패가 여기에 달려 있다. 서울시 전 직원이 이런 마인드로 정책을 입안했으면 하는 마음이다.

에필로그

보이지 않는 것이
더 중요한 세상 : 시스템 디자인

세상은 서울이라는 무대 위에서 펼쳐지는 화려한 드라마에 환호한다.

K-컬처가 세계를 강타하고, 한강변에서 수만 명의 시민이 축제를 만끽하는 그 눈부신 순간들 말이다. 하지만 무대 위의 조명이 꺼지고 배우들이 퇴장한 뒤에는, 깊은 적막이 감돈다. 이때 스포트라이트가 닿지 않는 '무대 뒤'를 지키는 사람이 있다. 바닥은 평평한지, 조명은 안전한지, 다음 막을 위한 장치는 제대로 작동하는지, 끊임없이 점검하는 사람. 주인공인 배우가 마음껏 춤추기위해 반드시 존재해야 하는 사람. 그것이 내가 정의하는 나의 일, '시스템 디자이너'의 숙명이다.

나는 이 책을 통해 '디자인'라는 단어를 참 많이 이야기했다. 아직도 누군가는 디자인을 도시를 예쁘게 꾸미는 화장술(化粧術) 정도로 여긴다. 하지만 내가 지난 시간 온 힘을 다해 매달렸던 디자인의 본질은 눈에 보이는 하드웨어가 아니었다. 그것은 눈에 보이지 않지만 도시를 작동시키는 원리, 즉 시스템을 디자인하는 일이었다.

DDP와 같은 유려한 건축물은 눈에 보인다(Visible). 하지만 그 공간이 창의적인 생각들을 불러모으고 새로운 산업을 태동시키는 생태계는 눈에 보이지 않는다(Invisible). 반포한강공원의 푸른 잔디는 손으로 만질 수 있다(Tangible). 그러나 그곳에 누워 쉴 때 느껴지는 안온함과 '내가 참 괜찮은 도시에 살고 있구나' 하는 자부심은 손에 잡히지 않는다(Intangible).

나의 관심은 항상 이 보이지 않고 만져지지 않는 영역에 있다. 낡은 규제를 걷어내어 기업이 맘껏 뛸 수 있는 운동장을 평평하게 다지는 것, 복잡하다 못해 경제활동을 오히려 방해하는 행정 절차를 바꿔 예측 가능하게 만들어내는 일, 약자들과 동행하며 촘촘한 복지의 그물망을 짜는 일, 그리고 세계적인 도시평가 지표를 관리해 서울의 위상을 높이는 일. 이 모든 것이 시스템 디자인의 과정이었다.

보이지 않는 시스템이 제대로 작동할 때 비로소 '서울시민이라는 자부심'이 완성된다. 도시가 나를 응원해 준다는 믿음, 내가 세계 최고의 도시에 살고 있다는 확신. 이 무형의 신뢰들이 겹겹이 쌓여 '자부심'이라는 단단한 성(城)을 만든다. 나는 그 성을 쌓는 설계자이고 싶다.

솔직히 고백하자면, 나에게 사생활이란 거의 없다. 밥 한 끼, 차 한 잔도 허투루 쓰지 않는다. 하루 24시간, 일 년 365일. 눈을 뜨고 있는 모든 순간은 서울을 위한 시간이다. 내가 누구와 아침을 먹고, 점심에 누구를 만나고, 저녁식사를 하면서는 어떤 대화를 나누는지, 그 모든 일상은 학습의 연장이다. 그 시간들은 도시의 문제를 해결할 단초를 구하고, 세계의 흐름을 익히며, 시민들에게 더 큰 자부심을 드리기 위해 공부하는 시간이다.

가끔 주위에서 묻는다. 왜 그렇게까지 치열하게 사느냐고. 그렇게 살면 재미없지 않느냐고. 정치가 무엇이기에, 서울이 스스로를 그토록 몰아붙이느냐고. 내 대답은 한마디로 요약된다. 서울을 사랑하기 때문이다. 인구 1,000만의 메가시티, 이 복잡하고 거대한 유기체가 안고 있는 난제들을 해결해 시민의 삶을 단 한 뼘이라도 더 낫게 만드는 것. 나의 사생활을 기꺼이 지워냄으로써, 시민 여러분의 사생활을 더 풍요롭고 안전하게 지켜드리고 싶다. 그것이 시스템 디자이너로서 내가 서울을 사랑하는 방식이다.

하지만 나는 그저 무대를 만드는 사람일 뿐이다. 시장의 역할은 새벽녘에 남들보다 일찍 일어나 빗자루를 들고 거리를 쓰는 관리자와 같다. 돌부리는 없는지, 웅덩이는 메워졌는지, 가로등은 잘 들어오는지, 당신이 달릴 그 길이 조금이라도 더 평탄하도록 도로를 정돈하고 닦을 뿐이다.

그 잘 닦인 도로 위를 쌩쌩 달리는 것은 오직 시민, 바로 당신의 몫이다. 규제가 풀린 골목에서 밤새워 새로운 비즈니스 모델을 고민하는 창업가, K-컬처의 최전선에서 세계인의 마음을 훔치는 예술가, 새벽 첫차에 몸을 싣고 가족을 위해 땀 흘리는 가장⋯ 서울의 심장을 뛰게 하는 진짜 엔진은 시청에 있는 것이 아니라, 시민 여러분의 가슴 속에 있다. 서울이 세계 5대 도시를 넘보는 위상을 갖게 된 것은 시민 한 명 한 명이 누구보다 치열하게, 그리고 위대하게 살고 있기 때문이다.

이 책의 제목은 〈서울시민의 자부심을 디자인하다〉이다. 당신이 서울에 산다는 사실만으로 어깨가 으쓱해질 때, 이 도시의 내일을 긍정하며 오늘을 사랑할 때, 비로소 우리의 '자부심 디자인'은 완성된다. 그러니 부디, 이 도시를 맘껏 누려주시라. 우리가 함께 만든 이 무대 위에서 당신만의 멋진 춤을 춰주시라. 서울의 자부심을 완성하는 마지막 퍼즐은 바로 '당신'이다.

우리는 지금 문명사적 전환기, 그 한가운데 서 있다. AI와 알고리즘이 세상을 뒤흔드는 이 시대에, 도시의 품격은 더 이상 건물의 높이로 증명되지 않는다. 중요한 것은 외형의 웅장함이 아니라, 그 안을 채우는 시스템의 '밀도'와 '온기'다.

벽돌을 쌓아 올리는 하드웨어의 시대는 지났다. 진정한 변화는 눈에 보이지 않는 곳에서, 도시의 운영체제(OS) 자체를 혁신하는 소프트웨어의 힘에서 나온다. 지난 시간 내가 공들여 쌓아 올린 것은 겉으로 드러나는 랜드마크보다, 서울이라는 기대한 유기체가 스스로 생동하게 만드는 '보이지 않는 디자인'이었다. 이 책을 끝까지 읽은 독자라면, 조용히 그러나 확실하게 바뀌고 있는 서울의 내일을 목격했으리라 믿는다.

책의 마지막 장을 덮으며, 잊을 수 없는 분들이 있다.

먼저, 때로는 아픈 회초리로 때로는 차가운 냉수로 서울시의 부족함을 일깨워 준 언론인 여러분께 깊은 감사를 드린다. 당신들의 비판은 쓰디쓴 약이었지만, 그 덕분에 우리는 독선에 빠지지 않고 균형을 잡을 수 있었다. 나태해지려는 행정의 느슨함을 팽팽하게 당겨준 것은 팔할이 여러분의 펜 끝이었다.

그리고 보이지 않는 곳에서 서울이라는 시스템을 실제로 움직이는 서울시 공직자 여러분. 서울시장의 까다로운 요구와 벅찬 학습량을 묵묵히 견뎌내고, '시민을 위한 헌신'이라는 공통의 목표를 향해 함께 뛰어준 공직자들이 없었다면, 이 책에 기록된 서울시의 성과 중 그 어떤 것도 세상의 빛을 보지 못했을 것이다.

마지막으로, 천만 서울시민 여러분께 머리 숙여 감사드린다. 10년의 공백을 넘어 나를 다시 이 자리에 불러준 시민의 뜻을 지난 5년간 한순간도 잊은 적이 없다. 멈춰버린 서울의 심장을 다시 뛰게 하라는 명령이었고, 서울시의 무너진 자부심을 다시 세우라는 준엄한 호출이었다. 부족한 설계를 채워주고, 때로는 따끔하게 질책하며 방향을 잡아주는 위대한 시민들이 곁에 있기 때문에 두렵지 않다.

'오늘, 시민의 삶은 얼마나 나아졌는가?'

그 질문에 대한 답을 찾는 여정은 끝나지 않을 것이다. 당신의 삶이 빛나는 한, 서울의 밤은 잠들지 않을 테니까. 우리의 서울(Seoul)은, 당신의 영혼(Soul)이다.

존경하는 시민 여러분, 고맙습니다. 그리고 사랑합니다.
믿고 함께 걸어주셔서 감사합니다. 여러분이 마음껏 달리실 수 있도록, 저는 내일도 새벽같이 일어나 길을 닦아 놓겠습니다.

오 세 훈